现代
The Modern

丛书主编 **任剑涛**

以『现代』理解现代

中央财经大学学术著作基金资助出版

为战争立法：
格劳秀斯国际关系哲理研究

张云雷 © 著

中央编译出版社
CCTP Central Compilation & Translation Press

前　言

荷兰人雨果·格劳秀斯（Hugo Grotius）是政治思想史上第一位真正以国际关系（或，战争与和平）为主题展开深入研究的重要政治哲人，虽然他的论述被后世归在"国际法"学科门下，但在他的时代并不存在所谓国际法学科。当时格劳秀斯被全欧洲认为是政治理论真理的代言人，而他这种政治理论最主要的关注却是在国际关系领域（尤其是战争领域）：格劳秀斯试图为国际关系（尤其是"战争"）构筑规范。格劳秀斯为战争制定的一整套行为规范呈现出相当的矛盾和内在复杂（每一种特定情况下，他都详细分析依据自然法、神法和万国法该如何行事，但矛盾在于：当出现三法矛盾之时，面对具体情况，究竟依据哪一个才是正义的？），他的内在紧张惹来诸多学者的抱怨或者诸多相互对立的解读，甚至著名国际关系理论家布尔（Hedley Bull）认为格劳秀斯根本没有说清楚。最明显的两极是：有人认为格劳秀斯是霍布斯（Thomas Hobbes）的先行者，在全球发动战争的鼓吹者；另有人认为格劳秀斯是反战的基督徒，甚至反对正义战争本身。因此要在根本上理解格劳秀斯国际关系的相关论述，必须理解他的国际关系哲理。

本书认为，实际上是格劳秀斯面临的时代逼着他对自然法、神法和万国法传统的三法关系作出了一些调整：出于限制战争与追求和平的根本目的，对战争情况下法的现实可行性的考虑导致的调整和格劳秀斯内心对由此而来的必要让步的抵触。格劳秀斯对三种正义/法的区分和对万国法为唯一严格遵守的法的强调，以及他对于这种区分的犹豫和对更高的正义的不断提及和强调，构成了他全部国际关系规范制定的哲理基础。

格劳秀斯的生平和他的时代对他思想的塑造作用几乎是决定性的（第2章）。格劳秀斯作为神童自小受到的人文教育使其对往圣先贤哲言的引用信手拈来，少年时代起的神学信仰和日后的神学家身份是其坚定信仰及全人类关怀的来源，对荷兰的热爱及在这个国度自身政治命运多年的沉浮是格劳秀斯关于政治生活真谛的认识的来源：妥协及灵活对达成政治目的的重要性。三十年战争的烈度（基督教国家的"野蛮化"）强烈冲击了格劳秀斯的灵魂，他怀疑神法和传统自然法的现实可行性，促成其反思思想史上全部战争法，试图第一次完整阐述战争法并以此构筑一整套国际行为规范。

理解格劳秀斯出于法之现实可行性对三法和自然法本身的若干调整和创新，首先必须了解整个自然法传统（第3章）。首先需要系统探讨柏拉图（Plato）、亚里士多德（Aristotle）、西塞罗（Cicero）、阿奎那（Aquinnas）等的自然法理论基本特质，并简单处理格劳秀斯的基本创新及其对后世自然法的影响。传统自然法包含了对人类和自然更完整的认识，即自我保全、本种族的保全、理性（只属于人类）、理性低于并依赖于上帝，等等，但认为更理性即偏好社会的人类才代表人类。这类自然法在理论上无法要求所有人遵循，且更容易被卡涅阿德斯（Carneades）、马基雅维利（Machiavelli）等人驳倒。为了应对战争极端情况下法之现实可行性的考虑，格劳秀斯对传统自然法作了一些调整。格劳秀斯没使用"自然状态"一词（霍布斯首创），但仍可以总结出他的自然状态学说。本章同时分析了格劳秀斯的三个层面的"自然状态"学说：即不可复归的纯净的自然状态；堕落的自然状态；恩典的状态。这最末一种状态代表人类真正应该所处的自然状态，但这种状态同时与第二种状态并列，是上帝仁慈地拯救人类复归自然的一个契机。霍布斯则拒绝承认有什么纯净的自然状态，也拒绝恩典的状态，他也不认为人类的自然状态是堕落的，大多数人的自然才是真正的自然。

笔者的重要任务之一就是系统总结格劳秀斯国际关系哲理基础的三法关系（第4章）。人类的行为是否合法或正义，一共有四个层面：第一是受赞美的；第二是合法的；第三是可被允许的（permissible），这种行为已经不是纯然正义及合法，但可以免受惩罚，并因而在这个意义上是可以免受惩罚的；第四则是要受到惩罚的。只有第四种才是不正义的，而他将前三种都归为正义。前三种分别对应三法中的神法、自然法和万国法。三十年战争的梦魇时时刻刻笼罩着他全部的著述，为了限制和规范战争的目的能真正达成，出于面对战争情况下的法之现实可行性的考虑，格劳秀斯在制定国际关系规范的过程中，对传统上的三法关系进行了修改：第一，将三法明确分开，自然法不再依赖上帝；第二，经修改后，法要求严格遵守的程度——万国法＞自然法＞神法，这与法的地位正好相反；第三，要求严格遵守的万国法可能有两类情况，万国法符合自然法甚至神法，也很有可能是一群国家同意之下的反（国际）社会的万国法，格劳秀斯要求无论哪种都必须严格遵守。需要明确几点：第一，这种修改本质上是为了减少和限制战争，是为了神法、自然法和万国法在哪怕战争中也尽可能多地得到遵守；第二，和平本身导致了对正义的偏离；第三，这种修改是出于对法的现实可行性的考虑，具有暂时性，他不断强调，未经修改更好；第四，一旦极端情况消失，格劳秀斯坚决要求放弃之前所作的让步；第五，让步之中包含着格劳秀斯对确定性的追求，因为其端赖于个人的选择。

格劳秀斯独特的正义战争理论是其三法关系的最重要的一个例解（第4章）。本书总结的三法关系体现于格劳秀斯最为看重的国际关系问题——战争与和平问题，即其独特的正义战争理论。格劳秀斯根本意图仍为证明：在战争情况下，仍然有法存在。开战正义部分，格劳秀斯提出战争开战的正义理由一共有三个：自保、保护产权、惩罚。每一种都从自然法、万国法和神法三个角度寻找不同的依据，对各种详细情况进行不同的规定。这种规定印证和反映出笔者前文总结的格劳秀斯的国际关系哲理思想：对战争情况下法的现实可行性的考虑和格劳秀斯内心对由此而来的必要让步的抵触，并相对更偏重为和平而作让步。交战正义同样如此。万国法要求严格遵守，但导向对于不正义的原初所有权获得的承认，也导向交战正义中的残酷和血腥。但与此同时，格劳秀斯又不停地要求回头，谈及还有更高的正义（虽然不再是严格要求的法律，却是格劳秀斯更看重的东西）。于是，依据自然法的"克制（moderation）"和依据神法的"（对敌人的）善意"被提及，他作了非常多章节的论述。因此，格劳秀斯的正义战争理论甚至在某种程度或许可用"思想战略"一词加以概括。

影响深远的海洋自由论同样需要在格劳秀斯更大的哲理框架下才能真正得到完整的理解（第5章）。海洋自由是格劳秀斯最具影响力的关于国际关系的学说，影响力要远远超过其正义战争理论，但将其放置在三法关系的框架下方能准确理解，或者说，海洋自由论实际上是其正义战争的一个部分。格劳秀斯匿名发表《海洋自由论》，生前不同意出版《捕获法》，只愿意在《战争与和平法》的类似内容中署上自己的名字，皆因前两者过于残酷，与其最高信仰不合。晚年格劳秀斯自己批评海洋自由论是出于"爱国热情"而写的。海洋自由的逻辑如下：贸易自由是海洋自由论证的前提和最终目的，某些钱原本全人类都可以拿到，就应利益均沾，荷兰人也应该分一杯羹。格劳秀斯已经强调相比虔诚（piety）的事，贸易及海洋自由要低下得多。当然，对后世影响更大的或许不是格劳秀斯的基督教内核。

对格劳秀斯的遗产的认识和理解也需要奠基于其哲理根基（第6章）。格劳秀斯将其基本的思想运用于他最为看重的国际关系领域，尤其是如何面对战争的挑战构筑一整套国际行为（战争行为）规范，这种思想构筑有着极为深远的实践影响以及政治思想史上的巨大开创性意义。格劳秀斯更是与国际法中的格劳秀斯传统与国际关系学中英国学派有着密切的联系以及区别。同时需要思考格劳秀斯本人思想的当今意义和适用性。

总　序
以"现代"理解现代

任剑涛

"现代"不同于现代。

加不加引号,有一个实质性区别:前者是具有特定含义的一个概念,后者是一个并无特别含义的时间概念。就前者讲,它与自由、平等和博爱的现代理念紧密相连,与宪政、民主和法治的制度安排环环相扣,与宽容、多元和文明的生活风格内在嵌合。后者仅仅是一个表示处在当前而今眼目下这个时间段的概念。

"现代"进入中国为时不短。明清之际,"现代"就来到国人的面前。只不过因为"中西文化是两股道上跑的车"(梁漱溟语),"现代"并没有打动当时的中国人。轮到"现代"打动国人心弦的时候,已经到了晚清。250年倏忽而过。这不只是时间的流逝而已,更是历史机会的不断流失。晚清打动国人的"现代",来得太硬朗,以至于国人不得不承受被人欺凌的耻辱,让人对"现代"欲迎还拒。"现代"的特性模糊了,现代概念常常冒充或替代"现代"了。历史就这么跟中国人开了一个巨大的玩笑:因为自己耽误了"现代"转变的工夫,现代变成了人们心中的负累;反过来又造成"现代"的反向思考,让现代淹没在种种非议或反对"现代"的泥淖之中。迄今为止,370余年的中国"现代"认知史,对"现代"的呈现而言,仍然是一笔糊涂账。

确实已经到了一个矫正这一历史误解的关键时刻了!

因为中国的"现代"转变已经又走到一个十字路口:理性前行,"现代"在中国落地生根庶几可望;糊涂以对,"现代"又会离中国远去。

恰当此时,让中国的"现代"变成一笔糊涂账的两种僵化的"现代"观,需要我们认真清理:一是以传统看待现代,二是以未来应对现代。

以传统看待"现代",是古老中国面临"现代"转变自始至终的主流姿态。"传统与现代"的命题之深入国人脑海,以至于成为一种文化无意识——似乎缺少传统的参照,"现代"就无从得到认识。

诚然,传统是"现代"得以生成的先决条件。而且,只有在传统与"现代"的相互写照中,"现代"才能够呈现其鲜明的特质。但将"现代"捆绑在传统战车上,任传统驰骋,将"现代"裁剪,结果是传统愈来愈厚重,"现代"越来越硗薄,以至于变得面目全非,无以辨认了。这种思路,一是造成以过去衡量现代的僵固思路,理解"现代",总是以传统作为解释资源,"现代"特质几乎荡然无存;二是造成过去完美主义思路,以为"现代"乃是脱离传统轨道的一场灾难,需要将之引向正确的传统轨道,于是致力于所谓复兴传统。很明显,将传统与"现代"捆绑起来,塑造出一种反"现代"的心理,让人们无法了解何谓"现代",让"现代"淹没在传统之中。因此,有必要将"现代"从传统话语中拯救出来,使其自身面目呈现给世人。以"现代"理解现代,即以特定的"现代"概念范围无特定含义的现代,让国人得以了解近400年为之不懈努力的"现代"的真相,此其道理之一。

以未来应对"现代","现代"就更是成为绝对的批判对象。原因很简单,未来是一个可以无限展望,显得无限美好的时代。这是一种与单纯基于传统立场看待"现代"的同构理念。两者所表达的,都是对"现代"的不满。只不过前者借助的是历史既成工具,后者依托的是对未来的任意想象、无限憧憬。在中国不得不告别自己的古老传统,迎接"现代"转变之际,深沉执着传统,决绝拒斥"现代",未免有些顽冥不化。因此,诉诸未来,足以呈现理想想象对残酷现实的绝对优势。这是近百年国人耽于理想化对待"现代",试图超越令人严重不满的"现代",直抵理想彼岸的殷殷期望的精神动力所在。可惜，这不仅败坏了未来，更加败坏了"现代"。须知，没有踏实的"现代"努力，何来理想的"未来"？仅仅寄望于理想未来，不愿务实地处理"现代"事务，结果，不仅必然断送未来，更加无以进入"现代"。这比僵化地纠缠在传统中理解"现代"，消极影响还更大。

实在是到了以"现代"理解现代的时候了！

所谓以"现代"理解现代，当然不是绝对排斥传统和未来的向度，横空出世地面对"现代"。一者，这是一种在传统之谓传统、"现代"之谓"现代"的特定意义上，专注地清理"现代"的特质，俾使人们清楚"现代"之不容混淆的边际界限。二者，这是在未来是现代之"现代"演变的结果，因此，未来展望绝对不能抹掉当下"现代"的尝试或努力，从而让人明白，"现代"的扎实努力是通向光明未来的前提条件。

这自然是一种分析的进路。也就是说，以"现代"理解现代，不是一种在现实中将传统、现代与未来切割开来的做派，而是在理论上清理"现代"之谓"现代"的独特理由、理论问题和方法进路。据此，我们首先需要明确指出，今人在时间上所处的现代，是由"现代"提供其实质内涵的。以"现代"理解现代，乃是人们把握住现代的实质特征的必需。

确切地以"现代"理解现代，排除了以传统理解"现代"、以未来批判"现代"的精神障碍，但并不等于说就清除了准确理解现代的种种干扰。对国人来说，"现代"起源于"西方"，承诺以"现代"理解现代，似乎将理解现代的规范价值拱手送人，这颇有些伤人自尊。同时，中国在历史源流上对"现代"作出的重大贡献岂能抹杀？而且，从"现代"要素上讲，中国早在先秦就具备了其中一些因素，岂能将中国的"现代"划线在明清以后？这岂不是贬低自己而抬高别人吗？

诚然，这些说法都是很有道理的。一个简单的辨析就可以帮助人们冰释疑虑：起源于"西方"的现代并不专属于西方人，而是属于全人类的财富。不同民族都曾经对人类文明的发展作出过某些贡献，不能因为

"现代"是西方人作出的贡献,就拒绝承认,并愚蠢拒斥。中国确实对"现代"的兴起作出过历史贡献,但完整意义上的"现代"确实不是咱们民族的贡献,而且确确实实直到明清之际,中国的"现代"大门才逐渐被西方人推开,而非自己主动打开。

但我们并不想将以"现代"理解现代的主张解释成以西方人的"现代"理解现代。原因很简单,西方人发现了"现代"方案,但并没有穷尽"现代"可能。"现代"尚未成为固化的本体,而是活性的机制。只不过,西方人发现的"现代",提供了关于"现代"的基本轮廓。任何民族,要想承接"现代"方案,都不得不承接其基本原则,在此基础上结合本民族的实际情况加以创造性发展,从而真正进入"现代"世界。以"现代"理解现代,不是强化西方人的"现代"特权,而是承诺各个民族创制不同"现代"风格的应有权利。在西方的原生"现代",当然需要国人深入解读,致力清理,这对人们准确理解"现代",具有决定性意义。但后发的"现代",无论中外,也需要细致入微的描述,理性系统地分析。这样,"现代"的源流关系,才会完整呈现给世人。

以"现代"理解现代,就此成为一种正当的学术尝试。

这样的尝试具体体现为,在观念上承诺现代基本价值,在制度上承接现代基本体制,在生活上承认现代基本风格。在此三个方面,创造性阐释与创造性实践的空间仍然是极其巨大的。但无论中外,着眼于"现代"理念挣脱传统束缚的观念史清理,基于"现代"诸制度要素脱离传统机制的制度史梳理,站在"现代"立场上对社会生活方式疏离悠远历史模式的生活史重述,是人们在颇具复杂性的"现代"处境中可以辨认出的"现代"轮廓。这一轮廓是简单明晰的。在具体而微的历史事件中,呈现"现代"的兴起兴盛、起转承合、昂扬衰颓、发展趋势,既是理解"现代"本身的必须,又是以"现代"理解现代的必要。

对咱们中国人来讲,明确以"现代"理解现代,就是要弄清楚"现代"之何以进入中国?它怎样全面挑战中国的传统?又如何成为中国现代的一部分？并最终将中国塑造成什么样的国度？如果说中国的现代是一把时间尺度，它丈量出来的只是中国的历史延续性的话，那么中国的"现代"便是一个空间坐标，它呈现的是中国社会诸方面的结构性变化。这不是什么价值立场可以无视的事实状态，也不是什么政治权力可以抹掉的社会变迁，更不是什么爱国如家或数典忘祖的自夸或咒骂可以掩盖的民族处境。因此，中国的"现代"对现代的规范和引导，实在是需要我们自己拿出一把锋利的解剖刀，认真予以剖析的。我们再没有理由在传统与现代的命题中遮蔽对"现代"的专门认知，再没有理由在中西的冲突中将"现代"视为外来之物予以排斥，再没有理由在国情的种种说辞中拒斥自己的艰难"现代"转型。尽管顽强努力进入"现代"的中国人，体会是如此复杂多样、悲喜是混杂交织、情理是交互冲突。然正是"现代"，在塑造近 400 年的中国风貌！

基于此，我们仅仅以"现代"标榜自己：这不仅是一种知识立场，也是一种文化态度。

"嘤其鸣矣，求其友声。"欢迎同道朋友们来共同托举中国的"现代"事业。

序

奥涩与鲜明——格劳秀斯的承继与革新

基于他近四年前在我指导下独立完成和成功通过答辩的博士学位论文，中央财经大学年轻学者张云雷博士的著作《为战争立法——格劳秀斯国际关系哲理研究》无疑是在一个难度很高、意义颇大的论题上成就的一部杰作。业见其人，张云雷在攻读博士学位期间给我留下的印象甚有特色，那就是学术追求不同一般，典籍阅读异常勤奋，思辨深度非同小可，独立见解甚为执著。不仅如此，书见其人，摆在我们面前的这部著作确实如他在导论开头所说，虽然选题设定由于学科专业设定，需要置于国际关系领域，"但研究的主要内容却并非是在完全意义上的'国际关系'学科范围内，而是试图厘清格劳秀斯为战争立法的哲理依据……这使得全书看起来更像是一本'政治哲学'作品"。与通常的国际关系理论著作甚至国际关系思想史相比，本书奥涩得多，但也与它们相比，本书深邃得多，同时在见解的系统性和独立程度上可以说至少胜出一筹。何况，眼观本书的最根本结论，奥涩的印象有所消退，鲜明的思想可谓显著昭彰。

这一鲜明的根本思想在于，透视格劳秀斯战争立法的内在复杂和紧张的关键，是深切理解格劳秀斯面临的时代迫使他对三类传统法——自然法、神法和万国法——相互间的关系做了一些重要调整；出于限制战争和追求和平的根本目的，他对战争情况下法的现实可行性的考虑导致了这种调整，同时也导致他内心多少抵触由此而来需作做的必要让步。

格劳秀斯对三种正义/法的区分，对万国法乃唯一须严格遵守的法的强调，还有对该区分的犹豫和对更高的正义的不断提及和强调，构成他的全部战争立法乃至国际关系规范制定的哲理基础。从"物质史"与"精神史"结合、时代背景与个人特质结合的视野更广泛也更深刻地考察，他可称热忱的神学信仰和成年后的神学家身份促成了他的信念坚定性以及人类关怀，然而对祖国荷兰的热爱和在这个国度里的自身政治命运的多年沉浮则导致他对政治生活的真谛的一种深切认识，那就是妥协和灵活对达成政治目的而言至关重要。三十年战争的残忍暴烈（基督教国家的"野蛮化"）强烈冲击他的灵魂，以致怀疑神法和传统自然法的现实可行性，并且促成他反思西方史上的全部战争法，试图首次系统和完整地阐述战争法，以此构筑一整套国际行为规范体系。

在我看来，张云雷博士此书的奥涩与鲜明实际上来自格劳秀斯这十七世纪伟人本身的奥涩与鲜明。与现代现实主义政治观的两位鼻祖——马基雅维里和霍布斯——几乎割弃一切中世纪传统和断然发动全盘现代创新大为不同，格劳秀斯乃至他肇始的现代早期理性主义传统中的思想家们承继了中世纪的颇大部分教俗思想和话语方式，同时又力图造就这一传统脉流内的现代革新。这就导致了思想和话语的高度复杂、内在紧张和奥涩曲折，同时又终究呈现出革新必然要求并必然造就的那部分尖锐犀利和鲜明昭彰。格劳秀斯目睹了三十年战争的毁灭和破坏，也目睹了越来越多的早期主权国家的形成壮大和它们的为所欲为。他承认没有可能重建传统上由教皇和神圣罗马帝国皇帝行使的跨国权力，连同由此而来的跨国秩序以及中世纪的跨国法律和道德规则，也承认没有可能取消和禁止国际战争。然而他强烈地感到，急需给初生的主权国家体系内的国际关系提供一套行为规则，以限制战争与其毁坏性。这样的规则既应当基于经主权国家间的协议和惯例表现的、有关各国明确的和隐含的一致同意，也应当基于中世纪基督教世界的某些仍应当也仍（据他相信）能够贯彻的普遍的法律和道德规范。后一部分基础的意义用一位研究者的话说，尤其在于给战争行为赋予人性，哪怕是最起码程度的人性。他提倡确立一套这样的新旧相兼的法律来约束国家行为，调节国家间的关系，并且坚持国家必须接受这些法律的约束。

张云雷博士呈现在我们面前的这部著作的很大部分价值，就在于用忠于格劳秀斯本人思想的承继与革新交织、奥涩与鲜明相兼的方式，解析而后剥除了那奥涩，凸显出了承继中的革新和奥涩下的鲜明。这是一项非同小可的成就。至于格劳秀斯思想的当今适切性，我在此宁愿仍沿用约十六年前我和一位学生合作的一篇论文中的话：在一定意义上可以认为，格老秀斯国际关系思想模式是当今及未来国际社会的一种最佳模式。当今世界上，国家间特别在经济领域相互依赖日益增强，从而使各国的境遇和命运越来越互相关联；与此同时，国际组织和民间跨国组织急剧增加，其作用愈益增大，而跨国或全球性安全威胁、生态威胁和社会威胁严重化。这一切，要求国家在必要的场合须接受对自身主权的一定限制，以利整个国际社会与其各成员国和国内社会的和平、安全、福利和正义。但另一方面，在当今和未来很长时期里，国家仍是国际体系的主要角色，仍是各国人民安全、福利和自我认同感的主要提供者和保障者，国家主权原则也仍是国际规范的一项最重要内容。因此可以说，格老秀斯承认主权同时又限制主权的思想大可借鉴，以利于在当今和未来国际环境下保障自由、秩序和正义及其互相间的恰当平衡。

时殷弘

中国人民大学国际关系学院教授

目 录
Contents

导　论 / 1
　一、选题依据 / 1
　二、国内外研究现状 / 9
　三、研究方法 / 32
　四、本书拟完成的知识创新和贡献 / 34
　五、研究中要突破的难题 / 36
　六、章节安排 / 36

第 1 章
格劳秀斯与他的时代 / 40
　一、格劳秀斯时代的欧洲 / 40
　二、格劳秀斯生平 / 48

第 2 章
格劳秀斯与自然法谱系 / 53
　一、自然法谱系 / 54
　二、格劳秀斯的自然及自然法 / 68
　三、国际关系的哲理基础：自然状态 / 83

第 3 章

三法关系：立法的哲理根基 / 94

一、正义/法的不同分类和效力 / 96

二、三法的定义和三法的关系 / 101

第 4 章

当法遭遇战争：格劳秀斯的正义战争理论 / 110

一、正义战争理论的基督教内核 / 110

二、格劳秀斯独特的正义战争理论与其三法体系 / 115

第 5 章

格劳秀斯的海洋自由论 / 137

一、海洋自由的逻辑 / 138

二、海洋、贸易与上帝 / 143

三、结论 / 146

第 6 章

格劳秀斯的遗产：结论 / 148

一、小结 / 148

二、格劳秀斯的影响 / 152

三、格劳秀斯与国际关系理论中的英国学派 / 154
四、格劳秀斯的当今适切性 / 156

附 录
法的精神、商业与全球自由 / 159
一、孟德斯鸠的论说方式 / 160
二、法的精神:自然法与人类法 / 164
三、孟德斯鸠的国家理论及其全球自由事业 / 173
四、《论法的精神》的谋篇 / 179
五、"法的精神"的变迁:商业与全球自由事业 / 180
六、结语 / 193

参考文献 / 195

后 记 / 209

导 论

一、选题依据

(一) 本书论题所涉及的研究对象 (范围) 及其界定

本书脱胎于笔者向中国人民大学申请"国际关系"博士学位时的论文，选题设定因此需限定在国际关系领域，但研究的主要内容却并非是在完全意义上的"国际关系"学科范围内，而是试图厘清格劳秀斯为战争立法的哲理依据。即，本书关注的重中之重并非格劳秀斯就战争与和平立下哪些具体法条，而是立法的依据。这使得全书看起来更像是一本"政治哲学"作品，而非通常意义上的国际关系著作，甚至与通常的国际关系理论作品亦大相径庭。但笔者认为这一问题才是理解格劳秀斯的法门，才能破解格劳秀斯立法中的矛盾和令人迷惑之处。

因此，本书题为"为战争立法——格劳秀斯国际关系哲理研究"，就范畴论，属国际关系理论思想史研究。试拟就格劳秀斯的"自然状态"及自然法、神法和万国法三法的关系和效力问题等国际关系哲理作出细致的归纳和分析，就格劳秀斯如何以此构筑一套国际行为规范并为战争立法，来作一番整体展示，并对其影响和当今适切性作简要的评述。

迄今为止，对格劳秀斯的研究均有颇多独到之处并对本书形成有极其重大的启发性意义，但他们仍然不够连贯和全面，而格劳秀斯的内在紧张更是惹来诸多抱怨或者相互对立的解读。正是对这种紧张和矛盾根源的考察和理解付诸阙如，导致对格劳秀斯国际关系思想的诸多方面存有片面理解、充满争议。本书试图在阐明这些方面作出自己的努力，同时试图在其国际关系思想解读的多个方面多少呈现新意和连贯性，比如，格劳秀斯具有开创性意义（早于霍布斯）的对人类本性（自然）的新认识及自然状态学说的总结和比较研究，格劳秀斯三法关系的归纳，将三法关系体现于正义战争理论所导致的独特性，同样作为例解的海洋自由论。

格劳秀斯全部目的在于构筑一套国际行为规范来限制战争，这套规范的依据来自神法、自然法和万国法。而关于这三法的关系，他在开篇声称，神创造了所有造物，人类的自然是自然法之母，自然法是万国法之母。因此这三法应当是同根同源而又相互联系。然而，在每一个重要立法问题上（比如正义战争），格劳秀斯都会"依次"分别依据自然法、神法和万国法来分析何为"正义"，他同时会强调自然法、神法和万国法这三法之间的区别和联系。可是，在同一个具体的情况中，居然给出多个标准并强调它们之间的区别，那么究竟依据哪一个才是真正的正义？一直以来，许多学者认为格劳秀斯在此陷入了矛盾和混乱。本书认为格劳秀斯并非如此，相反，他有一个异常宏大和精巧的理论体系。

三十年战争的梦魇时时刻刻笼罩着他全部的著述，为了限制和规范战争的目的能真正达成，出于面对战争这种极端情况下的法之现实可行性的考虑，格劳秀斯在制定国际关系规范的过程中，对《战争与和平法》开篇所称的同根同源的三法关系进行了一定程度的修改。[①] 而这仅是出于政治可行性考虑的修改，格劳秀斯内心却不可避免地存有反抗和抵触，所以他在修改之中和修改之后仍会不停强调：未经修改的状态更好。但

---

① 本书没有认为格劳秀斯就是霍布斯，他的根本意图仍然是将自然法和国际法甚至神法运用于国际关系领域，使得战争不那么血腥。但面对战争现实，对法的现实可行性的思考和对之作出的修改使得某些时候的不正义成为可能和必须。某些改动甚至一定程度上动摇了传统自然法的根基，他因此亲手为霍布斯铺平了道路（霍布斯是卡涅阿德斯的现代版），并亲手促成了他所不愿意看到的后世对自然法的抛弃和"现实主义"的流行。

他又承认：很多时候，让步和妥协在"战略上"更为重要。而这几个方面综合在一起，导致了格劳秀斯关于战争及国际关系行为规范的阐述呈现出大为矛盾的复杂面相，给后人的解读带来困难。格劳秀斯并非毫无矛盾，但他自己并非不知晓这种所谓的矛盾，他正试图从中融贯地展现自己。本书认定，从以上认识出发，格劳秀斯的主要矛盾之处完全可以得到更合理的解释。

格劳秀斯不能过早和过于清晰地展现修改后的三法关系（否则无法驳斥卡涅阿德斯这样的人），这一关系只能在其论述战争与和平及为战争立法的过程中逐渐显现，笔者的上述总结也来自其关于国际关系的具体而分散的阐述（主要在鸿篇巨制《战争与和平法》中）。① 这也给笔者的总结归纳带来一定的挑战，也使得本书对格劳秀斯思想的展示大不同于对现代国际思想家的论述，转而将首要的着力点放在其国际关系哲理及三法关系的归纳上。

格劳秀斯强调，三法的地位是神法＞自然法＞万国法。神创造了所有造物（包括人类），人类的自然是自然法之母，自然法是万国法之母。因此，三法同根同源。面对战争的现实和卡涅阿德斯的诘难，这种三法关系遇到如下**理论和现实上的困境**：第一，基督神法要求爱你的邻人，包括那个正在杀你的人，因而本质上反对一切战争（包括正义战争），但三十年战争中格劳秀斯声称见证了基督教国家的行为连野蛮人都不如。第二，人类的本性（自然）如果真是社会倾向，那么如此而来的自然法必然要求：开战仅仅针对破坏（国际）社会的行为，而不能为一己之私利。但三十年战争的残酷和各国间开战理由的随意，以及卡涅阿德斯之流观点的强劲和蛊惑力，恰恰证明了人类不遵循自己的本性，即，人类事实上没有遵循自然法。第三，万国法如果来自自然法，那就必然符合人类的社会倾向，但显然它面对战争现实不堪一击，没有人遵守这样的

---

① 这种三法关系也没有出现于任何"国际关系"以外的领域。

万国法。完全是出于对三法的维护和限制战争的目的,同时更是出于法之现实可行性的考虑(战争情况下),格劳秀斯在制定战争规范的过程中实际上修改了三法关系及三法的效力等问题。**某种程度上说,格劳秀斯的思想本质甚至可以用"思想战略"一词更加贴切地加以概括。格劳秀斯非常"政治"、非常"策略",以至于令人害怕,但他同时十分憎恶自己的这种堕落。**

这种修改包括四点:第一,突出对人类本性(自然,human nature)的认识的两个方面:对绝大多数人类来说,他们的自然不是社会倾向的,虽然极少部分人才代表真正的人类;自然法只能来自并真正规范这些极少数的人类。第二,将三法明确分开,自然法不再依赖上帝。第三,经修改后,法要求严格遵守的程度依次为:万国法 > 自然法 > 神法,这与法的地位正好相反。第四,要求严格遵守的万国法可能有两类情况:万国法符合自然法甚至神法,也可能是反(国际)社会的万国法,格劳秀斯要求无论哪种都必须严格遵守。对此,需要明确几点:第一,这种修改本质上是为了减少和限制战争,是为了神法、自然法和万国法在哪怕战争中也尽可能多地得到遵守,毕竟,"同意"意味着更容易被遵守;第二,"同意"同时意味着诉诸个体的自由意志,因此不一定能完全符合"正义",所以和平本身导致了对正义的偏离;第三,这种修改是出于对法的现实可行性的考虑,具有暂时性,他不断强调:未经修改更好;第四,一旦极端情况消失,格劳秀斯坚决要求放弃之前所作的让步(甚至未消失时,他也时不时作此强调);第五,让步之中,包含着格劳秀斯对确定性的追求。

这种"对战争情况下法的现实可行性的考虑和格劳秀斯内心对由此而来的必要让步的抵触"一直体现在其最关注的国际关系领域(尤其是限制战争的问题)。

万国法(国际法)的地位,使得法实现其现实可行性的关键是来自于各国意志的万国法，它是唯一需要严格遵守的，哪怕与自然法及神法忤逆。当然格劳秀斯不停强调，存在万国法与两法协调的时候，且"更好的人类""更值得赞美的人类"更倾向于遵守自然法甚至神法。无论是正义战争还是海洋自由问题，格劳秀斯对万国法的提及要远远多于自然法和神法。

体现在正义战争理论中，开战正义部分，格劳秀斯提出战争的正义理由一共有三个：自保、卫护产权、惩罚。每一种都从自然法、万国法和神法三个角度寻找不同的依据，对各种详细情况进行不同的规定。格劳秀斯展现出了几乎走向两种极端的矛盾面相：一方面，认可不正义的战争理由（他说至少比没有理由就开战要好）；另一方面，则反对任何战争（包括正义战争）。这其中的任何一项细致规定都印证和反映了笔者前文总结的格劳秀斯的国际关系哲理，即对战争情况下法的现实可行性的考虑和格劳秀斯内心对由此而来的必要让步的抵触。当然，为了和平目的所作的让步在他那个时代更为迫切。

海洋自由论的论证逻辑如下：贸易自由是海洋自由论证的前提和最终目的，那么既然某些钱原本全人类都可获得，就应该利益均沾，荷兰人也应该分一杯羹。晚年时格劳秀斯自己批评海洋自由论出于"爱国热情"而写就，他强调，相比虔诚的事，贸易及海洋自由两者要低下得多。当然，对后世影响更大的不是格劳秀斯的基督教内核。

如果没有对三十年战争现实挑战的时时关注，格劳秀斯因对法的现实可行性的考虑所作出的让步就会少得多，"大国际社会（greater society of states）"只有在对上帝的信仰重归时，才能在堕落的人类中达成和维持。而当下，限制战争要迫切和现实得多。

格劳秀斯的作品浩瀚，单列书名就可多达四页[①]，就本选题而言，主

---

① Hugo Grotius, *De Imperio Summarum Potestatum Circa Sacra*, 2 Vols, Critical Edition with Introduction, English Translation and Commentary by Harm-Jan Van Dam, Leiden: Brill, 2001, pp. 1018 – 1021.

要的研习文本包括:《战争与和平法》《捕获法》《海洋自由论》《十一条论纲:论主权者、正义战争与荷兰反叛的合法性》《基督教之真理》(除非特别指出,所有引文均为笔者自行迻译),重点则放在《战争与和平法》。之所以如此是基于如下观点:这几部作品具有内在的一致性,并无所谓的断裂和思想的变化,而《战争与和平法》是这一系列作品中的集大成者。作为《战争与和平法》前期准备的《捕获法》无疑是更为大胆的作品(格劳秀斯并未准备刊行),但两者并没有本质上的不一致,其中题为《海洋自由论》的第十二章匿名发表①。《十一条论纲》涉及的论题明显是整个系列著作一直关注的核心内容。《基督教之真理》是格劳秀斯"最成功和最受欢迎"的作品②,其思想同样实际贯穿于整个系列作品。

(二) 论文题目选择的依据和理由

第一,国际关系思想史研究是国际关系理论研究的有机组成部分,略为极端地说,一切理论本质上都是理论史。国际关系理论思想史研究(尤其当拓展至古典思想家时)当下是一个境况尴尬的领域:几乎所有人都承认或者从内心深处隐约感觉这是一门学问,并且很重要,但极少有人愿意涉足。对于自然科学化倾向日益明显的国际关系学界而言,去到那些明显不符合现代社会科学标准的、被界定为"臆想"的、动辄卷帙浩瀚的思想家那里求取有关国际关系甚或当今世界政治的智慧,显得有点时代错乱。然而,未经阅读的提前拒斥是一种狂暴的专断。任何一个思想家面对的都是自己时代的切身问题,而这种思考无不包蕴诸多政治生活的本原性问题(人的本性;政治生活的本质;战争;正义)。这些思考,促使我们进行抉择,促使我们以此

---

① 《海洋自由论》以更为缩略的形式重现于《战争与和平法》的第二卷第二章。
② 〔美〕肯尼思·W. 汤普森:《国际思想之父——政治理论的遗产》,谢峰译,北京大学出版社 2003 年版,第 85 页。

为根基思考变幻莫测的新世界。正是这样的信念,支撑笔者以格劳秀斯的国际关系思想作为选题。而怀特对格劳秀斯、康德、马基雅维利的关注①,摩根索对亚里士多德《政治学》逐章注解②,甚至沃尔兹在自创三大"意象"概念下对不同思想家群体的解读③,无一不增强了笔者这种信念。

第二,绝大部分现代思想家的思想及理论起点均是战争与和平问题(人与人或国与国之间)。对他们而言,作为前提的战争与和平问题最终导向对"人类是什么"以及"依据自然,人类可以拥有什么"的追问(一般称这类战争与和平的思考为"自然状态"④),这些思想家以此构筑对于"政治社会本性(nature of political society)"的认识和思考。很难说他们有系统的国际关系思想,虽然他们的理论前提都是"国际关系"⑤。格劳秀斯的重心就在国际关系。同时,对于战争与和平法度的思考并不局限于他钟爱的国际关系,其讨论十分庞杂,涉及与此相关的方方面面。其巨著《战争与和平法》的副标题显示:"亦探讨了自然法、万国法和公法原则",而这些正是格劳秀斯体现于国际关系领域的思想理论基础,也为本书从格劳秀斯的三大卷巨著中总结归纳其国际关系哲理思想提供了前提。

第三,早期的学者均视格劳秀斯为"政治理论终极真理的代言人"⑥,

---

① Martin Wight, *Four Seminal Thinkers in International Theory: Machiavelli, Grotius, Kant and Mazzini*, Gabrele Wight and Brian Porter (eds.), Oxford: Oxford University Press, 2005.
② Hans J. Morgenthau, *Political Theory and International Affairs: Hans J. Morgenthau on Aristotle's Politics*, Anthony F. Lang (ed.), Jr., Westport: Praeger Publishers, 2004.
③ Kenneth N. Waltz, *Man, the State and War: A Theoretical Analysis*, New York: Columbia University Press, 2001.
④ 霍布斯甚至用国际关系中的战争状态反证自然状态真实存在:Thomas Hobbes, *Leviathan* (Revised Student Edition), Richard Tuck (ed.), Cambridge: Cambridge University Press, 1996, chapter 13.
⑤ Richard Cox, *Locke on War and Peace*, Oxford: The Clarendon Press, 1960, p. 184.
⑥ William Dunning, *A History of Political Theories: From Luther to Montesquieu*, New York: The Macmillan Company, 1921, p. 301.

伏尔泰刻薄的抱怨①则从反面证明了格劳秀斯绝非任何现代学科框架下某一学科的独享。格劳秀斯处于国际法初创时期，他本人绝无现代国际法学人的严格学科意识，在他的时代，他更多地被认为是政治理论真理的终极阐释者。诸多对格劳秀斯的理解有偏差，正在于对他的政治感和历史感以及由此而来的"思想战略"缺乏了解，本书正试图将格劳秀斯拉回更为贴近其本人意图的政治学及国际关系的研究进路上来。

选择格劳秀斯的国际关系哲理为题的原因当然也是来自格劳秀斯在政治思想史、国际关系理论思想史上不可置疑的重要性和不朽的影响力，无论是当时还是如今。当时即被认为是欧洲仅有的两个学识最为渊博的人之一（另一个是霍布斯②），洛克、费尔默、卢梭、维科无一不视格劳秀斯为当时最重要的思想家，并在阐释自身思想的过程中引述或评论格劳秀斯的作品，而他在今天更被认为是国际关系理论流派中英国学派一支的源头。研究格劳秀斯大有助于使我们辨识那个新时代开启阶段的辩论，回想初生的现代早期国际关系思想。本书尤其试图进一步辨认格劳秀斯在这场大变动中所起的作用、他与之前诸多思想尤其是自然法传统犹犹豫豫的断裂和延续。

格劳秀斯在国际关系学界似乎日益受到更多的重视，尤其在英国学派风头日上的当今。英国学派相当一部分或者其中最重要、最具影响力的学者都认格劳秀斯为宗，其中有格劳秀斯杰出解读者赫德利·布尔。本书选题的缘起恰在于笔者早先对英国学派国际关系理论的关注。凭着对往昔贤人的敬慕，对本学科内某一重要流派所认定之"宗师"进行考究，往往能从本源上认清这个学派。兴许我们还能发现当今学人的认识

---

① 伏尔泰抱怨，格劳秀斯大谈跟战争与和平问题毫无关系的"包皮环割"，参看：Voltaire, *Voltaire's Political Writings*, David Williams (trans.), Cambridge: Cambridge University Press, 1994, pp. 87, 89。
② 整个欧洲当时时唯一能与霍布斯在对于欧洲政治的实践及个人知识上一论高下的就是荷兰人雨果·格劳秀斯，参看：Richard Tuck, "Introduction", in Thomas Hobbes, *Leviathan* (Revised Student Edition), Richard Tuck (ed.), Cambridge: Cambridge University Press, 1996, p. xiii。

与宗师之间的深刻裂痕,还能发现:或许"宗师"能告诉我们比当今学人更多、更有道理的学问。只有追根溯源并在此基础上,我们才能谈对经典的批判与继承,才能谈所谓古典的现今意义。本书试图重新发掘英国学派自认的宗师格劳秀斯本人的真正思想并分析其当下适切性。希望本书能作为一个开始,使学界对格劳秀斯的讨论和研究推向深入,促成学界对英国学派和当下的世界政治现实进行更多反思。

二、国内外研究现状

格劳秀斯影响深远,每个时代都有推崇者,但仍可非常清晰地辨识出对格劳秀斯研究和重视大为不同的三个具有代表性的时期:格劳秀斯所处的时代和他身后一个世纪的声名显赫[1];十八世纪后期至十九世纪的前一大半时间的被冷落和拒斥[2];二十世纪开始的复兴,尤其之后英国学派的"国际社会"概念解读和塔克的解读构成了二十世纪中后叶的格劳秀斯研究热潮。相对而言,第三阶段的文献更为丰富,并且大致代表了现今学界对格劳秀斯及其国际关系思想的认识。

格劳秀斯在他所处时代及他身后近一个世纪声名最为鼎盛,这一时期他的影响力恐怕要远大于如今。威廉·邓宁(William Dunning)曾说,在霍布斯开始写作前25年,"新教欧洲及所有国家最进步的思想家都视格劳秀斯为政治理论最终真理的代言人"[3],并且之后与霍布斯一道被认

---

[1] 格劳秀斯在英格兰和欧洲其他地方的"广泛成功",可参看: Michael P. Zuckert, *Natural Rights and the New Republicanism*, Princeton: Princeton University Press, 1994, pp. 120, 148 – 149。

[2] C. Van Vollenhoven, "Grotius and the Study of Law", *The American Journal of International Law*, Vol. 19, No. 1 (Jan., 1925), pp. 1, 5. 格劳秀斯从十八世纪某个时刻起被淡忘,这一项研究可参看: Michael P. Zuckert, *Natural Rights and the New Republicanism*, Princeton: Princeton University Press, 1994, p. 149。

[3] William Dunning, *A History of Political Theories: From Luther to Montesquieu*, New York: The Macmillan Company, 1921, p. 301.

定为重要的思想权威，在自然法领域就更是如此。① 到十八世纪末，《战争与和平法》出了44个拉丁文版本（之后将近一个世纪未出现新版本），译文也竞相出现②，洛克就买了《战争与和平法》两个版本③。那个时代，杰出的格劳秀斯解读者有卢梭、洛克、菲尔默等。④ 最有影响的自然为卢梭和洛克，但这两位解读者本人即为重要思想家，因此并不会将解读其他人的思想作为一项事业，因而从他们那里大体只能获得只言片语式对格劳秀斯的回应。

卢梭对格劳秀斯的"批评"，在思想史上早已尽人皆知，在名著《社会契约论》中对格劳秀斯的论述多达七处，大致均在反对格劳秀斯跟霍布斯一样对君主专制的支持。⑤ 卢梭关于格劳秀斯的观点，更多被引述的则是其在《爱弥儿》中的一番断语："政治学还有待于发展，据估计，它也许永远不会发展起来了。在这方面居于一切学者之首的格劳修斯，只不过是一个小孩子，而且最糟糕的是，他还是一个心眼很坏的孩子。我认为，根据大家一方面把格劳秀斯捧上了天，另一方面把霍布斯骂得狗血喷头的情况来看，正好证明根本就没有几个明理的人读过了或理解了这两个人的著作。事实是，他们两个人的理论完全是一模一样的，只不

---

① William Dunning, *A History of Political Theories: From Luther to Montesquieu*, New York: The Macmillan Company, 1921, p. 303.

② "List of Editions and Translations of The *De Jure Belli Ac Pacis*", in Hugo Grotius, *De Jure Belli ac Pacis Libri Tres* (Vol. II): *The Translation: On the Law of War and Peace*, F. W. Kelsey etc. (trans.), Oxford: Clarendon Press, 1925, pp. 877 – 886.

③ Michael P. Zuckert, *Natural Rights and the New Republicanism*, Princeton: Princeton University Press, 1994, p. 120.

④ 因被洛克批评而青史留名的菲尔默专文阐述过格劳秀斯的《战争与和平法》，颇多关注政府的起源、反抗权问题。Sir Robert Filmer, "Observations Concerning the Original of Government, upon Mr Hobs 'Leviathan', Mr Milton against Salmasius, H. Grotius 'De Jure Belli'", in Sir Robert Filmer, *Patriarcha and Other Writings*, Johann P. Sommerville (ed.), Cambridge: Cambridge University Press, 1991, pp. 208 – 234.

⑤ Jean-Jacques Rousseau, *The Social Contract and Other Later Political Writings*, Victor Gourevitch (ed. and trans.), Cambridge: Cambridge University Press, 1997, pp. 42 – 43, 46, 47, 49, 59, 120, 146.

过各人使用的辞句不同罢了。他们论述的方法也是有所不同的。霍布斯是采取诡辩的方法,而格劳秀斯则采取诗人的方法,其他的一切,就完全是一样的了。"① 卢梭事实上对霍布斯态度暧昧,他批评但又极崇拜霍布斯,既然他认为两人"完全是一样",我们就能理解为何卢梭多处表露对格劳秀斯的敬意②。正是受卢梭的影响,塔克解读出了一个颇不同于传统解释的完全不信任国际法的格劳秀斯,卢梭无疑眼光犀利,一眼看穿了格劳秀斯,但并未作更多阐释。③

洛克不仅购买和阅读格劳秀斯(他藏有 15 本格劳秀斯的作品,其中《战争与和平法》更有两个不同版本)④,在其伟大作品《政府论》中对格劳秀斯的引用虽只有五处,但暗地与格劳秀斯的对照和较劲则至少多达 18 处⑤。其《关于自然法的一些问题》⑥一著本质上是对格劳秀斯自然法的评论和反驳⑦,其中格劳秀斯对他的巨大影响更为昭然。两人最明

---

① 〔法〕卢梭:《爱弥儿,或论教育》,李平沤译,商务印书馆 1978 年版,第 703—704 页。
② Jean-Jacques Rousseau, *The Social Contract and Other Later Political Writings*, Victor Gourevitch (ed. and trans.), Cambridge: Cambridge University Press, 1997, p. 146; Jean-Jacques Rousseau, *The Discourses and Other Early Political Writings*, Victor Gourevitch (ed. and trans.), Cambridge: Cambridge University Press, 1997, p. 120.
③ 但塔克的解读仍然是大致属于他自己的,并与卢梭有别。因为卢梭事实上并没有无视两人的根本区别,卢梭提到了格劳秀斯的一封信,格劳秀斯在这封信中最明显地表明了自己与霍布斯的异同(Jean-Jacques Rousseau, *The Social Contract and Other Later Political Writings*, Victor Gourevitch (ed. and trans.), Cambridge: Cambridge University Press, 1997, p. 146)。
④ 详可参看 John R. Harrison and Peter Laslett (eds.), *The Library of John Locke*, 2nd edition, Oxford: Clarendon Press, 1971, pp. 1329 – 1340. 转引自 John Locke, *The Selected Political Writings of John Locke: Authoritative Texts, Contexts, Sources, Interpretations*, Paul E. Simund (ed.), New York: W. W. Norton & Company, Inc., 2005, p. 233。
⑤ John Locke, *Two Treatises of Government*, Peter Laslett (ed.), Cambridge: Cambridge University Press, 1988, pp. 154, 177 – 178, 197, 214, 230, 232 – 233, 285 – 286, 288, 299, 303, 306, 301, 310 – 311, 331, 385.
⑥ John Locke, *Questions Concerning the Law of Nature*, with an Introduction, Text, and Translation by Robert Horwitz, Jenny Strauss Clay, and Diskin Clay, Ithaca: Cornell University Press, 1990.
⑦ Michael P. Zuckert, *Natural Rights and the New Republicanism*, Princeton: Princeton University Press, 1994, p. 187.

显的差异在于，洛克第一句话就强调：对自然法而言，上帝不可或缺。①笔者认为，洛克强调上帝对自然法不可或缺，最终是为了证明不存在任何意义上的自然法，而只有自私自利和自我保存；格劳秀斯犹犹豫豫地某种程度上排除上帝，目的却是为了证明自然法的存在及切实有效。施特劳斯曾经做过一番极有影响且笔者颇认同的解读：洛克本质上是马基雅维利（霍布斯）而不是亚里士多德。② 本书则进一步认为，洛克的霍布斯内核实际上来自格劳秀斯。格劳秀斯必然会反对洛克所说的诸多观点（尤其是其对自然法的拒斥），但洛克观点的根基仍然是格劳秀斯亲手提供的。

卢梭和洛克虽无对于格劳秀斯的专门研究，但他们对格劳秀斯的理解程度几乎超过了所有的当今解读者（"理解"不意味着需要全然赞同格劳秀斯的观点）。

上文提到的格劳秀斯研究的第二阶段事实上是一次冷落。之后是对格劳秀斯的第三阶段研究，首先要提到两类至关重要的文献，即格劳秀斯的传记式研究或对其时代背景进行勾勒的历史作品和将格劳秀斯置于大的思想谱系（主要是自然法传统和正义战争传统思想背景）中进行的研究。这两类研究既是往昔对格劳秀斯研究的重要部分，又是理解格劳秀斯的意图的前提，没有了这两个方面的影响，就会消失掉本书意图呈现的格劳秀斯全部思想的复杂性。本书并不意在做历史研究或者总体思想史概览，鉴于这两类内容的极端重要性，将从论证的实际需要出发，大致依赖前人成果，对之进行梳理和展示。此处仅列出本书写作中时时会参考的代表文献并做简要评述。

就格劳秀斯生平及他和他的祖国荷兰所面对的时代背景而言，比较有

---

① John Locke, *Questions concerning the Law of Nature*, with an Introduction, Text, and Translation by Robert Horwitz, Jenny Strauss Clay, and Diskin Clay, Ithaca: Cornell University Press, 1990, p. 95.

② Leo Strauss, "Locke's Doctrine of Natural Law", in Leo Strauss, *What is Political Philosophy? And Other Studies*, Chicago: The University of Chicago Press, 1988, pp. 213, 215 – 216, 218.

意义且较容易获得的传记式作品有：罗马法学者 R. W. 李（R. W. Lee）的系列文章①，塔克编辑的新版《战争与和平法》的"介绍"及"格劳秀斯生平"②，原美国副国务卿大卫·希尔（David J. Hill）为坎贝尔（A. C. Campbell）所译的一个《战争与和平法》缩略英译本所写的导言③，著名国际法学家斯考特为权威的《战争与和平法》1925 年英译本所写的导论④，以及两本较有影响的传记作品⑤，及其他一些颇有价值的论文和专著⑥。格劳秀斯的时代背景（尤其是三十年战争、现代国家崛起及荷兰全球称霸）可参考著名地理政治学家杰弗里·帕克（Geoffrey Parker）对三十年战争做的一番比较简洁明晰的展示⑦。一项恢弘的通览性杰出作品《荷兰共和国：崛起、强盛及衰落》⑧将格劳秀斯与他的祖国及其时代作了细致

---

① R. W. Lee, "The Family Life of Grotius", *Transactions of the Grotius Society*, Vol. 20, 1935; R. W. Lee, "The Introduction to the Jurisprudence of Holland of Hugo Grotius", *Transactions of the Grotius Society*, Vol. 16, 1931; R. W. Lee, "Hugo Grotius", *Proceedings of the British Academy*, Vol. 16, 1930; R. W. Lee, "Grotius-The Last Phase, 1635 – 1945", *Transactions of the Grotius Society*, Vol. 31.

② Richard Tuck, "Introduction", in Hugo Grotius, *The Rights of War and Peace*, Richard Tuck (ed.), Indianapolis: Liberty Fund, 2005; J. Barbeyrac, "The Life of Hugo Grotius", in Hugo Grotius, *The Rights of War and Peace*, Richard Tuck (ed.), Indianapolis: Liberty Fund, 2005.

③ David J. Hill, "Introduction: The Work and Influence of Hugo Grotius", in Hugo Grotius, *The Rights of War and Peace: Including the Law of Nature and of Nations*, A. C. Campbell, A. M. (trans.), New York: Walter Dunne Publisher, 1901.

④ James Brown Scott, "Introduction", in Hugo Grotius, *De Jure Belli ac Pacis Libri Tres* (Vol. II): *The Translation: On the Law of War and Peace*, F. W. Kelsey etc. (trans.), Oxford: Clarendon Press, 1925.

⑤ M. De Burigny, *The life of the Truly Eminent and Learned Hugo Grotius*, London: Printed for A. Millar, 1754; Charles Butler, *The Life of Hugo Grotius: with Brief Minutes of the Civil, Ecclesiastical, and Literary History of the Netherlands*, London: J. Murray, 1826.

⑥ Pieter Geyl, "Grotius", *Transactions of the Grotius Society*, Vol. 12, 1927; C. S. Edward, *Hugo Grotius, the Miracle of Holland: A Study of Political and Legal Thought*, Nelson-Hall: Chicago, 1981; Renée Jeffery, *Hugo Grotius in International Thought*, New York: Palgrave Macmillan, 2006, pp. 1 – 26; Hugo Grotius, *Commentarius in Theses XI: An Early Treatise on Sovereignty*, *Just War and the Legitimacy of the Dutch Revolt*, Peter Borschberg (ed. and trans.), Berne: Peter Lang, 1994, Introduction.

⑦ Geoffrey Parker (ed.), *The Thirty Years' War*, 2nd Edition, London and New York: Routledge, 1997.

⑧ Jonathan Israel, *The Dutch Republic: Its Rise, Greatness, and Fall 1477 – 1806*, New York: Oxford University Press, 1998.

阐述。勒洛夫森（C. G. Roelofsen）的短文《格劳秀斯与十七世纪的国际政治》将格劳秀斯的个人起伏与思想形成与他同荷兰政局和欧洲国际局势的变化作了清晰精到的考察。① 另外可参看下文将作评述的两项杰出的对格劳秀斯《捕获法》的历史研究，其中有相当篇幅的内容涉及相关背景。②

关于将格劳秀斯置于思想史谱系中（尤其是自然法及正义战争理论传统、"国家理由"兴起的思想与实践史背景）加以综合考量的特别有代表性的研究如下：在这个现代国家逐渐崛起的时代，"国家理由"作为一项全新的国家行为方式和流行思想开始逐渐蔓延和胜利，对这一革命性转折的一项较新的总体研究可参看意大利著名的共和派思想家维罗里（Maurizio Viroli）的《从政治到国家理由：政治语言的获得和变迁（1250—1600）》③。眼界更为宽广但立场与维罗里有别的一项研究是史家迈内克的名著《马基雅维里主义》，该著甚至兼及对格劳秀斯的论述，将他的思想视为与"国家理由"格格不入的对立面：格劳秀斯所秉持的国际法即便"高尚、温和、充满人道"，在面对现实的根本意义上仍然有"不真实、不实际和教条化"的危险。④ 迈内克很大程度上并未理解格劳秀斯，但无疑杰出展示了格劳秀斯所面对的总体思想背景。剑桥学派力将理查德·塔克，极为注重历史情境（context）的考察，他的系列作品

---

① C. G. Roelofsen, "Grotius and the International Politics of the Seventeenth Century", in Hedley Bull, Benedict Kingsbury and Adam Roberts (eds.), *Hugo Grotius and International Relations*, Oxford: Clarendon Press, 1990.
② Martine Julia Van Ittersum, *Profit and Principle: Hugo Grotius, Natural Rights Theories and The Rise of Dutch Power in the East Indies (1595 – 1615)*, Leiden: Brill, 2006, pp. xix – lxi; Eric Michael Wilson, *The Savage Republic: De Indis of Hugo Grotius, Republicanism, and Dutch Hegemony within the Early Modern World-System (c. 1600 – 1619)*, Leiden: Martinus Nijhoff Publishers, 2008, pp. 137 – 257.
③ Maurizio Viroli, *From Politics to Reason of State: The Acquisition and Transformation of the Language of Politics 1250 – 1600*, Cambridge: Cambridge University Press, 1992.
④ 〔德〕弗里德里希·迈内克：《马基雅维里主义："国家理由"观念及其在现代史上的地位》，时殷弘译，商务印书馆2008年版，第313—317页。

将格劳秀斯置于十七世纪的思想史大背景下,并细致考察格劳秀斯的各种经历及私人关系,同时将其与格劳秀斯的思想阐释结合,得出自己的结论。塔克提供了迄今为止最好的关于格劳秀斯所在的时代背景和思想背景的阐述。① 另几项将格劳秀斯置于政治思想史更大谱系中的展示,可见于施特劳斯学派学人考克斯(Richard Cox)及政治思想巨擘萨拜因的相关论述。② 将格劳秀斯置于自然法或者正义战争理论传统中的研究更多,且大多数秉持对格劳秀斯较为传统的解读(格劳秀斯代表着自然法世俗化倾向),一项总结性研究可见于一篇杰出的博士论文③。持类似观点的当代著名正统自然法研究大家、法国学者马里旦甚至恶狠狠地认为格劳秀斯"扭曲了自然法",不配拥有"自然法之父"的美誉,恰恰因为他而出现了自然法的倒退。④ 相反的观点可见于新自然法学派的代表人物、牛津大学著名学者菲尼斯的《自然法与自然权利》,他认为世俗化的解读是一种"误解"。⑤ 罗门(Heinrich A. Rommen)的名著是《自然法:一项对法史、社会史、法哲学、社会哲学的研究》⑥,他认为格劳秀斯仍

---

① Richard Tuck, *Natural Rights Theories: Their Origin and Development*, Cambridge: Cambridge University Press, 1979; Richard Tuck, *Philosophy and Government 1572 – 1651*, Cambridge: Cambridge University Press, 1993; Richard Tuck, *The Rights of War and Peace: Political Thought and the International Order from Grotius to Kant*, Oxford: Oxford University Press, 1999.
② Richard Cox, "Hugo Grotius", in Leo Strauss and Joseph Cropsey (eds.), *History of Political Philosophy*, 3rd edition, Chicago and London: The University of Chicago Press, 1987; Richard Cox, *Locke on War and Peace*, Oxford: The Clarendon Press, 1960;〔美〕乔治·萨拜因:《政治学说史(第四版·下卷)》,邓正来译,上海人民出版社2010年版,第22章;〔挪威〕托布约尔·克努成:《国际关系理论史导论》,余万里、何宗强译,天津人民出版社2004年版,第101—103页。
③ Mary Clare Segers, *Hugo Grotius and Secular Natural Law*, PhD Dissertation, Columbia University, 1972. 也可参看:Otto Gierke, *Natural Law and the Theory of Society 1500 – 1800*, Ernest Barker (trans.), Boston: Beacon Press, 1960. p. 36.
④ 〔法〕雅克·马里旦:《自然法:理论与实践的反思》,鞠成伟译,中国法制出版社2009年版,第13、15—16页。
⑤ 〔英〕约翰·菲尼斯:《自然法与自然权利》,董娇娇等译,中国政法大学出版社2005年版,第34—36页。
⑥ Heinrich A. Rommen, *The Natural Law: A Study in Legal and Social History and Philosophy*, Thomas R. Hanley (trans.), Russell Hittinger (ed.), Indianapolis: Liberty Fund, 1998.

属于经院哲学传统，真正后来的所谓"自然法时代"实际是普芬道夫开创。全书给人最大的印象是作者及译者深入文本字里行间的浓厚的基督教信仰和教化读者的企图。

在很多关于正义战争理论传统的研究中经常会兼及对格劳秀斯正义战争理论的探讨，它们大体认定格劳秀斯认同应当依据自然法来确定战争的正义与否，但大部分都不去过问或者不试图解释已然存在的对格劳秀斯自然法解读的多重矛盾①。对格劳秀斯之前即已存在的正义战争理论谱系的最为杰出的阐释可见于拉塞尔（Frederick H. Russell）的《中世纪的正义战争》，该著精妙展示了历史和理论上的正义战争，是当今阐述正义战争理论最重要的作品之一。② 对格劳秀斯正义战争的一番杰出的比较及综合研究可见于一篇博士论文：《五位正义战争经典理论家：对阿奎那、维多利亚、苏亚雷兹、根提利的研究》③。正义战争理论的现代解读最著名的代表是沃尔泽（Michael Walzer）的名著《正义与非正义战争：通过历史案例的一项道德论证》，格劳秀斯被认为是正义战争"世俗化"的代表，但该著作意在通过对具体案例的描绘来进行"些许"的道德论证，沃尔泽明确表示对包括格劳秀斯在内的古典正义战争理论并没有什么兴趣。④

格劳秀斯研究在二十世纪的升温（包括在国际关系理论领域内的升温）大致得力于两位学者：一位是冯·福伦霍芬（Von Vollenhoven），一位是劳特派特（Hersch Lauterpacht）。⑤ 福伦霍芬的作品将格劳秀斯的方方面面都

---

① 可参看最新的两项研究：Larry May, *War Crimes and Just War*, Cambridge: Cambridge University Press, 2006; Richard Sorabji and David Rodin (eds.), *The Ethics of War: Shared Problems in Different Traditions*, Ashgate Publishing Limited, 2006.
② Frederick H. Russell, *The Just War in the Middle Ages*, Cambridge: Cambridge University Press, 1975.
③ LeRoy Brandt Walters, Jr., *Five Classic Just-War Theories: A Study in the Thought of Thomas Aquinas, Vitoria, Suarez, Gentili, and Grotius*, PhD Dissertation, Yale University, 1971.
④ Michael Walzer, *Just and Unjust Wars: A Moral Argument with Historical Illustrations*, Fourth Edition, New York: Basic Books, 2006, p. xxii.
⑤ Hedley Bull, "The Grotian Conception of International Society", in Herbert Butterfield and Martin Wight (eds.), *Diplomatic Investigations: Essays on the Theory of International Politics*, London: George Allen & Unwin, 1966, pp. 51–52.

做了介绍①，但当时即被人诟病为将自己的思想强加给格劳秀斯，这一点连他本人都承认了。②

著名国际法学家劳特派特显然更具代表性和影响力，他一生著作等身，但他自己承认，在其所有写过的东西中，《国际法中的格劳秀斯传统》③一文最为重要。④ 此文无疑促成了格劳秀斯研究在二十世纪的复兴，其影响力至今不衰，与之后影响更大的国际关系理论中"英国学派"对格劳秀斯的解读有千丝万缕的联系，也是之后所有学科对格劳秀斯的解读均绕不开的一座高峰。有趣的是，如此重要的一篇长文竟用了大致一半的篇幅在抱怨格劳秀斯的晦涩、矛盾和不可解，比如：格劳秀斯作品一大半都不是在讲国际法；不明确不同情况下具体究竟应该依据哪种法；很多时候搞不清楚到底讲的是法还是道德；自然法与所谓人类"社会性"的自然倾向矛盾。后一半篇幅总结出了迄今为止最为系统完整的十一条"格劳秀斯传统"，这在相当程度上规定了后来者对格劳秀斯的解读。劳特派特承认该文的主要目的是总结后世的"格劳秀斯传统"，而不是解读格劳秀斯本人，即格劳秀斯本人并不等同于后世的"格劳秀斯传统"，之所以格劳秀斯本人还需要被提及，仅仅是因为他对我们认识更为重要的"格劳秀斯传统"还有所作用。劳特派特认为《战争与和平法》没必要全读，它迟早"应该消失为一个仅存于阅读书目中的点缀"⑤，

---

① C. Van Vollenhoven, "Grotius and the Study of Law", *The American Journal of International Law*, Vol. 19, No. 1; C. Van Vollenhoven, "Grotius and Geneva", *Bibliotheca Visseriana*, Vol. 13, 1926, pp. 3 – 81; C. Van Vollenhoven, "The Growth of Grotius' De Jure Belli Ac Pacis as it Appears from Contemporary Correspondence", *Bibliotheca Visseriana*, Vol. 16, 1926, pp. 132 – 177.
② C. Van Vollenhoven, "Grotius and Geneva", *Bibliotheca Visseriana*, Vol. 13, 1926, pp. 5, 21 – 33.
③ Hersch Lauterpacht, "The Grotian Tradition in International Law", *British Yearbook of International Law*, Vol. 23, No. 1 (1946), pp. 1 – 53.
④ Elihu Lauterpacht, "Introduction to Hersch Lauterpacht, 'The Grotian Tradition in International Law'", in E. Lauterpacht (ed.), *International Law Being the Collected Papers of Hersch Lauterpacht*, Vol. 2, Cambridge: Cambridge University Press, 1975, p. 303. 转引自 Renée Jeffery, *Hugo Grotius in International Thought*, New York: Palgrave Macmillan, 2006, p. 93。
⑤ Hersch Lauterpacht, "The Grotian Tradition in International Law", *British Yearbook of International Law*, Vol. 23, No. 1 (1946), p. 52.

《战争与和平法》之所以仍有人读,仅仅是因为它的"最主要和标志性特质"跟后世的"格劳秀斯传统"一致,这种从后往前看的"一致"才决定了它值得被阅读。①

他总结的"格劳秀斯传统"包括:国际关系整体置于"法治"之下;自然法作为国际法的独立来源;人类的自然是自然法的基础;个人与国家的类比;拒斥"国家理由";区分正义和不正义战争;有限度的中立权;允诺的约束力;个人的基本权利和自由;和平的观念;理想主义及进步观。格劳秀斯不会反对劳特派特总结的东西,但劳特派特的最大缺陷在于不够接近格劳秀斯直面时代困境的真正问题意识,缺乏历史感、政治感和战略感。因此,他没有意识到格劳秀斯对战争情况下法的现实可行性的考虑所导致的调整和格劳秀斯内心对由此而来的必要让步的抵触,且让步很多时候"战略上"更为重要。格劳秀斯诸多与劳特派特总结内容相忤逆的东西引发他的不解和肆意剔除。笔者不无遗憾地说:在关键处,格劳秀斯并没有被真切地理解。

国际关系理论中的"英国学派"未必是一个有着强烈自觉派别意识的学者群,却自有一套相对有特色和颇具哲理品性的研究方式,且据称普遍都十分推崇格劳秀斯,他们对格劳秀斯解读的明显标志是归纳总结出"国际社会"这一概念,本质上他们是对国际法领域中"格劳秀斯传统"的承继和修改,并深刻影响了整个二十世纪的国际关系理论研究。这一概念也是英国学派的标志,这一学派被约翰·邓恩(John Dunn)尊为"格劳秀斯全部作品在当今政治思想中的主要幸存"②。英国学派中真正对格劳秀斯作了考察并产生重大影响的是马丁·怀特和赫德利·布尔两个人,其中尤其以布尔的解读影响力最大,甚至波及国际

---

① Hersch Lauterpacht, "The Grotian Tradition in International Law", *British Yearbook of International Law*, Vol. 23, No. 1 (1946), p. 414.
② John Dunn and Ian Harris (eds.), *Grotius*, Vol. I, Cheltenham: Edward Elgar Publishing, 1997, p. xiii. 他认定这在格劳秀斯本人的思想中仅处于边缘性地位。

关系学界之外。

怀特的《国际理论：三大传统》基于其系列讲座，有着深远的影响，尤其是近乎决定性地影响了后继的格劳秀斯杰出阐释者布尔①，其中有影响至远的所谓国际理论思想三分法：霍布斯主义、格劳秀斯主义和康德主义。虽然仍旧坚持霍布斯主义"是国际政治中的学科决定性因素"，但是怀特声称自己越来越倾向"格劳秀斯主义"②。晚近，怀特关于格劳秀斯最为详尽的研究在其去世多年后终于出版。③ 怀特的《国际关系中的西方价值》一文基本显现出其基本思路。④ 其解读承认格劳秀斯的矛盾及不可解，认为这一点正好说明了格劳秀斯思想的"丰富与紧张"⑤，他据此声称："格劳秀斯思想或体系的辩证特质是其卓著品质，并以此确保了格劳秀斯的名声及影响力。"⑥ 他认为格劳秀斯创造了一种理想与现实之间调和的无尽的辩证法：面对国际政治中的自然法、正义、法律等道德问题时，假如认为不复杂，那就是康德主义者；认为没有道德问题，就是现实主义者；认为复杂、迷惑、纠缠不清的，则是格劳秀斯主义者。⑦

布尔眼光犀利、见解独到，他关于格劳秀斯的著述颇丰，最具代表的是他与一批学者主编的论文集《格劳秀斯与国际关系学》，其经典《无

---

① Martin Wight, *International Theory: The Three Traditions*, Gabriele Wight and Brian Porter (eds.), Leicester & London: Leicester University Press, 1991.
② Martin Wight, *International Theory: The Three Traditions*, Gabriele Wight and Brian Porter (eds.), Leicester & London: Leicester University Press, 1991, p. 268.
③ Martin Wight, *Four Seminal Thinkers in International Theory: Machiavelli, Grotius, Kant and Mazzini*, Gabrele Wight and Brian Porter (eds.), Oxford: Oxford University Press, 2005.
④ Martin Wight, "Western Values in International Relations", in Herbert Butterfield and Martin Wight (eds.), *Diplomatic Investigations: Essays on the Theory of International Politics*, London: George Allen & Unwin, 1966.
⑤ Martin Wight, *Four Seminal Thinkers in International Theory: Machiavelli, Grotius, Kant and Mazzini*, Gabrele Wight and Brian Porter (eds.), Oxford: Oxford University Press, 2005, pp. 31 - 32.
⑥ Martin Wight, *Four Seminal Thinkers in International Theory: Machiavelli, Grotius, Kant and Mazzini*, Gabrele Wight and Brian Porter (eds.), Oxford: Oxford University Press, 2005, p. 52.
⑦ Martin Wight, *Four Seminal Thinkers in International Theory: Machiavelli, Grotius, Kant and Mazzini*, Gabrele Wight and Brian Porter (eds.), Oxford: Oxford University Press, 2005, p. 33. 这里已可看出布尔观点的雏形。

政府社会》中有对格劳秀斯的解读①，另有多篇很有影响的论格劳秀斯的论文，其中尤以《国际社会的格劳秀斯式概念》一文征引率最高②。布尔将格劳秀斯与一个著名的现代国际法学者奥本海默（Lassa Francis Lawrence Oppenheim）进行对照，阐述了他所认为的格劳秀斯的几点核心思想：国际社会及国际法存在；有些战争能得到国际社会的认同；奥本海默的"法"只能决定战争中的行为，格劳秀斯坚持有正义理由才能开战；奥本海的"法"对战争目的不加考虑，格劳秀斯则认为战争不是违法的，就是出于执法；奥本海强调中立权，而格劳秀斯赋予了第三方加入战争的法权；奥本海的"法"源自惯例和条约，格劳秀斯则将自然法列于核心地位；奥本海国际社会的成员是国家，格劳秀斯认为成员本质上不是国家而是个人。

布尔总结，格劳秀斯认为国际社会具有统一性或者潜在的统一性。相对于奥本海式的多元主义国际社会观，格劳秀斯的国际社会更倾向于世界国家。③ 无政府状态下的"国际社会"概念，成为国际关系学界对格

---

① Hedley Bull, The Anarchical Society: A Study of Order in World Politics, 3rd Edition, Houndmills, Basingstoke, Hampshire: Palgrave, 2002, pp. 26 – 31.
② Hedley Bull, "The Grotian Conception of International Society", in Herbert Butterfield and Martin Wight (eds.), Diplomatic Investigations: Essays on the Theory of International Politics, London: George Allen & Unwin, 1966; Hedley Bull, "Society and Anarchy in International Relations", in Herbert Butterfield and Martin Wight (eds.), Diplomatic Investigations: Essays on the Theory of International Politics, London: George Allen & Unwin, 1966; Hedley Bull, "Martin Wight and the Study of International Relations", in Martin Wight, Systems of States, Hedley Bull (ed.), London: Leicester University Press, 1977; Hedley Bull, "Natural Law and International Relations", British Journal of International Studies, Vol. 5, No. 2 (Jul., 1979), pp. 171 – 181; Hedley Bull, Benedict Kingsbury and Adam Roberts (eds.), Hugo Grotius and International Relations, Oxford: Clarendon Press, 1990; Hedley Bull, "The Importance of Grotius in the Study of International Relations", in Hedley Bull, Benedict Kingsbury and Adam Roberts (eds.), Hugo Grotius and International Relations, Oxford: Clarendon Press, 1990; Hedley Bull, The Anarchical Society: A Study of Order in World Politics, 3rd Edition, Houndmills, Basingstoke, Hampshire: Palgrave, 2002.
③ Hedley Bull, "The Grotian Conception of International Society", in Herbert Butterfield and Martin Wight (eds.), Diplomatic Investigations: Essays on the Theory of International Politics, London: George Allen & Unwin, 1966, p. 53, n. 1.

劳秀斯思想的主要归纳。布尔首先自己承认：格劳秀斯并没有"明确采用"这个概念，或"为之辩护"，而据说是仅仅以这一概念为"先决条件"。① 本书则认为，**格劳秀斯并没有布尔想象得那么自信，他试图使得"国际社会"在战争的前提下尽可能多地实现，其前提恰是国际社会没有实现（三十年战争欧洲极度混乱的现实）；同时，格劳秀斯认为未来国际社会的真实维系力量最终是对上帝的信仰（good faith）**②。另外，格劳秀斯否定世界国家的观念，他坚定地认为全世界变成一个国家是绝对不可能的③，这种想法必然会被上帝惩罚。

布尔也抱怨，格劳秀斯谈及关于国际关系的各种不同法（有时它们之间冲突），却不明确具体情况下究竟适用哪一个法，比如，自然法与万国法冲突时，究竟谁具备优先性。因此，他事实上没明确在具体情况下究竟什么法代表正义。④ 跟劳特派特一样，布尔也对格劳秀斯面对的历史情境和问题意识缺乏了解：三十年战争的梦魇时时刻刻笼罩着格劳秀斯的全部著述，对战争情况下法的现实可行性的考虑导致的调整和格劳秀斯内心对由此而来的必要让步的抵触。这两点并不排斥且恰恰是对确定性的追求，这意味着最终需要依赖于个人的选择，即，选哪一种都是可以的。格劳秀斯仅仅表明两点：第一，某种法必须严格遵守（基于"同意"），其他属于道德或"更高要求"；第二，各种法之间有好坏、有"更好"。

虽然布尔认为格劳秀斯的国际社会以自然法为主要决定因素，但他自己的国际社会理论摈弃了这一点："国际社会是而且应该是基于实证法

---

① Hedley Bull, "The Grotian Conception of International Society", in Herbert Butterfield and Martin Wight (eds.), *Diplomatic Investigations: Essays on the Theory of International Politics*, London: George Allen & Unwin, 1966, p. 52.
② 或译"善意"，格劳秀斯认为，即便对自己不利，仍然要对自己的敌人有善意。这源自基督教信仰本身。(Hugo Grotius, *De Jure Belli ac Pacis Libri Tres*, 3.19.1.1.)
③ Hugo Grotius, *De Jure Belli ac Pacis Libri Tres*, 2.22.13.1, 2.2.2.2–2.2.2.3.
④ Hedley Bull, "The Importance of Grotius in the Study of International Relations", in Hedley Bull, Benedict Kingsbury and Adam Roberts (eds.), *Hugo Grotius and International Relations*, Oxford: Clarendon Press, 1990, p. 78.

(positive law)",而非自然法。① **布尔事实上宣告：他本人完全抛弃自己心目中的那个格劳秀斯。**

布尔等主编的《格劳秀斯与国际关系学》汇集了一批著名国际关系学者的研究论文，尝试对格劳秀斯的多个方面做出研讨，在格劳秀斯国际关系思想的研究方面有筚路蓝缕之功。这部作品在诸多方面延续和证实了布尔对于格劳秀斯的一些看法，尤其在"格劳秀斯传统"及其在国际关系领域的延展等方面进行了颇多有意义的研究。这批学者探讨了国际关系研究中格劳秀斯的重要性、格劳秀斯与十七世纪的国际政治现实、格劳秀斯在战争法谱系中的位置、格劳秀斯的海洋法问题、格劳秀斯与人权问题、格劳秀斯是否已然过时，等等。但正如其"导论"所宣告的，该著自称其内容并未侧重格劳秀斯本身，甚至有相当部分内容主要关注有关"格劳秀斯传统"影响的当代争论，这些争论"某种程度上独立于格劳秀斯实际所写的东西"②。

布尔影响下的英国学派解读格劳秀斯另一个重要的代表是爱德华·基恩（Edward Keene）③，从他的成名作的题名（"超越无政府社会"）即可看出他对布尔的推崇及试图超越（不可否认塔克的影响④）。该著认为布尔的"国际社会"概念是仅适用于欧洲国家之间交往的正统理论，而真正的格劳秀斯思想影响下实际还应存在一种"非正统"的国际社会理论。而其作为正统理论的补充，支配着欧洲如何与欧洲之外的落后世界的交往，它本质上

---

① Barry Buzan, *From International to World Society?: English School Theory and the Social Structure of Globalisation*, Cambridge: Cambridge University Press, 2004, p. 54. 另参看：Hedley Bull, "Natural Law and International Relations", *British Journal of International Studies*, Vol. 5, No. 2 (Jul., 1979), p. 181。

② Hedley Bull, Benedict Kingsbury and Adam Roberts (eds.), *Hugo Grotius and International Relations*, Oxford: Clarendon Press, 1990, p. 1.

③ Edward Keene, *Beyond the Anarchical Society: Grotius, Colonialism and Order in World Politics*, Cambridge: Cambridge University Press, 2002. 布尔的经典作品题为"无政府社会"。

④ Edward Keene, *Beyond the Anarchical Society: Grotius, Colonialism and Order in World Politics*, Cambridge: Cambridge University Press, 2002, p. 4 n. 5; p. 40 n. 1. 注意其对塔克的赞誉。

为欧洲国家与落后国家或其殖民地之间的关系来证成其合法性，是一种与殖民主义相配套的帝国主义理论。他读解格劳秀斯得出两个观点：第一，主权是可分的，这为一国获取他国领地提供理由；第二，万国法下个人有权利获取未被占领土地，这为殖民主义和帝国主义提供理由。格劳秀斯被用来证成文明与非文明民族或国家间的歧视性划分和交往准则，这一见解有趣且有道理，同时又显然为殖民主义和帝国主义提供看起来不那么"公正"的合法性。

政治思想研究领域的"剑桥学派"旗舰式人物、现今哈佛大学政府系教授理查德·塔克是近年来最具影响力的格劳秀斯研究者。[①] 他就格劳秀斯发表了一系列有颠覆性意义的研究论文和论著章节，扭转了格劳秀斯研究的整体方向并促成了格劳秀斯研究最近几年的重新升温。他主持编辑和修订出版了格劳秀斯《战争与和平法》的一个久远英译本，一经出版即被认为是最佳英文版本。他先后出版了三本涉及格劳秀斯研究的奠基性作品，从《自然权利理论：起源与发展》《哲学与政治（1572—1651）》到《战争与和平的权利：格劳秀斯至康德的政治思想与国际秩序》，每本都分别辟出整一个章节详细讨论格劳秀斯。[②] 他的研究性学术文章更是海量。[③]

[①] 他更早也更显赫的盛名是被公认为当今英语世界最杰出的霍布斯研究专家，他编辑的霍布斯的《利维坦》和《论公民》是当之无愧的最佳版本。Thomas Hobbes, *Leviathan* (Revised Student Edition), Richard Tuck (ed.), Cambridge: Cambridge University Press, 1996; Thomas Hobbes, *On the Citizen*, Richard Tuck and Michael Silverthorne (eds.), Cambridge: Cambridge University Press, 1998; Richard Tuck, *Hobbes*, Oxford: Oxford University Press, 1989; Richard Tuck, *Hobbes: A Very Short Introduction*, Oxford: Oxford University Press, 2003.

[②] Richard Tuck, *Natural Rights Theories: Their Origin and Development*, Cambridge: Cambridge University Press, 1979; Richard Tuck, *Philosophy and Government 1572 – 1651*, Cambridge: Cambridge University Press, 1993; Richard Tuck, *The Rights of War and Peace: Political Thought and the International Order From Grotius to Kant*, Oxford: Oxford University Press, 1999.

[③] 尤其是：Richard Tuck, "Grotius, Carneades and Hobbes", *Grotiana*, Vol. 4, 1983, pp. 43 – 62; Richard Tuck, "The 'Modern' Theory of Natural Law", in Anthony Pagden (ed.), *The Languages of Political Theory in Early-Modern Europe*, Cambridge: Cambridge University Press, 1987, pp. 99 – 119; Richard Tuck, "Introduction", in Hugo Grotius, *The Rights of War and Peace*, Richard Tuck (ed.), Indianapolis: Liberty Fund, 2005; Richard Tuck, "Grotius and Selden", in J. H. Burns (ed.), *The Cambridge History of Political Thought 1450 – 1700*, Cambridge: Cambridge University Press, 1991, pp. 499 – 529.

塔克试图确证卢梭的一个判断：格劳秀斯就等于霍布斯。① 身为历史学家的塔克作了极为细致的史实考据和部分文本考证，认为格劳秀斯完全背离了经院哲学传统，投靠残忍、无道、血腥的"人文主义学派"。他是霍布斯的先行者，用庞杂的诗学引证遮盖了霍布斯内核，他并非钟情于"社会性"的自然法，而是首度提出了以自保为第一原则的崭新的现代自然法②，传统意义上颇具道德意味的自然法不存在，也不存在于任何意义上的国际法（他谈及国际法，不过是障眼法，这即是卢梭所言的不诚实）③。他甚至详细考察了格劳秀斯的各种亲属关系，证明其为东印度公司和荷兰发动战争权利辩护中的私心和利益考虑，根本并非出于什么"正义战争"的缘由。塔克最终得出惊人结论："《战争与和平法》提醒其读者，他仍然是在全球范围内发动战争的狂热分子。他其实最不可能是海牙和平宫的守护神。"④

  塔克的研究细致且极具颠覆性，对本书诸多观点的产生有重大影响，

---

① "政治学还有待于发展，据估计，它也许永远不会发展起来了。在这方面居于一切学者之首的格劳秀斯，只不过是一个小孩子，而且最糟糕的是，他还是一个心眼很坏的孩子。我认为，根据大家一方面把格劳秀斯捧上了天，另一方面把霍布斯骂得狗血喷头的情况来看，正好证明根本就没有几个明理的人读过了或理解了这两个人的著作。事实是，他们两个人的理论完全是一模一样的，只不过各人使用的辞句不同罢了。他们论述的方法也是有所不同的。霍布斯是采取诡辩的方法，而格劳秀斯则采取诗人的方法，其他的一切，就完全是一样的了。"（〔法〕卢梭：《爱弥儿：或论教育》，李平沤译，商务印书馆1978年版，第703—704页。）

② Richard Tuck, "The 'Modern' Theory of Natural Law", in Anthony Pagden ed., *The Languages of Political Theory in Early-Modern Europe*, Cambridge: Cambridge University Press, 1987, pp. 108 - 109, 111, 113. 另可参看 Richard Tuck, *Natural Rights Theories: Their Origin and Development*, Cambridge: Cambridge University Press, 1979; Richard Tuck, *Philosophy and Government 1572 - 1651*, Cambridge: Cambridge University Press, 1993; Richard Tuck, *The Rights of War and Peace: Political Thought and the International Order From Grotius to Kant*, Oxford: Oxford University Press, 1999.

③ 将国际法等同于自然法，自然法等同于战争状态，从而证明国际法不存在的最著名阐述，可参看：Thomas Hobbes, *Leviathan* (Revised Student Edition), Richard Tuck (ed.), Cambridge: Cambridge University Press, 1996, p. 244。

④ Richard Tuck, *The Rights of War and Peace: Political Thought and the International Order From Grotius to Kant*, Oxford: Oxford University Press, 1999, p. 95.

但他的阐述仍然不够深入（尤其对格劳秀斯具有开创性意义的自然状态的解读更多纠缠于史料和人事关系的处理，仍不够细致和令人信服），某些地方的推论更是略显牵强。他的一系列论著均以霍布斯为核心，而格劳秀斯作为霍布斯的重要先行者，仅仅是为其论述霍布斯做准备（他均以霍布斯为每项研究的"最高潮"）。① 最重要的是，他从根本上误解了格劳秀斯的"意图"：格劳秀斯的根本着眼点在于限制战争和寻求和平，他完全误读格劳秀斯因对战争情况下法的现实可行性的考虑所作调整的用意，完全无视格劳秀斯实际上认为：未经修改的状态更好。

塔克决定性地开拓了对格劳秀斯解读的新方向，他近乎主宰了近几年学界对格劳秀斯的总体看法，影响早已从历史学界和政治思想领域扩展至国际法和国际关系学界。② 尤其值得一提的是，在其影响下，近年出现了两部以《捕获法》为主要关注点来论述格劳秀斯的杰作：《利益与原则：雨果·格劳秀斯、自然权利理论及荷兰权势在东印度的崛起（1595—1615）》一著对当时的历史情境和格劳秀斯的家庭及目的作了极度细致的

---

① Richard Tuck, *Philosophy and Government 1572 – 1651*, Cambridge: Cambridge University Press, 1993, p. xi.

② Hugo Grotius, *The Free Sea*, Richard Hakluyt (trans.) and David Armitage (ed.), Indianapolis: Liberty Fund, 2004, pp. 86, 116; James Tully, *A Discourse on Property: John Locke and His Adversaries*, Cambridge: Cambridge University Press, 1980; Martine Julia Van Ittersum, *Profit and Principle: Hugo Grotius, Natural Rights Theories and The Rise of Dutch Power in the East Indies (1595 – 1615)*, Leiden: Brill, 2006; Eric Michael Wilson, *The Savage Republic: De Indis of Hugo Grotius, Republicanism, and Dutch Hegemony within the Early Modern World-System (c. 1600 – 1619)*, Leiden: Martinus Nijhoff Publishers, 2008; Hans W. Blom (ed.), *Property, Piracy and Punishment: Hugo Grotius on War and Booty in* De iure Praedae *– Concepts and Contexts*, Leiden: Brill, 2009; Benedict Kingsbury, "Grotius, Law, and Moral Scepticism: Theory and Practice in the Thought of Hedley Bull", in Ian Clark and Iver B. Neumann (eds.), *Classical Theories of International Relations*, Houndmills, Basingstoke, Hampshire: Macmillan Press; New York: St. Martin's Press, 1996; Chris Brown, Terry Nardin and Nicholas Rengger (eds.), *International Relations in Political Thought: Texts from the Ancient Greeks to the First World War*, Cambridge: Cambridge University Press, 2002. 反对意见可参看：Martin Harvey, "Grotius and Hobbes", *British Journal for the History of Philosophy*, Vol. 14, No. 1, 2006, pp. 27 – 50; Perez Zagorin, "Hobbes Without Grotius", *History of Political Thought*, Vol. 21, No. 1, (Spring 2000).

历史考察，认为格劳秀斯的理论基于其与东印度公司合作的肮脏政治目的，他为现代早期的帝国主义及殖民主义提供理论支撑，标志着与自然法和自然权利理论的一个新起点，展现了现代自由主义的黑暗面，以此在头等重要的意义上助成了一个十七、十八世纪全球性贸易帝国（荷兰）的崛起。① 另一部作品题名即可看出其受塔克影响：《凶残的共和国：格劳秀斯的〈捕获法〉、共和主义与早期现代世界体系中的荷兰霸权（1600—1619）》，但该著作是以多种比较时髦的批判理论（包括解构理论、后殖民主义及世界体系理论）来展示一项对《捕获法》的后现代解读。撤去诸多奇诡晦涩的批判理论语言，仍然可以看出塔克影响的实际内容②：格劳秀斯的《捕获法》实际有两重内涵，荷兰的现代化（共和主义）及荷兰的全球霸权（残忍的殖民主义）。这一两分和相互冲突无可解决，国际关系中的殖民主义是现代化的黑暗面，同时更是其存在的理由（raison d'etre）。③

列奥·施特劳斯关于格劳秀斯的讲课稿迄今未公开发表④，因此无法确知他本人对格劳秀斯的观点，而施派后人中又无人专门研究格劳秀斯，因此很难总结出一个真正的施派解读。施派著名洛克研究专家理查德·考克斯为《政治哲学史》撰写"格劳秀斯"一章⑤，其权威性和影

---

① Martine Julia Van Ittersum, *Profit and Principle*: *Hugo Grotius, Natural Rights Theories and The Rise of Dutch Power in the East Indies* (*1595 – 1615*), Leiden: Brill, 2006, pp. liii, lxi, 187 – 188, 485 – 491.
② 正文对塔克的推崇和目录结构中也可看出：Eric Michael Wilson, *The Savage Republic*: De Indis *of Hugo Grotius, Republicanism, and Dutch Hegemony within the Early Modern World-System* (*c. 1600 – 1619*), Leiden: Martinus Nijhoff Publishers, 2008, pp. xiii, 13.
③ Eric Michael Wilson, *The Savage Republic*: De Indis *of Hugo Grotius, Republicanism, and Dutch Hegemony within the Early Modern World-System* (*c. 1600 – 1619*), Leiden: Martinus Nijhoff Publishers, 2008, pp. 16, 513 – 514.
④ 参看芝加哥大学"列奥·施特劳斯中心"网站"录音及讲课稿"：http: //leostrausscenter. uchicago. edu/audio-transcripts? page = 4，（访问时间：2016 年 3 月 28 日）。格劳秀斯的讲课稿流出版本则错漏百出，修订工作正在进行中。
⑤ Richard Cox, "Hugo Grotius", in Leo Strauss and Joseph Cropsey (eds.), *History of Political Philosophy*, 3rd edition, Chicago and London: The University of Chicago Press, 1987.

响力为学界（包括中国国关学人）所公认①。但该章节主要是从施派的问题意识——"什么是最好的城邦"——出发，探讨格劳秀斯对此问题的回答。就他的国际关系思想而论，考克斯坚持格劳秀斯与霍布斯之间的严格对立。② 在其名著《洛克论和平与战争》中也有一点篇幅讨论格劳秀斯，对格劳秀斯的定位完全与此一致。③ 施特劳斯的著名弟子潘戈（Thomas Pangle）曾与人合著了一本《国家间正义：论权力与和平的道义基础》，有一个章节讨论格劳秀斯，将格劳秀斯置于一个奇怪的标题"现代理想主义"之下，并没有放在该书之前关于"正义战争"理论的章节中。潘戈承认虽然格劳秀斯仍试图立基于亚里士多德传统，但其"现代野心"使它大大偏离了这个传统，潘戈甚至提到了格劳秀斯"极度靠近霍布斯式某些想法的东西"，但又强调格劳秀斯没有真正变成霍布斯。④ 施派中另一位名家祖克特（Michael P. Zuckert）在一本专论美国建国与洛克关系的杰作《自然权利与新共和主义》中辟一章展示了一个被辉格党奉为精神导师的格劳秀斯，祖克特的洛克是亚里士多德和格劳秀斯的背叛者，是霍布斯的忠实信徒，但他仍强调格劳秀斯某种程度上助成了洛克的背叛。⑤ 施派学人中在国际关系思想史领域影响最大、成果颇丰的当属史蒂芬·福德（Steven Forde），他发表了相当数量的研究论文，而他关于格劳秀斯也发表了一篇极具穿透力的短文。他认为格劳秀斯尽力构建一个自然法与人类法有弹性地巧妙结合的体系，以此构筑一整套国际行

---

① 时殷弘、霍亚青：《国家主权、普遍道德和国际法——格劳秀斯的国际关系思想》，载《欧洲》2000 年第 6 期，第 18 页注释③。
② Richard Cox, "Hugo Grotius", in Leo Strauss and Joseph Cropsey (eds.), *History of Political Philosophy*, 3rd edition, Chicago and London: The University of Chicago Press, 1987, p. 394.
③ Richard Cox, *Locke on War and Peace*, Oxford: The Clarendon Press, 1960, pp. 139 – 147, 211 – 213.
④ Thomas L. Pangle and Peter J. Ahrensdorf, *Justice among Nations: On the Moral Basis of Power and Peace*, Kansas: University Press of Kansas, 1999, especially pp. 173 – 174.
⑤ Michael P. Zuckert, *Natural Rights and the New Republicanism*, Princeton: Princeton University Press, 1994.

为规范，尽管这种规范在必要情况下允许不正义，但并没有完全废除道德感。① 施派的重要阵地《解释》（Interpretation）杂志最近发表了一篇关于格劳秀斯与柏拉图对勘的论文，该文敏锐地发现格劳秀斯承认自然法与万国法的矛盾，又坚定认为格劳秀斯更支持自然法。但该文质疑人的社会性（自然法）真的能扩展至一个城邦或者一国之外，即质疑人类的社会性能否真正扩展至国际关系领域，而这种质疑据称来自柏拉图对类似扩展观点的批判。②

尽管有诸多不一致和内在的紧张，且施派宗师的观点迄今无法确知，但施派学人在根本内核上大体有共识（也并非完全一致）：格劳秀斯仍然坚定的站在传统自然法一边，其内核绝非霍布斯。他的一般性原则同样适用于国际关系领域，尤其是作为其国际关系思想最重要内容的正义战争问题。他们一般都承认格劳秀斯没有止于比较笼统和宽泛地界定正义战争，因为这样"无法真正有效地作为指导"③，然而限于施派的问题意识（什么是最好的城邦），他们大部分并不过多关注格劳秀斯如何在国际关系领域试图确立"真正有效的指导"，或者他们并不怎么关注格劳秀斯"为战争立法"。

代表着另一种最新解读方向的一项研究是杰弗里基于其博士论文修改出版的《国际关系思想中的雨果·格劳秀斯》。④ 该著细细考证"格劳秀斯传统"及怀特和布尔的解读，认为该传统作为一种被"发明"出来

---

① Steven Forde, "Hugo Grotius on Ethics and War", *The American Political Science Review*, Vol. 92, No. 3 (Sep., 1998), pp. 639 – 648.
② Nathan E. Busch, "International Duties and Natural Law: A Comparison of the Writings of Grotius and Plato", *Interpretation: A Journal of Political Philosophy*, Vol. 35, No. 2, (Spring 2008), pp. 153 – 182. 另参见: Leon Harold Craig, *The War Lover: A Study of Plato's Republic*, Trornto: University of Toronto Press, 1996。
③ Richard Cox, "Hugo Grotius", in Leo Strauss and Joseph Cropsey (eds.), *History of Political Philosophy*, 3rd edition, Chicago and London: The University of Chicago Press, 1987, p. 393.
④ Renée Jeffery, *Hugo Grotius in International Thought*, New York: Palgrave Macmillan, 2006.

的东西,实际上与格劳秀斯本人的思想没有关系。① 该著真正对格劳秀斯本身观点的关注,仅占全书篇幅中的一个章节,但令人信服地展示出了一个与他人解读不同的格劳秀斯——虔诚的基督徒。他认为,"格劳秀斯事实上展示出一种有等级的对'法'的认识,即最高为神法,自然法居中,人类法为最下"②。只有神法才是最高的法,它规定"爱的法律(Jus Caritas)"(爱你的邻人,爱你的敌人),它决定了格劳秀斯表现出虔诚的基督徒惯有的和平主义倾向、反对一切战争的倾向,他显然"试图限制正义战争"③。杰弗里试图唤回对格劳秀斯的真正理解——神学解读,并激起国际关系学界对神学或宗教视域下的国际问题研究的关注。④ 他的解读非常睿智和具有穿透力,但同塔克完全无视格劳秀斯多处表现出的基督徒的虔诚、神学旨归和对战争的反感一样,他对格劳秀斯呈现的残酷也完全无视。这种残酷在很多方面完全背离基督教的一些基本教导。他这种漠视无助于在整全意义上理解格劳秀斯。这一路向的研究,还可见赫林(J. P. Heering)的《作为基督宗教辩护者的格劳秀斯》⑤、贝塞林克(Leonard Besselink)的长文《不虔诚之假设的再考察》⑥。

国内的格劳秀斯研究"远未开始",大部分专门研究依据的都是二手三手的材料甚至"传言"⑦。格劳秀斯更多的时候是作为一种行文过程中的小点缀,国际法领域都如此,遑论国际关系学界。当然有一些杰出的

---

① Renée Jeffery, *Hugo Grotius in International Thought*, New York: Palgrave Macmillan, 2006, p. 103.
② Renée Jeffery, *Hugo Grotius in International Thought*, New York: Palgrave Macmillan, 2006, p. 30.
③ Renée Jeffery, *Hugo Grotius in International Thought*, New York: Palgrave Macmillan, 2006, p. 47.
④ Renée Jeffery, *Hugo Grotius in International Thought*, New York: Palgrave Macmillan, 2006, p. 151.
⑤ J. P. Heering, *Hugo Grotius as Apologist for the Christian Religion: A Study of His Work De Veritate Religionis Christianae* (1640), J. C. Grayson (trans.), Leiden: Brill, 2004.
⑥ Leonard Besselink, "The Impious Hypothesis Revisited", *Grotiana*, Vol. 9, 1988, pp. 3–63.
⑦ 林国华:《雨果·格劳秀斯的若干问题——〈战争法权与和平法权〉"导言"研究》,载《北大法律评论》(2010年)第11卷第2辑,第477页注释1。

例外，有三篇文章可单独列出作为代表①。时殷弘等的《国家主权、普遍道德和国际法——格劳秀斯的国际关系思想》是迄今国内对格劳秀斯的国际关系思想最好的总结，对格劳秀斯思想的多个方面作了颇为精到的解读，上承并糅合了 H. 劳特派特及英国学派的研究，考察了格劳秀斯理性主义二元论在其国际关系思想中的表现及其当下意义，并敏锐地发现了格劳秀斯的矛盾与二元论的联系。这番阐读对本书观点形成有重要启示，但仍显单薄，且就笔者看来并未真正完全合理地解释格劳秀斯的矛盾之处。高全喜的《格劳秀斯与他的时代：自然法、海洋法权与国际法秩序》一文细致考察了在现代世界兴起的时代背景下，格劳秀斯对冲破旧时代束缚的重要贡献，认为格劳秀斯主要依据自然法，为当时的欧洲人构建了一个全新的世界秩序的法权规则体系，该文发现，在自然法之外，格劳秀斯的全新世界秩序隐含国家利益（主要存在于《海洋自由论》中），并对所谓的正义战争是否真的正义隐隐有质疑。该文仍主要抱持传统观点，认为自然法完全主宰格劳秀斯的思想并将其运用到新的世界秩序的构建上，虽然该文意识到了格劳秀斯思想的二元特性，但该文对这种紧张的内在实质及其在国际关系中的具体体现展现不够。林国华的《雨果·格劳秀斯的若干问题——〈战争法权与和平法权〉"导言"研究》仅是"导论"的疏解，但某些讨论较为深入。且不论其过度文艺、晦涩的语言风格，其论述在诸多关键点上模糊不清：施特劳斯学派更多强调格劳秀斯与古典的联系，但该文却依据施特劳斯的某个只言片语，强调格劳秀斯与后世霍布斯之类一样完全背离了古典政治哲学（同时又质疑格劳秀斯是否真的与传统自然法断裂）；塔克强调格劳秀斯某种意义上就是霍布斯，该文声称格劳秀斯确实是依据自然

---

① 时殷弘、霍亚青：《国家主权、普遍道德和国际法——格劳秀斯的国际关系思想》，载《欧洲》2000 年第 6 期；高全喜：《格老秀斯与他的时代：自然法、海洋法权与国际法秩序》，载《比较法研究》2008 年第 4 期；林国华：《雨果·格劳秀斯的若干问题——〈战争法权与和平法权〉"导言"研究》，载《北大法律评论》（2010 年）第 11 卷第 2 辑。

法的战争鼓吹家,而这种自然法据说完全不同于霍布斯;该文对格劳秀斯万民法的理解几乎完全错误,对自然法从未探讨含义,对神法几乎未置一词。该文总体展示了一套奇奇怪怪、无法融贯且并不属于格劳秀斯本人的正义观、一个不明所以的格劳秀斯。在笔者博士论文答辩结束两年后,北京大学李猛教授出版了其新著《自然社会:自然法与现代道德世界的形成》一书,一时洛阳纸贵。① 而难能可贵的是,其中有一部分篇幅涉及格劳秀斯。该著的问题意识在于:现代世界是一个"陌生人"世界,而现代陌生人世界如何构筑一个社会。李猛认定,现代思想家经过思想的接力赛,最终求诸的是"真正的诚实正派(true honest Honesty)……不需要多少特殊的能力……即使一个人做不到,他的良心也清楚地知道……正是这一正派,才使陌生人之间的社会成为可能"②。在李猛眼中,霍布斯断裂了古典,人与人之间事实上应该完全陌生,从而走向现代;但霍布斯太过吓人,格劳秀斯虽然有表面上的创新和断裂,但事实上经常"立即"③纠正这种创新,格劳秀斯很强调"社会";李猛全书的最高潮则是对这两者的综合,即他认为"最重要的环节正是普芬多夫在其自然状态体系建构中完成的'霍布斯—格劳秀斯'综合"④。于是在这种综合下,人类"相互完全陌生",同时又能"社会"。因此,格劳秀斯仅仅是一种"社会"意义和概念的象征,并在李猛的思想史勾勒中仅仅占据了并不异常关键的位置。更重要的是,这种对格劳秀斯的读解并没有深刻理解格劳秀斯的诸多矛盾之处。

---

① 李猛:《自然社会:自然法与现代道德世界的形成》,生活·读书·新知三联书店2015年版。
② 李猛:《自然社会:自然法与现代道德世界的形成》,生活·读书·新知三联书店2015年版,第38—39页。
③ 李猛:《自然社会:自然法与现代道德世界的形成》,生活·读书·新知三联书店2015年版,第279页。
④ 李猛:《自然社会:自然法与现代道德世界的形成》,生活·读书·新知三联书店2015年版,第216页。

总体而言，本研究欣赏塔克的研究，他展示了格劳秀斯面对战争挑战所作的让步中暗含或已有的危险和可怕，而这恰恰是那些强调自然法和国际法的学者大都不愿正视的。但塔克的研究仍然在根本上误读了格劳秀斯的意图，他忽视了格劳秀斯的让步是多么被迫和不情愿。格劳秀斯以"修改三法关系和不停强调未修改为最好"的思想战略构筑的一整套国际行为规范，在极端情况下允许不正义存在，同时并没有完全抛弃自然法和神法。

格劳秀斯非常"政治"、非常"策略"，以至于令人害怕，但他同时十分憎恶自己的这种堕落。

三、研究方法

当下风行的关于方法论的讨论延伸到思想史研究领域之后，最终被归结为所谓"施特劳斯学派"和"剑桥学派"之争。据称施特劳斯学派的学院身份总体为政治学学者，他们独尊文本，追求对文本字里行间意义的探寻，有著名的"显白"与"隐微"言辞的区分。剑桥学派的学院身份大体为历史学家，关注历史情境，搜集史料，考据人物关系，声称几乎所有的思想家都是为应对一时一地的具体情境而写作，反对有什么藏匿于文本之中的隐秘的永恒教诲。[1] 据说，双方争论颇为热烈，搞得国内也开始如火如荼地讨论方法论上的两派之争。[2]

笔者认为，这是对方法论强调的流行扩展至思想史领域后，学者自我设定的迷梦。两派诸多结论确乎迥异，但最终观点差异不能等同于或者归因于如何介入一个思想家的进路（尤其不能这样假设那几位

---

[1] Leo Strauss, *Persecution and the Art of Writing*, Chicago: The University of Chicago Press, 1988; Quentin Skinner, "Meaning and Understanding in the History of Ideas", *History and Theory*, Vol. 8, No. 1 (1969), pp. 3–53. 两学派"方法论"之争的代表文献汇编，可参看丁耘主编：《什么是思想史》，上海人民出版社2006年版。
[2] 丛日云、庞金友主编：《西方政治思想史方法论研究》，社会科学文献出版社2011年版。

学派奠基人的"方法论")。如果说施特劳斯本人只重视思想家的原始文本,或者斯金纳和塔克本人只考察历史资料而完全不重视文本,一定是愚蠢的。①

对于任何一个古典或者当下的思想家的解读,都必须把握三个关键点,即文本、历史情境、思想谱系。对文本的解读应尽量符合思想家原初意图,即思想家在解读者那里尽可能还原为其本人。对情境的考察,既包括经典思想形成的学术史情境,同时也包括经典思想产生的实践性情境。或者说情境的考察包括思想情境和历史情境。文本作为思想家言说的唯一承载工具,是我们迄今可以得到的最为直观和感性的材料,也是一种对经典思想家解读的根基和主要依据。历史情境是孕育思想家及真正形成思想家切近的问题意识的时代背景和个人经历,即文本亦是在具体的历史情境中生成,文本本身也成为历史的一部分。当然历史情境的规定不是绝对的,同一时代面对同样的问题也会有无数大有区别的思想家。任何一位思想家都不可能空前绝后地拥有崭新观点,而在任何思想史谱系中都全无依凭,因此了解任何一位思想家的创新都意味着必须对其所处或者所试图脱离的思想史谱系都有更多的了解,而对这种创新和思想家意义的定位也离不开对思想家后世无论或新或旧的思想谱系的认知。对格劳秀斯这样一个复杂的思想家的讨论,就尤其需要如此,本书即大体依循上述的"方法论"思路。没有对时代及其个人教育和经历的考察,就无法确知格劳秀斯的著述意图和内心信仰;没有对思想史谱系的考察就不知道格劳秀斯的创新性和独特性;没有对文本的考察,任何推论都仅仅是假设性猜想而显得牵强。

本书将专门辟出两章分别详细阐述格劳秀斯生平包括时代背景;思

---

① Leo Strauss, *What is Political Philosophy? And other Studies*, Chicago: The University of Chicago Press, 1988,尤其参看其中的多篇书评;"剑桥政治思想文本"由斯金纳主编,迄今已经出版了112个经典文本,并仍在继续推出新的思想家的经典文本: http://www.cambridge.org/gb/knowledge/series/series _ display/item3937337/Cambridge-Texts-in-the-History-of-Political-Thought/?site_locale = en_GB,(访问时间:2012年4月11日)。

想史谱系下的格劳秀斯。同时在之后的章节中不断地或者至少在关键和紧要处作为重要依据和补充加以点明。同时在各章的展示和论证中尽量防止压倒性地解读文本而不及其他。

四、本书拟完成的知识创新和贡献

第一，格劳秀斯通常被认为是"国际法之父"，而这种奠基对现代甚至当代学科划分的解读，肢解了格劳秀斯。格劳秀斯与其说是一位国际法学家，不如说是哲学家、神学家、诗人，而从其全部思想内核来看，他更是一位政治哲人，其政治哲理的最大关注是在国际关系、在战争与和平问题。下文提及的诸多矛盾之处，通常是因为解读者囿于所谓某些学科的一隅而不自识，缺乏基本的政治感和历史感。本书力图将格劳秀斯研究拉回更为贴近格劳秀斯本人的政治学或者国际关系学。

第二，如前所述，格劳秀斯研究最大的难处在于其语言之晦涩、矛盾，怀特尝言："《战争与和平法》是一本极难的书。它以一种过时的方式系统化，它是一部法的百科全书，它包含了许多并非国际法的东西并且用古昔的教诲和经典文献的引用来支持全书……很难在其中发现清晰的教义和原则，它显得自我矛盾、令人困惑。"① 他甚至说："再次尝试着从格劳秀斯巴洛克风格作品的稠密的灌木丛中找出一条路来，那里渊博有力的原则潜藏于已然被遗忘的那些论述和那些过时的例子中——宛若紫罗兰藏匿于硕大丛生的杜鹃花中，**我发现格劳秀斯并没有讲那些我以为他说了的东西**。"② 在这点上最有代表性的观点，当属劳特派特的一篇广受关注的宏文《国际法中的格劳秀斯传统》，用前一半的篇幅抱怨格劳

---

① Martin Wight, *Four Seminal Thinkers in International Theory: Machiavelli, Grotius, Kant and Mazzini*, Gabrele Wight and Brian Porter (eds.), Oxford: Oxford University Press, 2005, pp. 31–32.
② Martin Wight, *Systems of States*, Hedley Bull (ed.), London: Leicester University Press, 1977, p. 127. 粗体为笔者所加。

秀斯的复杂、前后矛盾和令人无所适从。① 本书试图展示，这类自相矛盾之处，从格劳秀斯的思想战略角度理解，其实都可以有合理的解释。

第三，如前所述，迄今尚未真正出现一部整全归纳和展示格劳秀斯国际关系哲理思想的专著，本书在这一方面试图作出努力，同时试图在多个方面多少呈现新意和连贯性：比如，格劳秀斯的自然状态学说的总结、三法关系及地位的归纳、体现于正义战争理论所呈现的独特性、同样作为例解的海洋自由论。这也是本书最重要和最希望达到的目的。

第四，国际关系中的宗教研究这几年越来越受到关注，甚至有作品称"IPE（International Political Economy 国际政治经济学）"之后可以再造一个国际关系的分支学科"IPT（International Political Theology 国际政治神学）"。② 与对战争背景下法的现实可行性的考虑相对的，是格劳秀斯内心对由此而来的必要让步的抵触。这种抵触最深层的原因来自于格劳秀斯对上帝的信仰和虔诚。这也是本书与塔克的根本不同之处。格劳秀斯不停地声称"我必须回头"和"收回那些已经给予的特权"。没有对于信仰的追问，就无法确知格劳秀斯真正的内核所在，也就无法理解格劳秀斯的大胆及表面矛盾。以神学的视角切入，去追问对信仰者本人的生命存在生死攸关的信仰本身，而不是仅将宗教作为一种文化、一种已然死去的可有可无的东西，本书试图以此将格劳秀斯的研究进路拉回到更为正确的道路上来。

即便对于当今的国际关系研究，面对全球几乎三分之二以上的人有信仰这一事实③，面对诸多国际关系思想家有信仰的事实④，神学视角的重新确立，对于真切认识诸位思想家的最终旨归和当今世界，有莫大的

---

① Hersch Lauterpacht, "The Grotian Tradition in International Law", *British Yearbook of International Law*, Vol. 23, No. 1 (1946), pp. 1–53.
② Vendulka Kubálková, "Towards an International Political Theology", *Millennium: Journal of International Studies*, 2000, Vol. 29, No. 3, pp. 675–704.
③ "只有理解占世界人口三分之二以上的有神论人群如何思维和推理，才能真正把握国际政治的真谛。"（王缉思：《亨廷顿理论的启迪与谬误》，载《世界知识》2003年第9期，第9页。）
④ 如怀特"三大传统"的代表人物康德、霍布斯、马基雅维利、格劳秀斯，又如尼布尔、怀特、巴特菲尔德、施米特……均信仰上帝。

意义①，甚而真正切入所谓"文明冲突论"、"认同"和"身份建构"、"原教旨主义"等问题和当今一些热点地区冲突事态的核心。当然，也可以引向更为深刻的批判性反思（前提仍然是真切认识信仰的力量）。②

五、研究中要突破的难题

第一，格劳秀斯思想的复杂性使得对其思想进行清晰和简洁的展示成为一种颇费踌躇的挑战性工作。为力求准确，实际某种程度会导致本书语言上的迂回和啰嗦，对这一问题的尽量避免和尽可能好的解决，可能需要更为经久和细致的思索和总结。

第二，解读性文献众多，往往观点分歧极大，几乎截然对立，对梳理工作的挑战不仅是时间上、体力上的，更是心理上的。

第三，对一个思想家的真正深入，都会给任何贴标签式的解读带来麻烦，而这或多或少地会造成对定见的摧毁和可能导致抱持定见者的抵触，这种抵触无可厚非，同时也给笔者必须尽力清晰展示自己的立场带来压力和挑战（也是不可多得的机会）。

六、章节安排

首先是导论，简述本书选题依据和国内外研究综述并阐述自己的问题意识和观点。

---

① Renée Jeffery, *Hugo Grotius in International Thought*, New York: Palgrave Macmillan, 2006, p. 151.
② 单纯为正义而赴死是无比高尚的，如果前提必须有上帝对彼岸和死后得救的应许，那就完全是两码事。这个意义上，基督教反而在鼓励人类的自私。阿奎那的正义战争理论被认为是正义战争理论的最完美形态，而即便在阿奎那里，正义战争之根本基础以及该理论全部的可行性和无可置疑的巨大约束力实际上源自基督教上帝对人类（尤其是基督徒）诸多自私担忧和考虑的承诺。格劳秀斯作了诸多改变，但仍然保有这一关键面相。

第1章谈论格劳秀斯的生平和他的时代。格劳秀斯作为神童自小受到的人文教育使其对往圣先贤的引用信手拈来,少年时代起神学信仰和日后的神学家身份是其坚定信仰及对全人类关怀的来源,对荷兰的热爱及在这个国度自身政治命运多年的沉浮是格劳秀斯关于政治生活真谛的认识的来源:妥协及灵活对达成政治目的的重要性。三十年战争的烈度(基督教国家的"野蛮化")强烈冲击格劳秀斯的灵魂,他怀疑神法和传统自然法的现实可行性,促成其反思思想史上全部战争法并试图第一次完整阐述战争法,以此构筑一整套国际行为规范。

第2章讨论格劳秀斯与自然法谱系。理解格劳秀斯出于法之现实可行性对自然法的若干调整和创新,首先必须了解整个自然法传统。这一章系统探讨亚里士多德、西塞罗、阿奎那等的自然法理论基本特质,并简单处理格劳秀斯的基本创新及其对后世自然法的影响。传统自然法包含了对人类自然更整全的认识,即自我保全、本种族的保全、理性(只属于人类)等等,但认为更理性即偏好社会的人类才代表人类。这类自然法在理论上无法要求所有人遵循,且更容易被卡涅阿德斯、马基雅维利之类驳倒。为了应对战争极端情况下法之现实可行性的考虑,格劳秀斯对传统自然法作了一些调整。格劳秀斯没使用"自然状态"一词(霍布斯首创),但仍可以总结出他的自然状态学说。本章同时分析了格劳秀斯的三个层面的"自然状态"学说:即不可复归的纯净的自然状态;堕落的自然状态;恩典的状态。这最末一种状态代表人类真正应该的自然状态,但这种状态同时与第二种状态并列,是上帝仁慈地拯救人类复归自然的一个契机。霍布斯则拒绝承认有什么纯净的自然状态,也拒绝恩典的状态,他也不认为人类的自然状态是堕落的,大多数人的自然才是真正的自然。

第3章讨论国际关系中的法与正义。系统总结作为格劳秀斯国际关系哲理基础的三法关系。人类的行为是否合法或正义一共有四个层面:第一是受赞美的;第二是合法的;第三个是可被允许的(permissible),

这种行为已经**不是纯然正义及合法**，但可以免受惩罚，并因而在这个意义上是可以免受惩罚的；第四则是要受到惩罚的。只有第四种才是不正义的，而他将前三种都归为正义。格劳秀斯有奇特的正义观：正义被定义为"并非不正义的东西"①。正义（或法）指除"受惩罚"之外的三个层面。三十年战争的梦魇时时刻刻笼罩着他全部的著述，为了限制和规范战争的目的能真正达成，出于面对战争情况下的法之现实可行性的考虑，格劳秀斯在制定国际关系规范的过程中，对开篇所称的三法关系进行了修改，包括四点：第一，突出对人类本性（自然 human nature）的认识的两个方面：对绝大多数人类来说，他们的自然不是社会倾向的，虽然极少部分人才代表真正的人类，自然法只能来自并真正规范这些极少数的人类；第二，将三法明确分开，自然法不再依赖上帝；第三，经修改后，法要求严格遵守的程度：万国法＞自然法＞神法，这与法的地位正好相反；第四，要求严格遵守的万国法可能有两类情况：万国法符合自然法甚至神法，也可能是反（国际）社会的万国法，格劳秀斯要求无论哪种都必须严格遵守。需要明确几点：第一，这种修改本质上是为了减少和限制战争，是为了神法、自然法和万国法在哪怕战争中也尽可能多地得到遵守，毕竟，"同意"意味着更容易被遵守；第二，"同意"同时意味着诉诸个体的自由意志，因此不一定能完全符合"正义"，所以和平本身导致了对正义的偏离；第三，这种修改是出于法的现实可行性的考虑，具有暂时性，他不断强调，未经修改更好；第四，一旦极端情况消失，格劳秀斯坚决要求放弃之前所作的让步（甚至未消失时，他也时不时作此强调）；第五，让步之中，包含着格劳秀斯对确定性的追求。

第 4 章谈论格劳秀斯独特的正义战争理论。第 3 章总结的三法关系体现于格劳秀斯最为看重的国际关系问题——战争与和平问题：即其独特的正义战争理论。格劳秀斯根本意图仍为证明：在战争情况下，仍然有

---

① Jus 即正义，亦可指法。"战争与和平法"也指"战争与和平的正义"。

法存在。开战正义部分,格劳秀斯提出战争的正义理由一共有三个:自保、保护产权、惩罚。每一种都从自然法、万国法和神法三个角度寻找不同的依据对各种详细情况进行不同的规定。这种规定印证和反映出笔者前文总结的格劳秀斯的国际关系哲理思想:对战争情况下法的现实可行性的考虑和格劳秀斯内心对由此而来的必要让步的抵触,并相对更偏重为和平而作让步。交战正义同样如此。但与此同时,格劳秀斯又不停要求回头,谈及还有更高的正义。格劳秀斯的正义战争理论甚至某种程度或许可用"思想战略"一词加以概括。

第 5 章谈论影响深远的海洋自由论。海洋自由是格劳秀斯最具影响力的关于国际关系的学说,影响力要远远超过其正义战争理论,但将其放置在三法关系的框架下方能准确理解。格劳秀斯匿名发表《海洋自由论》,生前不同意出版《捕获法》,只有《战争与和平法》愿意将类似内容署上自己名字,皆因前两者过于残酷,与其最高信仰不合。晚年格劳秀斯自己批评《海洋自由论》是出于"爱国热情"而写的。海洋自由的逻辑如下:贸易自由是海洋自由论证的前提和最终目的,某些钱原本全人类都可以拿到,就应利益均沾,荷兰人也应该分一杯羹。格劳秀斯已经强调相比虔诚的事,贸易及海洋自由要低下得多。当然,对后世影响更大的或许不是格劳秀斯的基督教内核。

第 6 章则是结论(格劳秀斯的遗产)。首先,进一步总结全文,在之前详细论证的基础上清晰和有说服力地展示格劳秀斯如何将其基本的思想运用于他最为看重的国际关系领域,尤其是如何面对战争的挑战构筑一整套国际行为(战争行为)规范,包括这种构筑的实际影响和思想史上巨大开创性意义。阐释和分析格劳秀斯、格劳秀斯传统与国际关系学中英国学派的关系,并思考格劳秀斯本人思想的当今意义和适用可行性。

第1章

格劳秀斯与他的时代

对哲人来说，思考是生命中唯一真实的事件，因此有一个被广为流传以至笔者都不知出处的说法：海德格尔（Martin Heidegger）被问及希腊大哲亚里士多德的生平时，总结道："他出生，他思考，他死去。"笔者恰恰不太认同这种说法——只有当思辨的形而上学被认为是唯一的哲学时，这种说法才有可能。关键在于，形而上学式的思辨远非哲人的唯一特质，甚至并非必要特质。① 真正的哲人是下到洞穴中的哲人，因此政治哲学才是第一哲学。无论是苏格拉底、柏拉图，还是孔子、孟子，最伟大的哲人思考的问题一定是当下人应该怎样生活，它直指哲人所处的城邦和当下的关切，而非形而上学式的思辨。② 格劳秀斯因此恰可列入最伟大的哲人之列，也因此，对格劳秀斯的立法意图的理解而论，明了他生活的时代背景非常重要。"为往圣继绝学"者，一定生活在其特定的时代。

一、格劳秀斯时代的欧洲

理解格劳秀斯全书意图，尤其是理解格劳秀斯理论内核以及他对于

---

① Leo Strauss, *What is Political Philosophy? And other Studies*, Chicago: The University of Chicago Press, 1988.
② "……苏格拉底本人的一项重大变化：从少年式地鄙视有关政治和道德的事物，鄙视人的事物和人类，到更为成熟地关心这一切。"可参看：Leo Strauss, *Socrates and Aristophanes*, Chicago: The University of Chicago Press, 1966, p. 314。

传统自然法的调整，首先必须了解格劳秀斯身处的时代和欧洲的基本状况，这种了解不是例行公事式、无关痛痒的背景介绍。整个时代逼着格劳秀斯作出了一些重大的思想转变，这种时代性的影响几乎是决定性的：格劳秀斯不得不面对现实（战争）对他的思想和信仰的巨大冲击，不得不以"调适"来面对自己时代的重大问题和他自身的巨大困境。格劳秀斯思想内核中最关键的内容直接与他所处的时代密切相关。

格劳秀斯（1583—1645）一生自始至终最关心的问题一直是国际关系或者说战争与和平问题，他的一切论述的最切近的问题都是国与国、民族与民族之间的关系及法度问题。他最大的事业就是和平事业，他不无雄心又不无伤感地说："我们的心灵厌倦了冲突。"[1] 现代国际关系史从开端一直到格劳秀斯时期，仍属于现代国际关系的早期阶段，这一阶段几乎被此起彼伏的混战及人类之间的互相屠杀所占据。他所处的时代恰恰是国际关系史上战争最多、最混乱、原因也最为复杂的时期（虽然准确地说，整部国际关系史毫无疑问就是一部战争史，和平从来就是其中短暂的间隔，只不过越接近当下，和平的间隔期越长些）。格劳秀斯身处这样的一个时代，但他本人却笃信温和的基督新教，坚信人类的本质（或称"自然"）是应该倾向于过社会生活。既然格劳秀斯从来都不是一个无视现实的书斋中人，那么他必然就需要直面困境：为什么本性较好的人类正在有计划、成规模、长时期的互相屠杀？三十年战争的烈度（基督教国家的"野蛮化"）强烈冲击着格劳秀斯的灵魂，他开始怀疑神法和传统自然法的现实可行性（而非怀疑神法和自然法本身），促成其开始反思思想史上的全部战争法，并试图第一次完整阐述战争法以此构筑一整套国际行为规范。

近代早期的国际关系史一共由三轮"争霸—反霸"战争构成：哈布斯堡王朝的霸权战争、路易十四的霸权战争、拿破仑的霸权战争。在这

---

[1] Hugo Grotius, *De Jure Belli ac Pacis Libri Tres*, Dedication, p. 5.

之后的国际关系则一直围绕着"德国问题"展开：拿破仑被打败后，各大国间维持着所谓经典的均势，这几十年的和平时期中暗孕着德意志建国的冲动和野心；依赖铁血宰相俾斯麦对机遇的把握和政治手腕，德国成功建国；俾斯麦之后的德国开始称霸，各国防范及反对德国称霸，德国问题最终导致了第一次世界大战；一战结束对德国问题的处理，问题重重，内在地滋生出德国法西斯，于是最终为了解决一战遗留的德国问题，又打了一次世界大战。二战结束后，美苏争霸下持续了近半个世纪全球冷战，最终苏联落败，而这一时期新型的战争方式和大规模毁灭性武器的发展使得一旦开战，各国间的战争烈度更大，从而对战争也更为谨慎和克制；如今冷战结束刚刚二十多年，各大国享受的和平也就二十多年，世界究竟往哪里去仍然是个未知数。① 但几乎可以确定的是，所有的因素已经逼得世界各国不可能再回复到整部国际关系史上最常见的各大国"争霸——反霸"的战争循环模式中去。要么全球走向大致和平，要么全球走向毁灭。

  从这样一个更为恢弘的时段来看，格劳秀斯所处的时期正是处于哈布斯堡王朝的霸权战争的后期。一般而言，国际关系史的起点在国际学术界都被认定在1494年，主要的标志有两个。首先，1494年意大利战争爆发，大概形成于十五世纪五十年代的意大利城邦国家体系因此遭到瓦解。重要起因在于意大利城邦国家之间在内部权势争夺过程中，延请法国和西班牙介入助战，然而他们没有意识到这是一种引狼入室的行为，直接导致了意大利城邦国家体系的崩溃，意大利城邦国家体系最终汇入了更大的欧洲国家体系。这些意大利城邦国家之外的更为庞大的、逐渐崛起的欧洲现代强国，实际上也正是因为1494年这场意大利战争的爆发而开始相互之间有真正的实质性、全局性交集。"1494年至1559年……欧洲四强和其他一些欧洲国家错综复杂、断断续续进行了前后66年的

---

① Ludwig Dehio, *The Precarious Balance: Four Centuries of the European Power Struggle*, London: Chatto and Windus, 1963.

'意大利战争'。这是初生的现代国际体系内第一场有全局意义的重大战争，或者更准确地说现代国际体系就是在这场漫长的战争中浮现的。"① 其次，现代国际关系史起点的第二个标志，则是最早开始海外扩张的西班牙和葡萄牙两国在 1494 年缔结了《托尔德西拉斯条约》，两国在全球划定各自的海上势力范围，这是一个真正的全球政治体制。② 这也证明了现代国家间关系在欧陆形成的同时，全球体系也同时开始形成，现代国际关系史从其开端就是全球性的。而西班牙、葡萄牙两国对海上权利的垄断正是格劳秀斯日后发表《海洋自由论》和写下未发表的《捕获法》，借此为荷兰的海上利益对西葡两国垄断全球海洋体系进行批驳的最重要时代背景。这种辩护和批驳是出于"爱国心"，格劳秀斯日后作了反省和拒绝，但这种辩护意味着格劳秀斯此时是为一个国家写作，出于爱国心而非为全人类。这仍旧符合其三法关系原则，只不过他做了一次低下的选择。

新生的欧洲国家体系面对的第一个敌人是哈布斯堡王朝，并由此开始了现代国际关系史上第一轮全体系的反霸战争。作为一个大不同于现代国家的旧式王朝，哈布斯堡王朝争霸的野心昭然若揭，哈布斯堡在现代国家初生的岁月里仍然有着不可小觑的天然实力，联姻成功后空前庞大的地域混合着其多位君主一以贯之的野心。③ 哈布斯堡王朝称霸企图中有着一以贯之的宗教色彩：维护天主教信仰的正统地位。查理五世曾说过"朕决心用朕之王国和领土、朕之朋友、朕之身躯、朕之鲜血、朕之

---

① 时殿弘：《现当代国际关系史（从 16 世纪到 20 世纪末）》，中国人民大学出版社 2006 年版，第 70 页。
② Stephen R. Bown, 1494: *How a Family Feud in Medieval Spain Divided the World in Half*, Vancouver, B. C.: Doouglas & McIntyre, 2011.
③ 查理五世统治了一个空前庞大的大帝国："（1）西班牙及其海外殖民地佛罗里达、古巴、墨西哥、秘鲁、智利和哥伦比亚；（2）西班牙的地中海属地那不勒斯、西西里、撒丁岛和巴利阿里群岛；（3）奥地利及其属地尼德兰地区以及因与哈布斯堡联姻而成为奥地利一部分的佛朗什——孔泰。"参看周桂银：《欧洲国家体系中的霸权与均势（1494～1815 年）》，陕西师范大学出版社 2004 年版，第 58 页。哈布斯堡王朝中的尼德兰地区日后起义，成为格劳秀斯的祖国——荷兰。

生命及朕之心灵来捍卫之（即天主教信仰）"，他试图"扑灭德意志的新教运动，同时领导基督教世界将异教徒土耳其人的势力逐出欧洲"①。这一时期哈布斯堡王朝一共有三次称霸，欧洲诸国为此进行了三次反霸战争，最终哈布斯堡王朝的称霸图谋破灭。格劳秀斯正处于这几次争霸与反争霸战争的后期。

第一次查理五世称霸，法国作为最主要的反对力量联合欧洲诸国与之对抗，最终1559年两国签订《卡托康布雷西和约》。查理五世的称霸最终失败。

第二次称霸则是腓力二世，他继承了西班牙王位之后，也继承了查理五世的野心和观念，继续妄图称霸，引起欧洲诸强的警惕，最先反对其霸权的力量来自哈布斯堡内部，即腓力二世最为重视的尼德兰地区对他的背叛。②尼德兰革命日后形成了一个新的强国，这也就是格劳秀斯的祖国——荷兰。最富庶的荷兰的叛乱对腓力二世而言是一个沉重打击，但荷兰的规模和力量不足以使其致命，新兴的英国在这次反霸中担纲了最重要的反对力量和领导力量。1588年，西班牙无敌舰队被英国海军击败，后又遭风暴袭击，几乎遭到全军覆没。哈布斯堡西班牙最为倚重的海上力量遭到重创。1598年，腓力二世去世，这标志着哈布斯堡的第二次称霸最终失败。格劳秀斯的母国荷兰从哈布斯堡王朝中独立出来，成为欧洲大陆新兴的海上强国。

第三次则是腓力三世的称霸图谋。无敌舰队覆灭之后，哈布斯堡已然走向衰落，腓力三世依旧存有的称霸企图来源于家族的观念和宗教信仰，据说腓力二世曾教导他："西班牙同英国和荷兰的战争是一场圣战，

---

① 时殷弘：《现当代国际关系史（从16世纪到20世纪末）》，中国人民大学出版社2006年版，第72页。另参看周桂银：《欧洲国家体系中的霸权与均势（1494—1815年）》，陕西师范大学出版社2004年版，第75页："巩固并扩大西班牙帝国；确立哈布斯堡家族的欧洲霸权；维护以西班牙为核心的天主教教会的大一统。这三个部分是相辅相成且紧密联系的。"
② See Martin van Gelderen (ed.), *The Dutch Revolt*, Cambridge: Cambridge University Press, 1993.

不管代价多大，战争都应该继续下去。"① 腓力三世的野心勃勃：他的第一目标是德意志诸国，同时又意在再度夺下格劳秀斯的母国尼德兰地区，并对英国虎视眈眈。以波西米亚压迫新教引起反抗的"掷出窗外"事件作为借口，腓力三世开启了战争，欧洲诸国旋即卷入战争后迅速扩展至全欧洲，这就是著名的"三十年战争"。三十年战争是第一场全欧性大战，参与的国家和战争的烈度都属空前。同时，它又是现代早期反哈布斯堡称霸的三次反霸战争中的最后一次。最终1648年签订《威斯特法利亚条约》，各国的主权地位得到法律意义上的承认，哈布斯堡王朝的此番争霸又以失败告终。它在战后留下的奥地利只能勉强列席欧洲诸强之一，西班牙更是从此一蹶不振。

格劳秀斯出生于尼德兰革命之后荷兰联省共和国宣布成立之后的第三年，这也是无敌舰队被灭的前几年。他经历了反对腓力二世的霸权战争，见证了荷兰共和国的崛起和它为自身独立而与哈布斯堡王朝的战争，见证了三十年战争——这一场第一次全欧大国都参与的旷日持久的宗教大战，而他并没有见到三十年战争的终结就去世了。可以说，他这一生大体都是在欧洲混战的背景中度过。这一系列混战是萦绕他一生的噩梦，也是对他全部宗教信仰的巨大挑战，是他所有理论上调整和创新的根源，也是他某些时刻为了和平或者战争不扩大而放弃诸多内心不愿放弃的信条的根本性原因。这一生的战乱让他对和平渴望至深，以至于为了和平而对其心中所想作了非常大的暂时性让步，这种暂时性让步力度之大，令人惊奇，几乎呈现为通常所见的格劳秀斯全然不同的面相。

笔者对格劳秀斯所处时代的这番阐释虽然大大有助于在一个更大的历史时段中定位格劳秀斯，在事实上有助于理解格劳秀斯面临的时代，但这与格劳秀斯自身的倾向性完全无关。任何一种历史描述和评判，都带有描述者自身的情感和立场。即便笔者试图摒弃这种情感性投入，但

---

① 周桂银：《欧洲国家体系中的霸权与均势（1494～1815年）》，陕西师范大学出版社2004年版，第101页。

在叙述过程中暗藏的立场无疑仍大大有别于格劳秀斯。格劳秀斯对他眼中看到的这段欧洲反霸史（他真正看到的主要是三十年战争），恐怕很难冷静看待，很难与我们情感一致。从大历史跨度看，欧洲的这一系列霸权战争完全是时代使然、甚至可算得上是必需。这一系列战争孕育和锻造出了现代国际体系，并且在根本上塑造了主权、均势等一系列根本性的现代国际关系母题。而这种多国反对一国独霸野心的均势机理，更被认为是保持主权独立原则及巩固欧洲主权国家间体系的最为重要的手段。均势的时代显然不意味着和平，而且必然笼罩着战争威胁（各国都处于防范一国独霸的状态，事实上是一种备战状态），但均势的时代一向被国际关系学者和国际关系史家称为国际关系的黄金时代、经典时代①。

然而，在格劳秀斯眼中，这一系列战争本质上完全是"疯狂"、是噩梦般的存在（开战就是一种噩梦，双方都忘了自己是人类）。他对这一系列混战的总体评价非常有名："我观察到，有一种疯狂正在席卷基督教世界的战争习惯，这种疯狂甚至连野蛮族类都为之感到羞耻：为了一个异常轻浮的理由就开启战端，甚至没有理由就不由分说地奔赴战场；一旦进入战争状态，人法和神法都被践踏在脚下，在战场上，任何样式的肆无忌惮的犯罪似乎都得到了授权"。② 他坦言："我们的心灵厌倦了冲突"。③

格劳秀斯内心最高的正义是基督神法，按照基督教义，应当爱所有的人类，甚至你的敌人，甚至意味着爱那个正在战场上杀你的人。被杀对你而言是"更好的"，你就圆满了，你就赎罪了，你就进入天堂了。被杀实际是一种圆满。上帝不仅是基督教的上帝，也是所有人类的上帝，因此实际上没有所谓的敌人，上帝眷顾所有的人。你被杀了，其实对你

---

① Hans J. Morgenthau, *Politics Among Nations: The Struggle for Power and Peace*, 7th edtion, New York: McGraw-Hill, 2005, p. 224.
② Hugo Grotius, *De Jure Belli ac Pacis Libri Tres*, Prolegomena. 28.
③ Hugo Grotius, *De Jure Belli ac Pacis Libri Tres*, Dedication, p. 5.

是好事。对你而言，赎罪成功，战争也结束了；对人类而言，少一场战争。[①] 这是格劳秀斯内心最重要的想法。

然而问题是，在这场混战中，这种神法即便在基督徒中也没有得到遵循——三十年战争本质上是一场基督徒之间的宗教战争，它的起因恰恰是基督教内部的教义之争：哈布斯堡王朝的天主教和德意志的新教诸邦之争。哈布斯堡王朝意图使得所有德意志新教转归天主教，德意志诸邦中则有马丁·路德等人改革的新教。这场战争的真正原因之一也是为了遏制哈布斯堡王朝将天主教推广至全欧洲并灭掉所有非天主教的新教及异教徒的野心。正是内核应当"反战"的基督徒们正在欧洲长年累月地屠杀自己的同类。对作为新教徒的格劳秀斯而言，具体的教义之争变成战争的借口，完全没有必要。在他那里，信上帝并且以此调和各个宗教，践行基督徒最核心的"爱你的邻人"的教义，要比坚持某些教派间的差异远为重要。

既然基督徒都如此"疯狂"行事，那怎么办？暂时求诸自然法，尤其是人法（如果人类自然也不能有什么规定性，那么就求助于人类之间的"同意"，即人法），并借此尽可能地抢先挽回一些法和正义，这也是好的。求诸自然和人法那就意味着求诸人类的本质或者人类的意志，这种本质因其只需是人类即可，这意味着可以暂时放下对上帝的依赖。基督徒首先也是人类，非基督徒也是人类。这同时也意味着仅仅看人类本身，必然是一种放低的选择，因为人类是一种堕落的造物，因而格劳秀斯在仅仅求诸自然和人法之时，不可避免地表现残酷。尽管被人认为是自然法世俗化的先驱，笔者眼中的格劳秀斯绝对从未放弃过自己对于神法的坚持，但他必须面对现实的挑战，他因此最终只希望尽可能多地挽回法度，因此从法的现实可行性出发，作为更低法的自然法和万国法，仍然呈现一定的正义，被格劳秀斯作为一种应对现实挑战的重要暂时性

[①] 可以参看 Hugo Grotius, *De Jure Belli ac Pacis Libri Tres*, 2.1.8。

凭借。当然,他对传统的三法体系的调整和细化,使得有些时候他显得完全背离了传统,因而经常使人惊骇,但每当此时,他总是强调:其实还有更好的选择。

格劳秀斯的时代还有一个重要的变化。如前所述,欧洲国际体系的形成和全球国际体系的形成是同步的。欧洲国家尤其是西班牙、葡萄牙,包括后来的英国及格劳秀斯的祖国荷兰等国,对外均进行贸易扩张和殖民,划分势力范围,建立海上霸权。而在格劳秀斯为战争与和平立法的过程中,在他眼中需要面对的最大问题在于:在海外扩张和殖民的过程中,欧洲的基督徒与欧洲之外更多的非基督徒之间的接触和交往。他的国际关系规范制定或者战争与和平立法毫无疑问是囊括全人类的,而且他的时代也要求他将基督国家和非基督国家之间的关系纳入。正是由于这一点,格劳秀斯同样很不情愿地放低了诸多要求,即同样将信仰放到一边,用同样的人类自然或意志来要求法和正义。这使得某些时刻国与国之间的法度变得异常残酷。当然,不可否认,格劳秀斯内心实质上希望的是基督信仰最终为全人类接受,他心中的最终目标是能够建立一个信仰基督的国家或民族之间联合的国际社会,这个国际社会的基础是对上帝的信仰(而非任何其他东西)。①

二、格劳秀斯生平

格劳秀斯自小作为整个欧洲的明星,其事迹几乎人所共知。联省共和国宣布成立后的第三年(1583年)的复活节星期日(Easter Sunday)的晚上七点,格劳秀斯诞生于小镇德尔福特(Delft)。格劳秀斯十分珍视这个与耶稣基督复活日子的巧合,在他之后生活的几乎绝大部分时候都认为复活节星期日才是自己的生日,而不是4月10号这个真正的生日。

---

① Hugo Grotius, *De Jure Belli ac Pacis Libri Tres*, 3.25.8; 2.15.12.

这也可见格劳秀斯对上帝信仰的虔诚。

当时,哈布斯堡西班牙尚未承认荷兰主权,试图重新夺回荷兰,并将新生的政权扼杀在摇篮里。欧洲各国的卷入,使得战争无限扩大并极为持久。格劳秀斯即诞生于欧洲各国疯狂的相互屠杀声中。谁也不会知道,这个诞生于人心惶惶、战乱连连的黑夜的小婴儿,日后会成为在他那个时代中几乎无人可匹敌、在整个欧洲大陆首屈一指的大学者、神学家、律师、国务家、外交官、诗人和历史学家,也不会有人预料到这个婴儿同时会最终沦为囚徒、不见容于自己心爱的祖国而遭到流放,最后效力于法国和瑞典,最终客死异国他乡。

格劳秀斯之所以是格劳秀斯,首先是因为他父亲的主观安排:他试图使格劳秀斯日后成为一个博学之人。他父亲本人博学多才,是莱顿大学的校董,对各路知识有很好的判断力,知道应该给小格劳秀斯什么类型的知识和书籍。在这种情况下,格劳秀斯可以接触到更多普通人实际上无力购买的古往今来的经典名著。很早的时候,他父亲就将格劳秀斯托付给有经验的老师,为其讲授拉丁语和古希腊语基础。八岁之时,格劳秀斯就用拉丁文写出了两首诗歌:一首是因荷兰小城奈梅亨脱离西班牙统治而写,一首是因其兄弟去世而安慰他父亲而作。从少年时起,格劳秀斯就培育出了对这个新生的追求独立的国度的热爱。

年少的格劳秀斯并没有辜负他父亲的期许,他勤奋好学、刻苦钻研、孜孜以求、如饥似渴地阅读和从书籍中汲取养料。这里面还有一个真实的故事。格劳秀斯因为非常爱读书,以至于夜夜读书到很晚才入睡,他母亲非常心疼他,希望他晚上能好好休息,因此试图让他晚上早些睡觉。因为找不到别的方式,只好晚上不给他蜡烛,希望用这种方式逼得他不得不放弃夜读,早些休息。但格劳秀斯就用他自己的零花钱偷偷买来蜡烛,继续挑灯夜夜读到很晚。[①]

[①] Hamilton Vreeland, *Hugo Grotius*: *The Father of the Modern Science of International Law*, New York: Oxford University Press, 1917, p. 10.

11岁时格劳秀斯即入著名的莱顿大学学习,如今虽然已经很难考证他在莱顿大学学习的诸多细节,但可以确定的是,格劳秀斯没有把自己局限于任何一门具体的学科或领域,而将自己的视角拓展至广阔的天地和几乎所有的人类知识,他至少涉及了希腊和罗马史、哲学、天文、数学、宗教、法学。① 在莱顿大学,他最重要的经历应该是直接师从三位大师求学:著名古典学家斯卡利杰(J. J. Scaliger)、著名历史学家利普西斯(Justus Lipsius)、著名数学家史蒂文(Simon Stevin)。② 1597年,也就是在格劳秀斯14岁时,他即完成了莱顿大学的学业,15岁时,由他修订和编辑的一本通行的拉丁文古旧教材就在他父亲的帮助下正式出版发行。正是在莱顿大学期间,格劳秀斯"神童""天才"的声名不胫而走,各路知名学者竞相夸赞格劳秀斯,甚至表示自愧不如。也正是在此时,格劳秀斯为自己打下了古典学、哲学和其他各类相关知识的重要基础,也更坚定了他的宗教信仰。早慧、博览群书、名师的指点和自身的刻苦,造就了格劳秀斯的才情和伟大,使得他对古典学问成竹在胸,这一切也使得《战争与和平法》这般恢弘巨著的写作得以可能,他日后的这部作品及其他各部著作中仿若巴洛克风格般对古今中外各种经典的旁征博引令人眼花缭乱、惊叹不已,这恰与其早年的教育和聪慧、刻苦密不可分。

毕业后不久,格劳秀斯以荷兰神童的身份随同荷兰使团出使法国,觐见法国国王亨利四世。荷兰使团这次出使主要的目的自然是争取法国对荷兰的支持,以及团结法国一同继续坚持对抗两者共同的敌人哈布斯堡西班牙的称霸和宗教压制。会谈的细节并非本书的关注所在,小格劳秀斯的任务恐怕也不是参与这样的会谈。但在4月5号的上午,使团领头的巴内维尔德(Barneveld)将格劳秀斯介绍给亨利四世,格劳秀斯的谈吐以及博学给亨利四世留下了非常深刻的印象。亨利四世送给格劳秀斯一个带有亨利四世御像的金链,并且盛赞他是"荷兰的奇迹"。这一赞誉

---

① Renée Jeffery, *Hugo Grotius in International Thought*, New York: Palgrave Macmillan, 2006, p. 4.
② Renée Jeffery, *Hugo Grotius in International Thought*, New York: Palgrave Macmillan, 2006, p. 3.

伴随了格劳秀斯整整一生。格劳秀斯之后又留在法国，获得了奥尔良大学的法学博士学位。

回国之后，格劳秀斯受聘成为荷兰的官方史官，为荷兰政府修史，论证荷兰革命及其脱离哈布斯堡王朝统治的合理性，并且经常为他深爱的荷兰政策做辩护。新生的荷兰需要为自己的独立作流血斗争，同时也要为自己传统优势的海上贸易从已被西班牙和葡萄牙垄断的海洋中争夺发展的空间，为此格劳秀斯发表了一大批作品，如《海洋自由论》等，还包括未公开发表的《捕获法》。同时身为新教徒的他针对荷兰国内的教派冲突和欧洲的三十年宗教大战，大力高扬宗教容忍思想的大旗，写了一大批非常有影响力的神学著作，意在"最迫切地推进和平及联合基督教各国"①。但宗教内乱反而愈演愈烈，最终格劳秀斯同他一直以来的提携者和忘年挚友巴内维尔德一起被捕，巴内维尔德被杀，他则被判终身监禁。②后来转移监狱后，他的妻子被允许和他共同生活，也允许他向朋友借阅书籍在狱中阅读。他妻子利用这一点，将格劳秀斯藏在装书的箱子中，蒙混出狱并越狱成功。荷兰政府通缉了格劳秀斯一辈子，直到他死后才收回通缉令。格劳秀斯逃亡到法国，依赖法王的赏识而生活，并开始了举世瞩目的《战争与和平法》的写作。

作为流亡者的格劳秀斯旅居法国整整24年，实际上他试图依靠法国国王对他的赏识谋得职位和施展抱负的空间，然而他并未遂愿，只得开始写作。他受法国首相黎塞留的排挤，被克扣法王答应给予的生活费，生活十分窘迫和不得志。从1635年起，格劳秀斯最终放弃了他钟爱的荷兰公民身份，开始担任瑞典驻法国的大使。一直到1645年，因为瑞典内部的争斗和诈骗使得格劳秀斯向瑞典女王辞去了大使的职位，他再度向女王申请使命却没有得到实质性的任命。后又动身前往罗斯托克（Ros-

---

① Renée Jeffery, *Hugo Grotius in International Thought*, New York: Palgrave Macmillan, 2006, p. 11.
② 一项更为宏观的荷兰兴衰史视角下的格劳秀斯研究，可以参看 Jonathan Israel, *The Dutch Republic: Its Rise, Greatness, and Fall 1477–1806*, New York: Oxford University Press, 1998.

tock)。在途中遇到翻船事故,格劳秀斯身染风寒,最终不治,死前身旁没有一个亲人,甚至在他道出自己身份前,没有人知道他就是名震天下的格劳秀斯,一代大学者就这样殒命于人生地不熟的异国他乡。① 他在临终遗言中悲伤地表示:"我理解了一些东西,但一事无成。"② 相对于"立言",格劳秀斯更看重立功,而显然,他内心深处的立功要求定得太高。他自定的铭文上写着:"雨果·格劳秀斯,荷兰人,囚徒和逃亡犯,伟大瑞典的大使,长眠于此。"③ 直到生命的最后一刻,他仍然心心念念自己是个荷兰人。

格劳秀斯一生公开发表了超过 60 本各类不同的著作,在整部欧洲思想史、宗教史,尤其是国际关系和国际法思想史上留下了不可磨灭的巨大影响。格劳秀斯作为神童自小受到的丰富人文教育使其巨著中对往圣先贤作品的引用信手拈来,他少年时代起铸就的神学信仰和日后的神学家身份是其一生的坚定信仰及对全人类命运热切关怀的来源,他对荷兰的热爱及在这个国度自身政治命运多年的沉浮是格劳秀斯关于政治生活真谛的认识的来源:妥协及灵活对最终达成政治目的有着关键性的意义和重要性。

---

① 更详细的阐述可参考: M. De Burigny, *The life of The truly Eminent and Learned Hugo Grotius*, London: Printed for A. Millar, 1754; Charles Butler, *The Life of Hugo Grotius: with Brief Minutes of the Civil, Ecclesiastical, and Literary History of the Netherlands*, London: J. Murray, 1826; E. Dumbauld, *The Life and Legal Writings of Hugo Grotius*, Norman: University of Oklahoma Press, 1969; W. S. M. Knight, *The Life and Works of Hugo Grotius*, Wildy: London, 1962; C. S. Edward, *Hugo Grotius, the Miracle of Holland: A Study of Political and Legal Thought*, Nelson-Hall: Chicago, 1981.

② http://en.wikipedia.org/wiki/Hugo_Grotius(访问时间:2013 年 3 月 4 日)。

③ 李家善编著:《近代国际法的奠基人格劳秀斯》,商务印书馆1989年版,第1页。

第 2 章

格劳秀斯与自然法谱系

近年来最有影响的格劳秀斯研究者、"剑桥学派"著名的政治思想史家理查德·塔克（Richard Tuck）受卢梭启发，将格劳秀斯解读为与霍布斯完全一致：他是霍布斯的先行者，用庞杂的诗学引证遮盖了霍布斯内核，并非钟情于"社会性"的自然法，而是首度提出了以自保为第一原则的崭新的现代自然法[1]，传统意义上颇具道德意味的自然法不存在，也不存在任何意义上的国际法（他谈及国际法，不过是障眼法，这即是卢梭所言的不诚实）[2]。"《战争与和平法》提醒其读者，他仍然是在全球范围内发动战争的狂热分子。他其实最不可能是海牙和平宫的守护神。"[3] 塔克的解读从根本上误读了格劳秀斯的意图，对格劳秀斯浩瀚文本中明显与其解读不一致之处视而不见。

现代人无法理解格劳秀斯，但更容易理解霍布斯，原因实际在于：自然法谱系的悠长历史已经被霍布斯拦腰截断，从而使我们已经无法了解原初以及在历史上曾经长时间具有关键性影响的"自然法"，只认识霍

---

[1] Richard Tuck, "The 'Modern' Theory of Natural Law", in Anthony Pagden (ed.), *The Languages of Political Theory in Early-Modern Europe*, Cambridge: Cambridge University Press, 1987, pp. 108 – 109.

[2] 将国际法等同于自然法，自然法等同于战争状态，从而证明国际法不存在的最著名阐述，可参看：Thomas Hobbes, *Leviathan* (Revised Student Edition), Richard Tuck (ed.), Cambridge: Cambridge University Press, 1996, p. 244。

[3] Richard Tuck, *The Rights of War and Peace: Political Thought and the International Order From Grotius to Kant*, Oxford: Oxford University Press, 1999, p. 95.

布斯教给我们的自然法。本书试图在最简要的意义上再度重提自然法及自然法谱系,并且以此为基础定位格劳秀斯的自然法,考察格劳秀斯的自然法的独特及渊源,包括其对后世(霍布斯)的影响。

一、自然法谱系

如今学界对原初意义上的自然法的陌生,可举一个最简单的例子加以说明。一位精研霍布斯并兼及格劳秀斯的著名思想史家曾对"自然法"下过一个定义。他的定义显然不够全面,但囊括了在自然法流行的最大部分的时间段中,人们对"自然法"最基本的认识。但是现在大部分人显然无法接受这个认识:"……(自然法)全然地关注道德、法律和政治领域,它是一项形而上学的和目的论的教义,这种教义视基本道德准则为真正的且普世的律法。这种律法的来源不是任何人类立法者,而是自然(Nature),从而其最终来源是作为创世者的上帝的理性或意志。"①

如今我们理解的自然法,背后不会站着一个上帝,更不会完全来自上帝;我们理解的自然法,通常等同于"自然规律",并不仅仅甚至全然地限于道德等领域,实际如今理解的自然法根本谈不上是一种律法,而是大家都会以之而行事的一种规律。这种陌生感最重要的来源在于,自然法谱系的悠长历史被霍布斯拦腰截断,从而使我们已经无法了解在历史上长时间具有重要影响的自然法,只认识霍布斯教给我们的那个自然法。理解并瓦解这种"陌生感",需要重新认识整个自然法谱系。

首先,第一大疑难就是:何为"自然"?为了方便及融贯,本书所有的"nature"一律译为"自然",即便因此有些地方看起来会很不合汉语习惯。比如,"human nature"也不再译为"人性"或"人类本性",而统一为"人类自然"。毕竟我们从不将"natural law"译为"本性法",而

---

① Perez Zagorin, *Hobbes and the Law of Nature*, Princeton: Princeton University Press, 2009, p.5.

是"自然法"。

探究"自然"本身即为第一大疑难，显然是因为"自然"从未得到明确和统一的认定。据说，现存文献中第一个提及"自然"的是荷马（Homer），他笔下的赫尔墨斯"从地上拔下一棵草，向我展示它的**自然**——根部是黑色，花如同牛奶颜色一样，神称之为摩利（Moly）。有朽的凡间人很难挖出它，但神们可以做任何事儿"①。荷马显然是在说，作为神的赫尔墨斯之所以能够挖下它来，不是因为神真的无所不能，而是神比凡人更知道它的自然：神看到了它的根、花的颜色。但需要注意的是，这些是神的"发现"，而非神的造物。换句话说，古希腊哲学中的"自然"指的是非人造、非神造的事物或者特质，它们自动生成而非被人或神造就，从而是"依据自然（by nature）"，而非"依据技艺（by art）"——无论这种技艺是属于人类，还是属于神。这一点大不同于之后的基督教自然法观念，作为异教徒的古希腊哲人那里没有创世的概念，不会将所有一切（包括"自然"本身）归于一个创世的神，他们不认为一切都是缘于一个"造物主（creator）"。

如此定义的"自然"是一种否定性的概念（即，未经人和神的创造），并没有正面说明"自然"具体指什么。它原本就在那里，"自然"只能被认识或者发现，而不能被造出来（包括不能被神创造）。古希腊哲人尤其是柏拉图、亚里士多德那里，"自然的""约定的"（包括"人工的"）有本质区别，前者决定性地优于后者。"约定"千变万化，自然则表明存在一种自然而然的唯一正确——即"自然正确或自然正义（natural right）。"② 律法、习俗等等都是约定的，各个不同的地域或民族有着完全不一样甚至相反的律法和习俗，杂多意味着不够接近完美。只

---

① Leo Strauss and Joseph Cropsey (eds.), *History of Political Philosophy* (3rd edition), Chicago and London: The University of Chicago Press, 1987, p. 2.

② Leo Strauss, *Natural Right and History*, Chicago: The University of Chicago Press, 1965, pp. 93, 96.

有唯一的"自然正确"才是完美的。

那人类本身是不是自然的？决定了人类基于自身的自然而优于约定的"自然正确"指的什么？显然，人类本身是自然的，因为人类不是"被创造（made）"，而是自然生成——基督徒那里的创世概念此时不存在，古希腊人都是异教徒。

人类的"自然正确"去哪里寻找和发现？柏拉图（Plato）给出了一个方式：利用人类心灵与城邦秩序的对比，即所谓"大字"和"小字"的联系，城邦与人类之间的类比。先看城邦：城邦之中一个人只做一件事，可以做到极致，所有人都按照"一人一事"的原则进行安排，这样最好和最理想。城邦中的人，按照金银铜铁的人与人自然区别，每一个人都有一件事是最擅长或者最适合干的，由智慧的哲人统治，各司其职、各安其事，形成理想国度的秩序。相对应的则是人类灵魂中的秩序，理性、血气和欲望三者，由理性占据最高地位，统治血气和欲望。理性居于统治地位的人类，心灵才最接近"自然"，从而是人类灵魂秩序的"自然正确"。显然，只有哲人才能真正做到将理性置于最高的统治地位，也即，只有哲人才能做到"自然正确"，其他人都最多只能接近"自然正确"或者不那么接近"自然正确"。[①]

柏拉图的问题在这里也显露无疑，主要有两个。第一，他并没有真正定义"自然"是什么，或者说，他仅仅将"自然"交给了哲学和哲人，从而把握整全的知识就意味着知道什么是"自然"，哲人便成为了"自然"的最终判定者。然而，哲人又是罕见的，且未必愿意将"自然"的知识告知和造福于城邦。于是，"自然"变成了一个秘密、一种信仰，只有哲人拥有它，大部分人不清楚、不理解它，不配拥有关于"自然"的知识。第二，人据说是自然的，然而"自然正确"仅仅少部分人可以获得，绝大部分人是仅仅以"自然正确"为参照，尽力去达到（大部分人

---

① Plato, *The Republic of Plato*, translated, with notes, an interpretive essay, and a new introduction by Allan Bloom, Basic Books, 1991, 442d, 492a.

不可能)。这会导向一个矛盾：绝大部分人都达不到的东西，为何还是"自然正确"？或者说，要么绝大部分人都是不自然的，要么这种"自然正确"是不自然的。而这个矛盾直接导向的正是日后现代政治哲人对柏拉图的逆反。① 这里的问题同日后基督教的自然法包括格劳秀斯需要面对的理论挑战是一样的。

金银铜铁不同质地的人在城邦之中各有其用处，从而有其符合各自"自然"的"自然正确"。一旦类比到人类灵魂的秩序，则只有一种最佳状态：即，理性（或哲学）统治血气和欲望。然而鉴于哲人是稀有的，大部分人不能直接依赖"自然"，而只能依赖城邦的律法生活。城邦的律法来自于立法者或者哲人的设计（即便哲人不能直接为"王"），这种设计是一种"政治技艺（political art）"② 而非依据自然，但大部分人仍然在根本上得以因此而分有不同程度的"自然正确"。也因此，人要接近"自然正确"，离不开城邦。从而人必须是一种城邦的动物，即人类需要过政治生活。

亚里士多德（Aristotle）在这一点上承继了柏拉图的学说，他明确说："人依据自然（by nature，即'本质上'）是城邦的动物。"人离开了城邦，就失去了与"自然"及"自然正确"联系的渠道；离开城邦的人，非神即兽，因而就不是人类。③ 他同样承认接近"自然"的人是很少的，且符合自然应当以少数人的那种"自然正确"为参照。他在其经典作品

---

① 更准确地说，哲人是最接近知道"自然"的人，但并非最知道"自然"的人。哲学本质上意味着"爱智慧"，是一种对智慧的热爱而非"智慧"本身。这就意味着只有神才是真正能把握"自然"的人。但哲人是人类中最接近于知道"自然正确"的人。但有一种危险存在：最智慧的人类即便最接近"自然正确"，但本质上其实在完整的意义上并不知道"自然正确"。这不是本文探讨的范围。
② 柏拉图在《法律篇》中说："这属于照看灵魂的政治技艺（the political art to care for souls）"（650b）。参看 Plato, *The Laws of Plato*, translated, with notes and an interpretive essay by Thomas L. Pangle, Chicago: The University of Chicago Press, 1988。
③ Aristotle, *The Politics*, translated and with an introduction, notes, and glossary by Carnes Lord, Chicago and London: The University of Chicago Press, 1984, 1154a.

《政治学》中表明:"凡属于自然的东西,我们就不要在天性已经败坏的人的身上去寻找,而应当在行事合乎自然的人的身上去寻找。"① 不难想象,符合"自然正确"的人和符合"自然正确"的城邦一样稀缺,他在《尼各马可伦理学》中言道:"不符合自然正确、但却是人为的正义(或正确)的事物,不会处处一样,政制也与此类似(各有不同);但是存在唯一一个在任何地方都符合自然正确的政制,即最佳政制。"② 即便承认最佳政制存在,也不可否认:最佳政制本身即意味着自己是稀缺的。

然而亚里士多德较之柏拉图更为生活化,也更为常识化。他竟然认为"自然正确"是可变的③——当然如前所述他承认存在着一个最高的"自然正确"。亚里士多德如此行事的考虑,更多是对"可行性"的在意,对非正常状态以及极端情况的在意。他脑中有最高的"自然正确",同时会认为,在某些情况下,某些不够完美的秩序是最可能实现的,那么保存那个不够完美的秩序就是"自然正确"的。不仅如此,有些极端时刻,甚至比较大的偏离也可以算作"自然正确"。而这一切,都是出于"正义和人道(humanity)"④。这些让步的前提是亚里士多德心中有一个可变的"自然正确"的排序,由最好、次好、更次到最差。

在后文的分析中可以看到,这种出于"可行性"和非正常情况考虑下而作出让步的做法,对格劳秀斯思想的影响极为重大和深远:亚里士多德被格劳秀斯誉为哲人中的至高无上者⑤;虽然,格劳秀斯不会将亚里士多德这样一个异教徒认定是自然的,这种情况一概都算作是"依据自然"或"自然的"。

---

① Aristotle, *The Politics*, translated and with an introduction, notes, and glossary by Carnes Lord, Chicago and London: The University of Chicago Press, 1984, 1254a35 – 1254b2.
② Aristotle, *Aristotle's Nicomachean Ethics*, translated with an interpretive essay, notes, and glossary by Robert C. Bartlett and Susan D. Collins, Chicago: The University of Chicago Press, 2011, 1135a5.
③ Aristotle, *Aristotle's Nicomachean Ethics*, translated with an interpretive essay, notes, and glossary by Robert C. Bartlett and Susan D. Collins, Chicago: The University of Chicago Press, 2011, 1134b34.
④ Leo Strauss, *Natural Right and History*, Chicago: The University of Chicago Press, 1965, p. 162.
⑤ Hugo Grotius, *De Jure Belli ac Pacis Libri Tres*, Prolegomena. 42.

古希腊后期最有影响的哲学流派是斯多亚学派（Stoic），他们也是真正最早开始阐述"自然法"的学者。"依据自然"而有的"自然正确"，到这时突变成了"自然法"（natural law 或者 law of nature），即变成了一种要求遵守的法。且不说斯多亚学派内部的细小区别以及当下对该派最重要代表人物之一的西塞罗（Cicero）真正内心看法的争论①，这里主要谈这一转变的内涵和巨大意义。第一，自然法谱系从这时起才真正可以算开始。第二，从"自然正确"到"自然法"的变化，最重要的意义在于：后者消除了前者的模糊。一旦成为"法"，就不再限定于最少的哲人，而是所有人类甚至宇宙万物都必须去遵循的律条。一旦上升为"法"，"自然正确"所附带的那种最终真理性，就不再受任何限制、质疑，成为每一个人行动的准绳。从"自然正确"到"自然法"的变化中，"自然"并没有发生实质性的变化（接近自然正确的人仍然是少数，或者说自然仍然需要从更好的人类那里去寻找），但"自然"的存在突然对每一个人有了义务要求和道德要求，这种要求来自"自然"本身，而不是来自任何实定法。

就人的"自然"（或"本性"）而言，在柏拉图、亚里士多德那里，人依据自然是城邦的动物，那么邦内邦外就有着严格的界限。而在斯多亚学派这里，"自然法"已然统摄全人类，而非一邦一国的民众。人类被作为一个统一的整体来看待，或者说"世界公民"，人类依据自然是社会的动物。原本只有哲人方可接近的"自然正确"，现在被作为一项法律，要求全人类都去遵守。这项"自然法"依据的自然就是人的"社会自然"，因此，最重要的要求是：倾向于社会生活的所有人类，都必须爱你的同类。

自然正确直面的真理局限于少数哲人，很难说它有严格的道德义务。

---

① 比如，著名政治哲学家列奥·施特劳斯认为"把西塞罗看作是斯多亚自然法学说的信徒，是对他的误解"。参看：Leo Strauss, *Natural Right and History*, Chicago: The University of Chicago Press, 1965, p. 156.

而"自然法"一下子附带了厚重的道德义务：少数人可以接近的"自然正确"被用来要求所有人。而据说，这是依据人类的自然而发现的律法。

然而，如果仔细考虑，就会发现：作为一种要求的"法"之所以存在和必须，恰恰是承认人们大体上不守法；法越是涉及所有人，就越是在某种程度上暗示"法"设定的根基在于预设所有人都不守法。因此，"自然法"必须要有坚实的根基和维护。斯多亚学者们的解决方式主要是两个：首先，自然法被等同于永恒法、神的意志或者某种永恒的物质的规律；其次，自然法有仲裁者，一旦违背，会有神的制裁。① 因此，无论斯多亚学者们内部有何不一致，发展到最后，自然法的存在和维系必须依赖一个神，这个神不仅是惩罚性的、也是慈爱的。于是，基督教的上帝几乎是呼之欲出。②

不能说斯多亚学派就是基督教的前身，甚至不能确切地说斯多亚学派决定性地影响了基督教的出现，但毫无疑问，斯多亚学派的自然法学说在很大程度上很容易契合后起的基督教学说，而早期的基督教思想家很多从斯多亚学派的自然法中汲取了重大养料。

基督教的自然法在托马斯·阿奎那（Thomas Aquinas）那里发展到最完美的阶段，同时也在他那里有最典型的体现。理解基督教的自然法，对于真正把握格劳秀斯的自然法及全部为战争立法的思想，有着至关重要的意义。

阿奎那的"法"有一个恢弘的体系。永恒法位列最高，而永恒法即为上帝本身："上帝作为宇宙统治者统辖万物，这一观念存在着法的本质，上帝的理性不在时间之内形成关于事物的概念，而是永恒的，所以这种法必须成为永恒的。……上帝统治的目的是上帝自身，而他的法即

---

① 爱比克泰德：《爱比克泰德论说集》，王文华译，商务印书馆2009年版，第356页。
② 爱比克泰德说："那么，是谁创造了这一切，设计了这一切呢？／'没有谁。'有人可能会说。／天啊，〔这种说法〕简直是愚昧之极、无耻之极！"（爱比克泰德：《爱比克泰德论说集》，王文华译，商务印书馆2009年版，第90页，另参看第422页注释1。）

是他自身。因而，永恒法不指向其他目的。"① 这一点与后世反基督教的学者有重大不同，比如同样论述了恢弘的"法"的体系的著名法学家孟德斯鸠。②

自然法是人类对永恒法的分有，自然法低于永恒法。阿奎那认为，万事万物都会以某种方式分有永恒法，"永恒法铭刻在它们身上，从而派生出指向恰当行为和目的的各自倾向"，但是，人类特殊，即"理性造物以对自身和他物都深谋远虑的方式分有着神意，就此而论，他们以一种更为卓越的方式服从着神意……这种理性造物对永恒法的分有就称之为自然法"。③

人的理性无法完全或者说只能以不完善的方式分有上帝理性，甚至很多人类可以知晓的知识并非直接即可知道，而是需要"理性的努力"，因此"人类理性需要进入到对特定事项的更为具体的决断"，"这些由人类理性所产生的具体决断就成为人法"。④ 人法更低于自然法。

阿奎那最后又加上了"神法"。人类最终要达到的是"永福"这样一种超越人类自然（本性）的目的，同时人类又无法完全地分有永恒法，但上帝通过神法让人类"更为完善地分有永恒法"，只有超越自然的法才

---

① 托马斯·阿奎那：《论律法》，杨天江译，见赵明主编：《法意》第4辑，商务印书馆2012年版，第11—12页。另参看圣多玛斯·阿奎那：《神学大全》（共十七册），周克勤等译，（台南、高雄）中华道明会、碧岳学社联合出版2008年版，第六册第8—9页。（为方便查看，下文对两本书的引用简化）
② 孟德斯鸠的最高法也是永恒法，但永恒法明显高于上帝，上帝之上有一个需要外在于他且他必须遵循的法；自然法被全然改变，并且原先自然法追求完美及导向上帝的道德拔高作用被彻底摒弃。参看 Charles de Montesquieu, *The Spirit of the Laws*, Anne M. Cohler, Basia Carolyn Miller, Harold Samuel Stone (trans.), Cambridge: Cambridge University Press, 1989; Thomas L. Pangle, *Montesquieu's Philosophy of Liberalism: A Commentary on* The Spirit of the Laws, Chicago: The University Of Chicago Press, 1989, pp. 24 - 27, 260 - 271.
③ 托马斯·阿奎那：《论律法》，第12—13页；圣多玛斯·阿奎那：《神学大全》，第六册第10—11页。
④ 托马斯·阿奎那：《论律法》，第16—17页；圣多玛斯·阿奎那：《神学大全》，第六册第14—15页。

可以"引导"人类达致"永福"。① 于是，神法高于自然法，更高于人法。这里的"神法"不等于"永恒法"，是上帝制定的用以引导人类的、而人类又可以看到的神法——因为人类依据自己的自然，无法看到永恒法。神法包括两种：《旧约》和《新约》。"旧约约束人的手，但新约却约束人的心……旧约通过惩罚的恐惧，而新约却是通过爱，这种爱由基督的恩典灌注到我们的心里"②。作为基督徒的阿奎那显然将《新约》列为更高的依据。

总结下来，阿奎那认为：永恒法（即上帝本身）＞神法（实定神法＞自然法＞人法。当然，这其中永恒法和神法或许不需要界分得那么严格。所有的法都来自永恒法或者上帝。任何具体或进一步的对阿奎那自然法的认识都必须以此为基础。

阿奎那的自然法很综合，他认为自然法的规定和人类依据自然的倾向相一致，大体囊括了三个方面：首先，"保存人的生命避开其障碍的全部手段都属于自然法"；其次，自然教授给所有动物的内容，比如性交、教育后代等等；最后，人作为独特的理性动物，依据他的自然，人类有"去认识上帝真理、生活于社会之中"的自然倾向。③ 这三个方面之中，仅有第三个是人类作为理性动物所独有的。阿奎那认为，人类依据自然所有的一切倾向都属于自然法，由于理性是人类的恰当形式，每个都存在着与理性相和的自然倾向。在阿奎那这里，人类的自然有两个层面：人类独有的，或者是人类和动物共有的。从人类独有的自然法角度看到的有些罪恶但其实符合人类和动物共有的自然法。人类独有的"自然"要求会更高。④ 或者说，人类独有的自然法要求更高：即，人类依据自然

---

① 托马斯·阿奎那：《论律法》，第16—17页；圣多玛斯·阿奎那：《神学大全》，第六册第14—15页。
② 托马斯·阿奎那：《论律法》，第18页；圣多玛斯·阿奎那：《神学大全》，第六册第17页。
③ 托马斯·阿奎那：《论律法》，第38页；圣多玛斯·阿奎那：《神学大全》，第六册第41—42页。
④ 托马斯·阿奎那：《论律法》，第40页，对反论2的答复；圣多玛斯·阿奎那：《神学大全》，第六册第43页。

应当热爱上帝真理、热爱社会生活。在阿奎那看来，某种程度上说，与此相反的、**与动物共享的自然法实际上本质就是违背自然法**（即便他没有绝对地否认人类会有动物般的自然）。自然法潜在地存有一种道德拔高的要求。

阿奎那的自然法几乎是基督教自然法的典范，决定性地影响了格劳秀斯自然法的全部内容。格劳秀斯对阿奎那的继承和修改，是理解格劳秀斯全部思想的关键：综合性的自然法；自然法对上帝的依赖和相对于神法及永恒法而言的低劣。自然法的完善是一种对自然法的超越，因而必然需要神法的补充。

著名学者祖克特（Michael P. Zuckert）认为，格劳秀斯"对托马斯的自然法学说进行了删节，直接地只保留了托马斯三层习性的第三层作为他学说的组成部分；而这个第三层习性也只保留了有关社会生活的部分"①。事实并非如此，格劳秀斯《战争与和平法》绪论中仅仅提及"社会性"而不言其他，是出于驳倒卡涅阿德斯的需要，那一时刻更重要的是强调人类最独有的自然，之后他在正文中并不如此阐释自然法，或者说，他更为全面地阐述了自己的自然法，内核则几乎与阿奎那的一致。

不可否认的是，阿奎那自然法中内蕴浓浓的道德要求，这种要求清晰、明确，并普及约束所有人类。同时，这种要求既是一种人之所以为人的内在要求，也是一种普遍的更高要求（可以参看前述阿奎那自然法的三个层次，其中社会生活及爱上帝是人所独有的）。而这种自然法的效力则来自于上帝的惩罚和恩典，一旦没有了上帝，有着更高道德要求的自然法如何产生效力？因此自然法之所以成为自然法，恰恰必然需要在基督教的信仰体系中，阿奎那一直坚持这一点。

但他有时候过于强调少数人体现的社会倾向是真正的自然法，这种自然法是如此自然，人类应该遵循且应该必然遵循。这种过度强调会导

---

① Michael P. Zuckert, *Natural Rights and the New Republicanism*, Princeton: Princeton University Press, 1994, p. 142.

致出现一个阿奎那自己不愿意看到的结果,会有人认为这种自然法没有上帝存在之时,人类也应该遵守。某种程度上说,格劳秀斯在这条路上比阿奎那更危险地前进了一步。而这种前进最终导致了无论阿奎那还是格劳秀斯都不愿意看到的结果:自然法与上帝的分离,从而导致自然法最终的覆灭。于是,自然法不可能再有什么道德拔高的要求,最终沦落为一种自然而然的规律。

格劳秀斯作出如此变化恰恰是因为需要面对两个巨大的困境:欧洲大多数为基督教国家,大家均信上帝,照理应当慈爱和平共处,却多年陷于相互的恶战;欧洲国家开始向外扩张,面对的是无数不信仰基督的国家,那些人到底算不算人类,自然法是不是还能靠得住?于是,格劳秀斯几乎是决定性地(但仍然是扭扭捏捏并且有着重大保留地)对自然法作了重大调整,比如说,他在某个时刻承认:没有上帝,自然法仍然有效。虽然他立刻对这一说法进行了反驳,但本书看来,他的重大创新是开了一个口子,对后世自然法影响巨大。当然,他本人那里仍然对此有决定性的保留:他真正的自然法体系仍然毫不迟疑地停留在阿奎那的体系内。关于格劳秀斯的自然法,下文会具体阐述。

无疑,古典的自然法理论在现代人看来,面临诸多的困境,尤其是真正实现面临着障碍:比如,究竟从哪些人那里寻求人类的"自然";自然法对上帝的绝对依赖;自然法对人类心灵和政治生活的高要求。这一切诱使人去真的解决类似困境,或者就偏离这种自然法。那么,现代的自然法(或者"自然权利"学说)的出现几乎不应该在任何人的意料之外。

如果说,从"自然正确"到"自然法"的变化,主要是指适用范围从少部分人到整个人类,严格程度从一种真理性的"正确"变成了需要遵循的"法律",那从"自然法"到"自然权利"(早期的现代学者甚至仍然用"自然法"这样的词汇)的变化中,则是对"自然"的认识发生了天翻地覆的变化。现代的"自然法"的最早和最具影响力的创始人毫无疑问是英国政治哲学家霍布斯。理解霍布斯的自然法（自然权利、自然状态），对理解格劳秀斯同样具有至关重要的意义。

霍布斯嘲笑古典自然法是把地基打在了松软无根的沙子上："纵或全世界的人们都把地基打在沙子上，我们也不能因此就推理说地基就应该这么打。"① 他认为柏拉图的理想国是"无用的（useless）"，他虽然对自己的利维坦建构能否成功还有一定担忧，但自信比柏拉图的还是更有"希望（hope）"："我这本书会落到一个主权者手里……他也会运用全部主权权力来保护此书的公开传授，从而把这一思索的真理转化为实践的效用。"② 他对亚里士多德几乎全然辱骂："他在《政治学》中所讲的那一套正是跟政治最不能相容的东西，而他大部分的《伦理学》则是最无知的说法。"③

霍布斯究竟如何论述自然法？毕竟，他经常使用"自然法"这个词汇。霍布斯在他的名著《法律要义：自然法与民约法》中说道："我们自然中的两个主要部分是理性和激情（passion），这两者生出两种学问：一种是算术，一种是教义式的。前者少有争议和论争，因为它仅仅涉及比较数字及运动，不会有真理和人们之间利益的冲突。但后者中则无处没有争议，因为它必须比较人类，并与他们的权利和利益发生关系。在第二种学问中，理性是如此经常地反对人类，人类是如此经常地反对理性。进而，那些写下正义和谈经论者都干着侵略他人的事儿，自相矛盾。绝不可能将这种教义归于理性的规则和理性的无误，首先可以放下这些原则找一个根基，即激情……然后慢慢将真理奠基于自然法（**迄今为止的**

---

① Thomas Hobbes, *Leviathan* (Revised Student Edition), Richard Tuck (ed.), Cambridge: Cambridge University Press, 1996, p. 145.
② Thomas Hobbes, *Leviathan* (Revised Student Edition), Richard Tuck (ed.), Cambridge: Cambridge University Press, 1996, p. 254.
③ Thomas Hobbes, *Leviathan* (Revised Student Edition), Richard Tuck (ed.), Cambridge: Cambridge University Press, 1996, pp. 461–462.

自然法都是空中楼阁）之上，直到牢靠和无法驳倒。"①

霍布斯眼里，迄今为止的自然法都是"空中楼阁（built in the air）"，他要重新奠定自然法的根基、重新界定自然法。之前的自然法最大的问题显然在于违背"激情"，在霍布斯那里，自然中最重要的部分是"激情"，他实际上是认为从前的自然法全都违背人类自然（本性、天性）。因为在柏拉图那里，"自然正确"意味着遏制和反对激情。正是之前对"自然"的认知错误，使得"法"变成一种更高和更飘渺的道德要求，霍布斯凭借着对"自然"的新认识，将"自然法"本质上的拔高意味完全铲除。"自然法"因此消失（虽然他口中仍称自己的东西为自然法），转变成了类似"自然规律"的东西，不再有"要求"，而是每个人都会自然而然如此行动。"自然"不再有可能是从较少的那些人那里寻找，而是从大多数的人类中寻找；不是从他们的"理性"中寻找，而是从他们的"激情"中寻找。而这类激情与上帝的启示更是毫无关系。这种激情最大的敌人恰恰是上帝：霍布斯这里，激情几乎等于害怕死亡，而上帝的应许和彼岸的存在则使得人类完全没有必要恐惧死亡。为了对暴死的恐惧继续起作用，霍布斯必须而且必然要将上帝撤除。

霍布斯创造了一个新词"自然状态（state of nature）"，即人类依据自然出于何种状态。从中可以辨识出霍布斯的崭新"自然"观。人类"自然"的一个特质是：平等，包括了身体意义上的平等和智识意义上的平等。而这种平等不是更高意义上的平等，而是说大家都很弱、都很无力。人类"自然"的第二个特质是：激情，这种激情是指对他人的疑惧、对暴死的恐惧，来源恰恰是大家都平等、弱小。因此，自保是最要命的头等大事，采取先发制人的方式是"最合理的"，于是乎自然状态就是人

---

① Thomas Hobbes, "The Elements of Law Natural and Politic", in Thomas Hobbes, *Human Nature and De Corpore Politico*, Oxford: Oxford University Press, 1994, p. 19. 另参看了〔英〕托马斯·霍布斯：《法律要义：自然法与民约法》，张书友译，中国法制出版社 2010 年版，"献词"第 1 页。着重号为笔者所加。

与人之间的战争状态。人的自然就是每时每刻对暴死的恐惧，那么自然法（霍布斯虽然列了许多条"自然法"）最要紧的是：求和平或者尽一切方式来保命。

阿奎那的自然法体系中对上帝的依赖，被霍布斯删得干干净净。同样重要的是，阿奎那的自然法三个层面的内涵，到霍布斯那里只剩下了自保这一条。阿奎那则绝不会最强调这一条，甚至在他看来，自保是作为人类和动物共有的一条自然法，假如从作为独特的理性动物（人类）这一个角度来看，自保本身就是一种罪恶，或者说对人类自然法的违背。① 霍布斯认为阿奎那显然幼稚，恰恰时时刻刻经心于对暴死的恐惧、时时刻刻着眼于自保，才是真真正正的人类自然。在这一点上，人类跟动物本来也没啥区别。阿奎那强调的人类独有的自然，在霍布斯看来，大部分人达不到，也因而就不能非常牢靠地算作是人类的"自然"。因此，霍布斯那里，人类依据自然就是反社会的动物。霍布斯强调说"自然法跟万国法（law of nations）是一回事儿"，国际间的"法"就是想尽一切办法维护自己国民的安全，自然法就是想尽一切办法维护自己的安全，即自保。②

正是从霍布斯开始，自然法完全不再有任何的道德要求和拔高作用，这里的"法"已经丢失了法的意蕴。自然法再度变成了"自然正确"，是一种更为明白、人人为之的正确，或者说是"自然规律"。自然法失去了道德含义，同时也意味着自然法不再可能。

霍布斯修改后的自然法，不存在任何外在于人类本身的对人类的拔高要求和道德约束，非但不存在这类由外对内的要求，反而更多的是基于对暴死的恐惧而来的由内对外的要求。即，现在的自然法不再

---

① 托马斯·阿奎那：《论律法》，第 40 页，对反论 2 的答复；圣多玛斯·阿奎那：《神学大全》，第六册第 43 页。
② Thomas Hobbes, *Leviathan* (Revised Student Edition), Richard Tuck (ed.), Cambridge: Cambridge University Press, 1996, p. 244.

强调义务，而是强调权利，尤其是人人都要求的安全、自保的权利。自然法谱系到了霍布斯这里出现了本质性的变化："自然法"的"自然"突然被削减到动物性的自保激情，"法"再度变成"正确"，但却成为一种接近"规律"的正确（即，人人都会自然而然地遵循）。最终自然法的义务被铲除，留下的是真真切切的"自然权利（natural rights）"。

从霍布斯往后，一直延续至孟德斯鸠、卢梭等所有的现代政治思想家，无论他们是否使用"自然法"这个语汇，自然法已经更多地被"安全"和"自保"所替换，自然法越来越少地被提到，而"自然权利"被使用得越来越多。自然法谱系因为霍布斯而被拦腰截断，但确切地说，这把刀实际上是格劳秀斯给的，虽然他不会接受霍布斯如此使用这把刀。格劳秀斯的自然法为霍布斯的出现放开了大门，当然，格劳秀斯从不等同于霍布斯。

二、格劳秀斯的自然及自然法

理解格劳秀斯的自然法，哪怕从最简单的意义上，也必须首先注意以下几点：第一，了解格劳秀斯的时代背景和他面临的困境；第二，他的自然法的寻找和证明方式；当然，不把格劳秀斯置于整个自然法谱系之中，就根本谈不上理解格劳秀斯。

格劳秀斯首先面临的困境是：基督教的欧洲内部居然大战。他生活的年代是欧洲战乱最频仍、霸权与反霸斗争最白热化的阶段：反腓力二世称霸的战争，尼德兰革命导致的荷兰内战及扩展后的一场国际战争，"荷兰在英国、法国的援助下抵抗西班牙"[①]。而后更有规模浩大、伤亡惨

---

① 周桂银：《欧洲国家体系中的霸权与均势（1494—1815年）》，陕西师范大学出版社2004年版，第73—116页，引用处参见第89页。

重的三十年战争（1618—1648年）。① 这一时期战争最大的特点是宗教原因纠缠其中：宗教信仰的差异和宗教统一的野心使得战争更残忍、也更易爆发。有学者总结："1570—1660年这一时期是一段几乎从未间断的在欧洲的圣战（holy war）。"② 三十年战争的起因是普世性宗教——基督教内部的德意志新教与哈布斯堡王朝天主教之间的矛盾。格劳秀斯立法的其中一个目的恰恰是要高扬宗教容忍，调整基督教内部，希望能够建立一个统一的甚至是扩大的基督教世界。③

战乱的时代以及宗教混乱对立增加战乱的烈度的现实，使得格劳秀斯认为自己有义务也有能力去做别人尚未全面系统（comprehensive and systemic）④ 做过的事情："我刚刚给出的理由使我完全相信，存在着一些对万民而言都是共同的战争法，它们适用于战前准备阶段，也适用于战争的过程中。诸多严肃的理由驱策我就这种法撰写一部著作。我观察到，有一种疯狂正在席卷基督教世界的战争习惯，这种疯狂甚至连野蛮族类都为之感到羞耻：为了一个异常轻浮的理由就开启战端，甚至没有理由就不由分说地奔赴战场；一旦进入战争状态，人法和神法都被践踏在脚下，在战场上，任何样式的肆无忌惮的犯罪似乎都得到了授权。"⑤ 在给法王路易十三的献词中，格劳秀斯一语道破心中最大担忧："我们的心灵厌倦了冲突。"⑥ 和平是他最大的关心，宗教理由被肆意用作战争理由是激励他调和宗教的重要原因。

另一个困境是：随着远航航行和欧洲殖民地的建立，欧洲人不得不面对众多不信基督甚至处于蒙昧状态的民族。如何处理基督教国家与非

---

① 周桂银：《欧洲国家体系中的霸权与均势（1494—1815年）》，陕西师范大学出版社2004年版，第89页。另可参考：Geoffrey Parker (ed.), *The Thirty Years' War*, 2nd Edition, London and New York: Routledge, 1997。
② Alex J. Bellamy, *Just Wars: From Cicero to Iraq*, Cambridge: Polity Press, 2006, p.67.
③ Hugo Grotius, *De Jure Belli ac Pacis Libri Tres*, 3.25.8, 2.15.12.
④ Hugo Grotius, *De Jure Belli ac Pacis Libri Tres*, 1.1.1.
⑤ Hugo Grotius, *De Jure Belli ac Pacis Libri Tres*, Prolegomena. 28.
⑥ Hugo Grotius, *De Jure Belli ac Pacis Libri Tres*, Dedication, p.5.

基督教国家之间的关系，变得十分必要且越来越重要。格劳秀斯野心很大，他论述战争与和平的议题延展至全球或者整个人类。这也是他某些时候不得不放下"信仰"，谈论不依赖"信仰"的人类"自然"的原因（但这种让步留有重要的保留和条件限定）。

人类如果是依据自然就倾向于和平的社会生活，为什么欧洲还会有那么多年惨绝人寰的战争？信上帝者居然肆意开战，怎么办？全球范围内，不信基督者众多，怎么办？要面临的这些困境是他之后对自然法做出修正和所有坚定性保留的全部缘由。他要做的事情正是尽一切可能性为人类（为战争）找回尽可能多的法度甚至和平。

格劳秀斯如何论证人的"自然"？他阐述过一个非常著名的证明"自然"的两种方式（当然，在他那里，这其实就是证明某物符合自然法）：一种是先验的（a priori），一种是后验的（a posteriori）："人们习惯用两种方式来证明某事符合自然法……这两种证据中，前者更微妙，后者更为我们熟悉。先验的证据在于：依据理性或社会自然（或译'本性'）表明对任一事物的同意或不同意；后验的证据在于：即便不能绝对确定，至少以某种可能性下定结论，即某事物在所有民族或者那些更文明的民族中被认为是符合自然法的，那么它就是符合自然法的。"[①]

先验的方式更为微妙和难以把握，后验的方式更为简洁和容易操作。显然格劳秀斯使用的是后一种方式，从《战争与和平法》中几乎满篇可见的"更优越（more advanced）""有学识（learned）""更智慧（wiser）""更完美（more perfect）""更重要（greater importance）"之类的明显表述可看出他对于后一种证明方式的绝对依赖。

霍布斯极为反对且大力批驳格劳秀斯的这一方式，从另一个角度证明了格劳秀斯确实对后一种证明方式更为倚重，霍布斯认为："某些人看

---

① Hugo Grotius, *De Jure Belli ac Pacis Libri Tres*, 1.1.12.1.

来，某种行为之所以违背自然法，是因为它与所有最智慧或最文明的民族之间共同同意的观点相背离。然而，他们没有告诉我们：谁能够对所有民族的智慧、学问和道德作出评判。"① 与其说霍布斯批评格劳秀斯的证明方式，不如说他批评的是格劳秀斯对人类"自然"的某种坚持。霍布斯不认为更文明的民族代表的是人类"自然"的典型，自然根本不意味着更好或者更高，自然可能是低劣或者动物性，即人类的自然不应该从更少的人类那里寻找，而应该从绝大多数人那里寻找。两人都认为自然法是理性的展现，但格劳秀斯会认为自然法使得人类更倾向于过社会生活，霍布斯则认为自然法使人类更倾向于关注暴死的恐惧和由此而来的自保的渴望。

就格劳秀斯的论证方式而言，他声称："为了证明自然法的存在，我将自己的观点接受哲人、史家、诗人，最后还有演说家的检验。"② 他对他们并非毫无判断地全然接受，但是，倘若不同时代、不同地域，许多人（尤其是贤人）都认同某一个事实，那么这个事实就应当被视为普世的真理。这正是他所称的第二种论证方式。

这些更好的人的说法，在格劳秀斯那里有等次的区别。首先，在哲人中，亚里士多德被格劳秀斯置于至高无上的地位，虽然他立刻表示更爱的是真理，而非亚里士多德的盛名。③ 其次，他极度重视并大量引用亚里士多德这个异教徒，但使用的方式恰恰是亚里士多德对待其师柏拉图的方式：吾爱吾师，但吾更爱真理。

历史或者历史学家则提供了两种东西：例解和往圣先贤的论断。例解主要来自"更好的时代更好的人"那里，主要是来自"古代"。论断当其为更多的贤人所认同的时候，可以证实自然法的存在，同时这也是万

---

① Thomas Hobbes, *On the Citizen*, Richard Tuck and Michael Silverthorne (eds.), Cambridge: Cambridge University Press, 1998, p. 32.
② Hugo Grotius, *De Jure Belli ac Pacis Libri Tres*, Prolegomena. 40.
③ Hugo Grotius, *De Jure Belli ac Pacis Libri Tres*, Prolegomena. 42.

国法得以构建的唯一途径。① 而诗人和演说家并不具有多么巨大的重要性，格劳秀斯使用他们，主要是论点之外增加一些"装饰"而已。②

格劳秀斯也经常引用受上帝启示的作者所写的或所推崇的书，这不可避免地导向了如何认识《新约》和《旧约》的问题，并且需要区分这两者。上帝的意志法和人类法之间要严格区分，但神毕竟高于人类自然，神法当然地不等同于自然法。因此《旧约》没有设定自然法的内容，但"不会与真正的自然法相冲突"，因此《旧约》的内容"可作为证明自然法的一个来源"。③ 这里的阐述需要注意，"不冲突"显然不等于"支持"，这是格劳秀斯惯用的定义方式，包括之后的"免受惩罚的"等同于"正义的"。

有些人（显然是基督徒）认为《新约》出现后，《旧约》就不再有用，但作为基督徒的格劳秀斯居然对此表示反对。他认定，"《新约》在道德要求上与《旧约》一致"，因此可以看到早期的基督徒仍然使用一些《旧约》的论述。其实他们应该更看重《新约》，因为格劳秀斯也提到：《新约》比《旧约》要求更高。④ 《新约》被格劳秀斯用来解释"对基督徒而言什么是可被允许的"，这里需要特别注意这几句："依据**最为神圣的法**，较之于自然法，我们被要求更大程度的道德完满……"法在这里被格劳秀斯分成了三六九等。他强调，"建议"做的事儿同"要求"做的事儿完全是两回事。但要求的事儿通常在格劳秀斯那里是低下一些的，但是"追求更高的卓越暗示了高贵的目标，并且绝不会没有回报"。⑤ 基督徒应当爱所有人类、甚至敌人，但这主要是一种"建议"，并且许诺说"绝不会没有回报"，当然这种承诺需要的是对上帝的虔信。因

---

① Hugo Grotius, *De Jure Belli ac Pacis Libri Tres*, Prolegomena. 46. 关于"万国法"，还可以参看 1.1.14.2。
② Hugo Grotius, *De Jure Belli ac Pacis Libri Tres*, Prolegomena. 47.
③ Hugo Grotius, *De Jure Belli ac Pacis Libri Tres*, Prolegomena. 48.
④ Hugo Grotius, *De Jure Belli ac Pacis Libri Tres*, Prolegomena. 47.
⑤ Hugo Grotius, *De Jure Belli ac Pacis Libri Tres*, Prolegomena. 50. 粗体为笔者所加。

此,神法尤其是基督教的神法,被认为是高于自然法,但同时又仅仅是"建议",而非"要求",从本质上是道德,而非严格要求遵守的法律。所以,神法的要求高于自然法,自然法不会跟神法一样要求得太多。

排在神法之后的则是经院作家,他们很少犯错误,且在攻击中辩护自身观点时表现出令人称赞的节制。罗马法作者则分成了三等人,第一等人被赋予相当重要性,第二等人则是"间或使用",第三等人则"几乎不用"。①

格劳秀斯自己对所引用的各类作者的重要性排序,或许会大大有助于理解他那种在行文中几乎绝大部分篇幅都在征引贤人语录的写作方式的重要性。

在这样的论证方式之下,格劳秀斯究竟得出了什么结论?他究竟证明了怎样的人类"自然"?或者他的自然法体系究竟是怎样的?不同于诸多很有影响的解读,本书认为格劳秀斯的自然法学说总体上仍然坚定地位于阿奎那式的基督教自然法体系内,即,上帝是最高的法,自然法来自并依赖于上帝,万国法及其他市民法来源于并低于自然法。与此同时,出于对极端情况的考虑(尤其是战争),出于对法和正义的现实可行性的考虑(尤其是战争情况下),格劳秀斯对基督教式的自然法做了诸多重大修改甚至是暂时性偏离和违背(这种违背的影响是毁灭性的,也是极端关键的),但这种违背并没有使格劳秀斯完全走近霍布斯,他一刻不停地强调对于基督教式自然法的回归。虽然毫无疑问,他在那个时代主要想做的正是面对极端场景对自然法作出修改,而这种修改无疑仍然是骇人的。理查德·塔克则过度地强调了格劳秀斯对自然法的修改,以至于看不到格劳秀斯对此所做的保留和犹豫:"格劳秀斯并没有驳倒卡涅阿德斯,因为他自己的基本思想与之相同,而且实际上,格劳秀斯和霍布斯

---

① Hugo Grotius, *De Jure Belli ac Pacis Libri Tres*, Prolegomena. 52–55.

之间也是一致的。"①

阿奎那的自然法体系如前文所说，上帝或者永恒法最高，然后是神圣意志法，自然法以不完善的形式分有上帝理性，人法来自人类的理性努力更兼具体情况的限制，但更次于自然法。无疑上帝是一切法的来源，无论完善与否，自然法和人法的本源都来自上帝。

格劳秀斯的自然法体系与此类似。他是虔诚的基督徒，在他内心深处和所有著述中从未放弃过对上帝信仰的忠诚和宣扬。上帝作为造物主，是宇宙万物的最高主宰，上帝是"自然的创造者（creator of nature）"，上帝就是"自然本身（nature itself）"。② 上帝"在一切法之上自行其是"③。这"一切法"包括了格劳秀斯所定义的所有三类法：自然法、意志法（神圣意志法和人类意志法）。④ 不存在任何高于上帝的法，上帝本身不依赖于任何法："不是因为某事是正义（或合法）的，从而上帝才意愿（即'will'）某事。而是因为上帝意愿某事，从而某事才是正义的。"⑤ 神圣意志法不等于上帝，但却是上帝意志展示给人类并且人类可以识读及理解的唯一可能，即《新约》和《旧约》。在格劳秀斯那里，《新约》显然占据了更为重要和关键的位置。⑥ 当然，对格劳秀斯来说，作为人类，毫无疑问没有资格且没有可能性在与上帝平等的地位上理解上帝。我们能够理解的上帝，只能存在于《新约》和《旧约》中，因此区分神圣意志法和上帝本身，并没有多少意义。"绝无任何例外地，我们必须服从于我们的造物者上帝，我们之所以成为我们，以及我们所拥有的一切，都来自上帝……上帝是永恒的。"⑦

---

① Richard Tuck, *The Rights of War and Peace: Political Thought and the International Order From Grotius to Kant*, Oxford: Oxford University Press, 1999, p. 102.
② Hugo Grotius, *De Jure Belli ac Pacis Libri Tres*, 2. 1. 10. 1.
③ Hugo Grotius, *De Jure Belli ac Pacis Libri Tres*, 2. 19. 4. 3.
④ Hugo Grotius, *De Jure Belli ac Pacis Libri Tres*, 1. 1. 9. 2, 1. 1. 13, 1. 1. 15. 1 – 1. 1. 15. 2.
⑤ Hugo Grotius, *De Jure Belli ac Pacis Libri Tres*, 1. 1. 15. 1.
⑥ Hugo Grotius, *De Jure Belli ac Pacis Libri Tres*, 1. 1. 15. 2.
⑦ Hugo Grotius, *De Jure Belli ac Pacis Libri Tres*, Prolegomena. 11.

上帝既然是"自然的创造者",那么来自自然法中的一切,或者说人类自然的一切特质,归根到底都来自上帝,"是他使得这一切存在于我们身上（because of His having willed that such traits exist in us）"①。格劳秀斯强调,自然法要求的行为"同样是作为自然的作者（the author of nature）的上帝所禁止或者命令的"②。但自然法的要求又低于神法,自然法仅仅是与神法不冲突,自然法的要求仅仅是否定性的,免于惩罚并不证明某些事情是完全的正义。③ 人类从本质上就无法完完全全地脱离基督教意义上的罪（sin）:"完全和永恒地逃离所有的罪是一种超越人类的状态（a condition that is more than human）"。④ 因此,自然法与神法不冲突,自然法低于神法,并且自然法本质上就是来自于上帝。或者按照阿奎那的说法,自然法以不完善的形态分享有上帝的理性。

有一个非常著名的说法,认为格劳秀斯是将自然法世俗化的第一人。本书认为格劳秀斯谈及"自然法即便无上帝也照样运行"一说的真正目的,需要重新思考。完整阅读和认真分析这一说法的原始出处,言之凿凿的所谓"世俗化"之说恐怕也要大打折扣。格劳秀斯在那里言道:"即使我们居然假设上帝竟然是不存在的,或者人类的事物竟然是与他无关的,我们之前已经说过的东西（笔者按:指自然法）仍然有某种程度的正确性,但这种假设的作出,是一种最大的罪恶。跟这种观点⑤相反的说法已经根植在我们心中,部分是由理性,部分是由未曾断裂的传统。这种说法已经被无数的证据和所有时代的奇迹所证明。绝无任何例外地,我们必须服从于我们的造物者上帝,我们之所以成为我们,以及我们所

---

① Hugo Grotius, *De Jure Belli ac Pacis Libri Tres*, Prolegomena. 12.
② Hugo Grotius, *De Jure Belli ac Pacis Libri Tres*, 1.1.10.1.
③ 参看格劳秀斯经常提及的对"正义"的定义,以及他将"正义"等同于"可允许（permissible）"的观点。参见 Hugo Grotius, *De Jure Belli ac Pacis Libri Tres*, 1.1.9.1, 2.12.26.1, 2.20.29.1, 2.23.1, 3.4.2.2。"某事被认为可允许,不是因为它没有破坏正确行为和义务的规则,而是因为它可以不受惩罚"。(3.4.2.2)
④ Hugo Grotius, *De Jure Belli ac Pacis Libri Tres*, 2.20.19.1.
⑤ 即上帝不存在。

拥有的一切，都来自上帝。"① 可以看到，格劳秀斯是多么犹豫和充满罪恶感地说出所谓世俗化的观点，又是如此坚定地就此反驳自己。

格劳秀斯又认为，"就是上帝也不能使得2乘以2不等于4，因此他也不能使得某些内在恶的事物不邪恶"②，就是说，上帝也不能使得仿若数学公式一样确定的真理有任何变化。但是在后文中，格劳秀斯又犹豫了："亚里士多德所著完全正确，即，不能像数学中那样要求在道德问题上有同样的确定性。"③ 格劳秀斯绝不愿意放弃上帝在自然法中的作用，但又在某些必要时刻即便犹犹豫豫但仍然实实在在地把上帝撤除，原因仍然是出于法的现实可行性的考虑以及格劳秀斯暂时性的让步。塔克无法理解这种让步，称之为"格劳秀斯思想阐释中一个长期存在的谜（a long-standing puzzle）"④。

关于人法（来自人类的意志，万国法就来自各个国家的意志），格劳秀斯认为是来自共同的同意，同意者越多则越接近真理。这种越接近完美的同意恰恰是从自然法中"得到力量"，因此，人类自然是自然法的母亲，是人法（市民法和万国法）的曾祖母。⑤ 换句话说，人法低于自然法，但最终来源于自然法，即来源于人类自然。同意者越多这一点为之后论证自然法与万国法的矛盾埋下了伏笔。

但总而言之，格劳秀斯的自然法体系的内核，与阿奎那完全一致。格劳秀斯完全承继了基督教自然法的基本要义：人法来源于自然法、自然法来源于上帝、作为上帝意志法的神法是自然法的补充；神法高于自然法，自然法高于人法。即便单看自然法，格劳秀斯的自然法也同阿奎那的几乎一致。与在"导言"中强调人类自然的独特性（即社会倾向）

---

① Hugo Grotius, *De Jure Belli ac Pacis Libri Tres*, Prolegomena. 11.
② Hugo Grotius, *De Jure Belli ac Pacis Libri Tres*, 1.1.10.5.
③ Hugo Grotius, *De Jure Belli ac Pacis Libri Tres*, 2.23.1.
④ Richard Tuck, *The Rights of War and Peace: Political Thought and the International Order From Grotius to Kant*, Oxford: Oxford University Press, 1999, p.101.
⑤ Hugo Grotius, *De Jure Belli ac Pacis Libri Tres*, Prolegomena, 16.

不同，在《战争与和平法》全文中，格劳秀斯的自然法及对人类自然的定义和描绘是两重的，即与阿奎那一致。人类既是动物，又高于动物，而可贵处或者真正的人类自然在于人类比动物高贵，这是格劳秀斯或阿奎那对人类自然的基本判断。

正因如此，一方面，如果将格劳秀斯视作霍布斯的对立面，无疑没有任何问题。霍布斯的人类"自然"最根本的是怕死的激情，从而他的自然法最高要求即为自保：尽一切手段保住自己的性命。人的"自然状态"学说预示着，人类依据自然是反社会的。这种观点极其类似格劳秀斯在《战争与和平法》"导言"中引述的卡涅阿德斯的观点，格劳秀斯明确表示反对："人类当然是一种动物，但却是一种更高级的动物……人类的特质中，自己所独有的是人类有一种迫切地对社会的欲求，即对社会生活的欲求。这种社会生活并非任何一种或所有类型，而是那种与其智识水准相适应的和平且有序的（peaceful and organized）社会，且与他的同类一同生活。这种社会倾向斯多葛学派称之为'社会性'。因此，被说成是普世真理的此类断言——即'任何动物依据自然都仅仅追求它自己的利益'——是不可接受的。"① 人类依据自然而欲求社会生活，而且仅仅是欲求和平及有秩序的社会生活。自保或者自利被格劳秀斯断然拒绝为人类的独有自然。人确实是动物，但却是更为高级的动物。这种高级或高贵体现在：人类同其他动物的差别要远远大于其他动物之间的差别。人类是如此卓尔不群、高贵，以至于人类同黑猩猩的区别要远远地大于黑猩猩同其他动物（如黑猩猩同毛毛虫之间）的区别。而在构成人类特有自然（本质）的所有特征中，最重要和最关键是人类存在着一种格劳秀斯所说的对于和平且有序的社会生活的热爱和渴望。人类的自然是对社会生活的渴望，对自保和自利的拒斥。

基督教国家和人民都不是人类吗？另一方面，格劳秀斯的自然法同

---

① Hugo Grotius, *De Jure Belli ac Pacis Libri Tres*, Prolegomena. 6.

时又反对这种因社会本性而对自卫的放弃，从而令解读者疑惑和不安。他说："依据自然法，自卫中进行的屠杀是允许的。"① 或者，"依据自然的第一原则，自然中不存在任何东西是反对战争的；恰恰相反，所有的东西都指向支持战争"②。更有甚者，格劳秀斯直接说："毫无疑问（certainly），如果我们单看自然，在人类自然中存在少得多的对于社会的关注，而更多地却是对保存个人的关注（in nature there is much less regard for society than concern for the preservation of the individual）。"③ 他居然认为：依据自然法，人类显然更多关注自保，而不是去关注社会生活。在紧急情况下，就更是如此了："……首先，如果危险十分显然，那么人类不会必然去保护他人，因为他更看重自己的生命和利益，而非他人的生命和利益。"④ "如果我不能拯救自己的生命，我可以使用任何程度的暴力来祛除威胁我生命的人，即便那个人的行为是正义的……这是自然赋予我的权利。"⑤ 这一番说辞，看起来几乎就是对之前格劳秀斯驳斥卡涅阿德斯所作论证的背离，卡涅阿德斯式的语言如今毫无保留地从格劳秀斯口中道出。格劳秀斯甚至在某处将"战争法（law of war）"等同于"自然法（law of nature）"，而战争法在格劳秀斯那里，几乎等同于可以滥杀。即，依据"战争法，即自然法（law of war, that is, the law of nature）"，一个人在战场上面对的任何已然武装并且进行抵挡的人类，都可以被杀掉，不管其究竟正义与否。⑥ 格劳秀斯又说："总体而言，屠杀就是战争法。"⑦ 于是，自然法变成了战争法、变成了屠杀（killing）。就这一点而论，格劳秀斯几乎是向我们展现了一副

---

① Hugo Grotius, *De Jure Belli ac Pacis Libri Tres*, 2.1.10.3.
② Hugo Grotius, *De Jure Belli ac Pacis Libri Tres*, 1.2.1.4.
③ Hugo Grotius, *De Jure Belli ac Pacis Libri Tres*, 2.1.4.1.
④ Hugo Grotius, *De Jure Belli ac Pacis Libri Tres*, 2.25.7.1.
⑤ Hugo Grotius, *De Jure Belli ac Pacis Libri Tres*, 3.1.2.1.
⑥ Hugo Grotius, *De Jure Belli ac Pacis Libri Tres*, 3.11.15.
⑦ Hugo Grotius, *De Jure Belli ac Pacis Libri Tres*, 3.4.5.1.

活生生的霍布斯面相。

如前所述,格劳秀斯那里并不存在根本性的矛盾,他对自然法这两个方面的强调都是认真的,而这种表面的矛盾统一于他恰恰严格承继了的阿奎那的自然法学说。格劳秀斯那里,自然法同样有两条。第一条被称为"自然的第一原则(first principles of nature)",人类的这些原则和动物共享:"生来就考虑他自己,倾向于保护自己。"① "依据自然的第一原则,自然中不存在任何东西是反对战争的;恰恰相反,所有的东西都指向支持战争。"② 第二条则是格劳秀斯一直强调的所谓倾向社会生活、反对自保和自利的人类自然(这里不赘述)。值得注意的是,跟阿奎那一样,格劳秀斯极力强调第二条才属于人类、强调第二条更像人类。他谈及"自然的第一原则"时强调:"某些其他原则之后才会展示,但比这些第一原则更受人类欢迎"③;谈完"第一原则"后,他强调:"理性是优于身体(superior to the body)的"④,"正确理性,或者进一步说,社会自然,虽然放在'第一原则'之后阐述,但有着更为巨大的重要性(are of even greater importance)"⑤。

两条自然法,独属于人类的那条更自然,同时他跟阿奎那一样也不否认(三十年战争甚至逼着他必须承认)人类某些时候行为如同动物,但格劳秀斯的用词是:这些人"忘了是人类(forget to be human)"⑥。无需否认,第二条自然法并非每时每刻都反对战争,它仍然在一种情况下是允许战争的:存在破坏人类社会的行为。而这种开战被认为符合自然法,但这种开战又在另一个角度下被格劳秀斯认为不正义,因为不符合神法,从而真正的完美是一种完全超越人类自然的情况(即,超越自然

---

① Hugo Grotius, *De Jure Belli ac Pacis Libri Tres*, 1.2.1.1.
② Hugo Grotius, *De Jure Belli ac Pacis Libri Tres*, 1.2.1.4.
③ Hugo Grotius, *De Jure Belli ac Pacis Libri Tres*, 1.2.1.1.
④ Hugo Grotius, *De Jure Belli ac Pacis Libri Tres*, 1.2.1.2.
⑤ Hugo Grotius, *De Jure Belli ac Pacis Libri Tres*, 1.2.1.5.
⑥ Hugo Grotius, *De Jure Belli ac Pacis Libri Tres*, 3.25.2.

本身）。①

与阿奎那一样强调倾向社会生活更是人类的自然，格劳秀斯同时又更为强调这个人类自然仅仅在更少、更文明的人们和国家那里体现得更为完整。他虽然也强调少数人体现的才是真正的人类自然（人类本性），但阿奎那不会那么强调：这样的人其实数量很少。格劳秀斯在《导言》中强调自然法异常显明和清晰时，声称："你只要严格留意（pay strict heed to them），他们本身即显明清楚（are in themselves manifest and clear），几乎同那些我们用外在感官接受的事物一样明白（evident）。"②自然法即使"显明清晰"，仍然需要"严格留意"。那倘若不严格留意呢？或许不能否定自然法"本身"的"显明清晰"，但无疑，对不严格留意的人来说，自然法一定是不够明白的（evident）。格劳秀斯在《导言》里显然不愿意说出自然法**并非**对于所有人都是显明清楚的。在后面的三卷本某一处中他言道："有些证据立即为人所承认，其他则实际上正确但并非所有人都明白（not evident to all）……对自然法来说"，有些人"受限于他们理智能力的脆弱和教育的缺乏"，会存在一些智力上的原因"使得一个人丢了他的自然特质（natural character）"。③他引用其列为哲人之首的亚里士多德的原话："为了发现何为自然的，我们必须从依据自然为最好状态的事物中，而非从堕落的事物中去寻找。"④ 自然法本身足够清晰，可惜并不是人人都能认识到，那应该主要是人的认识能力的问题。国家也是如此，因此"有些国家已变得凶残、非人道"⑤。

---

① Hugo Grotius, *De Jure Belli ac Pacis Libri Tres*, 2. 20. 19. 1.
② Hugo Grotius, *De Jure Belli ac Pacis Libri Tres*, Prolegomena. 39.
③ Hugo Grotius, *De Jure Belli ac Pacis Libri Tres*, 2. 20. 33. 1, 2. 20. 33. 2.
④ Hugo Grotius, *De Jure Belli ac Pacis Libri Tres*, 1. 1. 12. 2; Aristotle, *The Politics*, translated and with an Introduction, Notes, and Glossary by Carnes Lord, Chicago and London: The University of Chicago Press, 1984, 1254a35 – 1254b2. 引用处与亚里士多德原文略有差异，但意思未变。
⑤ 格劳秀斯引用希腊著名哲学家罗得岛的安德罗尼柯（Andronicus of Rhodes）的原话，参看 Hugo Grotius, *De Jure Belli ac Pacis Libri Tres*, 1. 1. 12. 2。

最后一个问题是：格劳秀斯跟阿奎那有什么区别，跟霍布斯有什么区别？

在《战争与和平法》一书中从头至尾，格劳秀斯一直在强调他的一个主要任务是"**清晰地区别那些表面看起来一样或者不一样的事物**"①，他不仅要区别自然法、人法、神法这三法，同时要区别第一和第二自然法，区别人法中的不同，区别神法中的不同，就这一点而论他非常野心勃勃。本节不赘述他如何区分，主要谈谈他作此区分对于他的自然法的意义，而这就是他相对于阿奎那的巨大创新之处。

欧洲多年的战乱和与全球各处非基督世界国度的接触，使得格劳秀斯不得不承认，太多的人忘记了自己是人类（忘记了自己的"自然"）。出于尽可能挽回法度和法的现实可行性的考虑，格劳秀斯要"清晰地区别那些表面看起来一样或者不一样的事物"。为何要如此严格区别？

只有少数人才能代表人类自然，那么这类自然法在理论上会面临挑战：如何要求所有人都遵循？并且，历史和现实情况恰恰是大部分人不遵循。出于应对极端情况下法之现实可行性的考虑，格劳秀斯对传统的自然法做了一些不算修改的"改动"，其中最重要的就是这种严格区分。

严格区分之后，即便格劳秀斯内心深处有最高的正义在、即便再犹犹豫豫、甚至不停地驳回，恰恰必须认识到他严格确定了各自不同层次和不同要求的正义/法的独立性。三法之间的要求高低不一样，也就是说，他暗暗承认三法之间会有一些冲突，而完全只按照神法、完全只依据自然法（无论是完全只依据第一条还是完全只依据第二条）和完全只依据各种不同的人法，都算是合法的、正义的。**选择的权利在个人和具体场景**。② 格劳秀斯为了在那个完全不求法度的年代尽可能地挽回法度，策略性地使用了这样一种严格区分三种法的方式。虽然他自己内心不停地希望大家能按照最高的法的形式（神法）或至少更高的法的形式，但

---

① Hugo Grotius, *De Jure Belli ac Pacis Libri Tres*, Prolegomena. 56.
② 尤其可参看 Hugo Grotius, *De Jure Belli ac Pacis Libri Tres*, 2.8.26.

他不否认其他人的别种选择。

这样的结果就是，他承认绝大部分人是依据第一条自然法行事，他甚至在很多情况下在论述中直接将自然法等同于屠杀或者将自然法等同于追逐自己的个人利益。也因而导致《战争与和平法》中出现了许多异常残酷惊人的论点（哪怕那些论点格劳秀斯内心深处并不认同）。

这样，我们会惊奇地发现，格劳秀斯思想中阿奎那式基督教自然法体系中，包裹和存在着一个霍布斯。这个内核既被格劳秀斯更大的基督教思想框架所否定，又被他因出于现实的考虑而加以确证：要求严格遵守（但他内心不认同并且不停地加以反驳）。他与霍布斯最大的区别在于：即便在不得已而让步时，格劳秀斯心中仍装有最高要求。一个最明显的例子是：格劳秀斯谈"不正义的战争理由"时，在承认必需情况下，自保和自卫是合法的。对邻人权力的"疑惧（fear）"得到承认，但格劳秀斯坚决要求必须确定对方"意图（intention）"之后才能决定是否开战，他坚决否定因为意图难以确定而以最大恶意来揣度对方意图的行为。① 而这在霍布斯看来无疑等于自杀："由于人与人之间的这种疑惧，先发制人是最合理的自卫方式。"② 或者说，格劳秀斯面对非常状态的让步都是暂时的，而霍布斯将战争状态作为正常状态看待。因此即便在两者非常相似的地方，格劳秀斯仍然强调有更好、更符合人类的自然法，霍布斯则拒绝承认那是自然法。

格劳秀斯思想最精辟的展现，实际上是他自己的一句话："我必须回头。"③ 这句话有两层意思：第一，他知道自己必须而且不得不去走另一条路；第二，他承认这是条弯路，觉得不该走得太远，于是他害怕了。他确实从来没有否认自己那种"堕落"的必要性：对和平或者战争不要扩大的热切期望，有些时候也会压倒他内心的道德要求——只要能不打

---

① Hugo Grotius, *De Jure Belli ac Pacis Libri Tres*, 2.22.5.1, 2.22.5.2.
② Thomas Hobbes, *Leviathan* (Revised Student Edition), Richard Tuck (ed.), Cambridge: Cambridge University Press, 1996, p. 87.
③ Hugo Grotius, *De Jure Belli ac Pacis Libri Tres*, 3.10.1.1.

仗或使战争烈度减小。

三、国际关系的哲理基础：自然状态

国际关系思想渊源中最紧要的一个概念，或者可称之为国际关系哲理根基的一个概念，就是所谓的"自然状态"。这一概念指向的是人类未组成社会之前的原初状态，而这种原初状态被政治哲学家用来论证社会和国家的形成，在国际政治思想领域则通常是以一种国内和国际类比的形式，将人类的自然状态和国际社会中国家之间的状态相联系。① 国际关系学者经常溯源的"自然状态"理论家有霍布斯、洛克和卢梭。很少有人会提及格劳秀斯。但可以在同样的意义上追问格劳秀斯的"自然状态"，因为格劳秀斯无疑最大的关注点是国际关系，他的思考更是时时刻刻依据和关注人类的"自然状态"。

不可否认，格劳秀斯毫无疑问从来没有使用过"自然状态"这个语汇，它是由英国政治哲学家霍布斯首创。但"自然状态"恰恰讨论的是人类最自然的情况，而"自然"则是从古典的柏拉图、亚里士多德到后来的霍布斯、洛克、卢梭等所有政治思想家头等关注的问题，换句话说，从之前的自然法谱系也可以看出，所有的政治思想家那里都隐隐有一个所谓的人类的"自然状态"的学说。当然，在霍布斯那里，"自然状态"更特指形成社会之前的人类原初状态。而古典意义上人类的自然，不区分社会形成之前还是之后，古典学者恰恰否认有"社会形成之前的自然状态"这种说法。

比如，在古典学者（比如柏拉图和亚里士多德）看来，人从一出生或者人天生（即"自然"，by nature）就是政治动物。希腊语 polis 指城邦，所谓"政治动物"也即"城邦动物"，任何一个人一旦出生，就是城邦中的人，没有任何可能性超出城邦之外——除非你不是人类，或者用

---

① 可以参看一部杰作：Hidemi Suganami, *The Domestic Analogy and World Order Proposals*, Cambridge: Cambridge University Press, 1989, especially pp. 13 – 14, 144 – 145.

亚里士多德的话说，不在城邦中的人非神即兽。① 这就意味着他们拒绝并认为没有必要去讨论社会或者城邦形成之前人类的状态，这也意味着人类从一开始就不是孤立、孤独和完全依赖自己的，这也意味着没有办法在最根本的意义上承认人与人之间的平等，后世学者认为不够自然的人与人之间的不平等，在古典人那里是给定的，从而可以认为是"自然的"。因而，人类之间依据自然存在着金银铜铁的本质高下。② 在古典人那里，人类按照"一人一事"的正义原则，各司其职，可以达到最大的正义、完美与和谐。但这是属于城邦内部，问题在于，一旦涉及城邦与城邦之间关系，就完全不一样了。人本质上是一种城邦的动物，意味着城邦不仅是一堵真实的墙，更是一堵心上的墙，它将邦内邦外严格界分，异邦人是被这个"自然"定义分隔开的。自然正确、正义原则或者说作为人类自然的城邦生活，在柏拉图和亚里士多德那里，从未被推及到整个世界和国际关系领域。甚至可以看到，在《理想国》中，苏格拉底按照战争需要来建构城邦：城邦要训练护卫者，护卫者需要像一条狗，狗的特质是对自己人亲热摇尾、对敌人凶恶狂吠。苏格拉底将正义仅仅局限于城邦之内，有两个理由：第一，他承认人的社会性，但坚决否认这种社会性会拓展到不认识或者根本不可能认识的人那里；第二，城邦之间以持久的战争威胁为本质特征，而这种本质特征甚至是苏格拉底建构"理想国"的重要的一个方面。③ 甚至有一位著名古典学者因此将柏拉图

---

① Aristotle, *The Politics*, translated and with an Introduction, Notes, and Glossary by Carnes Lord, Chicago and London: The University of Chicago Press, 1984, 1154a.
② Plato, *The Republic of Plato*, translated, with notes, an interpretive essay, and a new introduction by Allan Bloom, Basic Books, 1991, 414c – 415d.
③ Nathan E. Busch, "International Duties and Natural Law: A Comparison of the Writings of Grotius and Plato", *Interpretation: A Journal of Political Philosophy*, Vol. 35, No. 2. (Spring 2008), pp. 153 – 182. 亚里士多德同样认为不可能将城邦扩展到整个世界，他同样认为战争的可能性是城邦的本质属性，尚武教育是必须的（虽然他的尚武教育要求以自卫为主，而非为了争霸），可参看 Aristotle, *The Politics*, translated and with an Introduction, Notes, and Glossary by Carnes Lord, Chicago and London: The University of Chicago Press, 1984, 1252b20, 1261a24 – a30, 1333b8 – 1334b10。

《理想国》的主题设为"热爱战争者（the war lover）"①，虽然略微有一些极端，但这种说法道出了古典哲人对国际关系的一个重要看法：战争是城邦生活的必需。这种看法恐怕与格劳秀斯基于有所变化的新柏拉图主义及后来的斯多亚学派及基督教自然法的国际关系观点有重大区别。

正如前文阐述自然法谱系时所言，从斯多亚学派起，自然法变成了全人类甚至宇宙万物都必须要遵循的法度，也正因为少数哲人才能达到的"自然正确"突然变成了自然法，就必然要求"自然"变得非常确定和常识，并且自然法已然是一种拔高的道德要求，那么它就需要有惩罚机制。这两点导致基督教上帝的必然出现。这样一种观念在国际关系上要求以全体人类为最根本的单位（而非一国一邦），它的正义和法度必然越过城邦界限，因而可以说，以西塞罗开端的斯多亚学派正是"世界主义"的开端②，到基督教自然法阶段达到最高潮，而格劳秀斯正是承继了这个传统。当然，这个传统的内核无疑仍然可以算是亚里士多德式的，因为本质上他们仍然承认：人类依据自然是社会动物。阿奎那会说，"人依据自然是要过社会生活的"，政治动物或城邦动物变成了"过社会生活"的动物，在这里，"城邦"被隐隐地贬低，社会生活是一种覆盖全人类的特质。在基督教的自然法传统中，人与人在上帝面前必然是平等的，因此基督教的自然法是涉及全人类的自然法。但阿奎那同时又承认人的天生不平等以及"君主制"是最好的政体。这样一些东西如何统一在同一个体系下，基督教有非常繁复的阐释。而格劳秀斯非常完整和细致地承继了基督教关于人类自然的基本要义（同时有一些调适），本书接下来归纳并比较格劳秀斯与霍布斯的"自然状态"学说，并借此详细阐述基

---

① Leon Harold Craig, *The War Lover: A Study of Plato's Republic*, Trornto: University of Toronto Press, 1996.
② 关于西塞罗的世界主义的一种略有不同的阐释，可参看潘戈：《苏格拉底式的世界主义》，吴明波译，见《西塞罗的苏格拉底》，华夏出版社 2011 年版，第 2—30 页。

督教人类"自然状态"的要义。

霍布斯首创的"自然状态"学说，声名远播同时也臭名昭著。无论如何，这一学说在整部政治思想史上的影响是空前绝后的，在国际关系理论思想史上也是如此。这一概念几乎决定性地影响到国际关系理论思想的分野和理论预设，并且通过类比的形式对国际关系理论的发展有重大的决定性意义。霍布斯在其名著《利维坦》著名的第十三章阐述"关涉人类幸福与苦难的自然状况（natural condition）"中，将人类的"自然状态"界定为一种"战争状态"①，他将这种状态描述为："自然使得人类在身体和思维方面是如此的平等……就体力而论，最弱的人也有足够的力量杀死最强的人，要么通过密谋，要么通过联合跟他出于同样危险的其他人……人与人之间的这种互相疑惧，使得自卫方式最合理的就是先发制人……没有一个共同权力使得大家都折服的情况下，大家都处于战争状况下，这种战争是一切人反对一切人的战争……这种状况下……最糟糕的是持续不断地恐惧和暴死的威胁；人的生命孤寂、贫穷、卑劣、残忍和短暂。"②

霍布斯眼中，人类的"自然状态"缘自人类的自然，这种"自然"大体可以表述如下：人类完全平等、孤立且弱小，谁都强不到哪里去，谁都不可信任，所以暴烈的死亡是所有人都必须面对的永恒恐惧，面对这种恐惧，最合理的方式就是先发制人，所以战争状态是所有人反对所有人的战争。从这种"自然状态"出发，霍布斯认为人们将所有权力交给一个权威，利维坦将作为一个"人造人"的机器，构建一个最高的可依赖的仲裁权威，从而是解决这种永恒恐惧及战争的根本方式，现代国

---

① 霍布斯真正将"战争状态"等同于"自然状态"，是在《利维坦》的第二十章，可参看 Thomas Hobbes, *Leviathan* (Revised Student Edition), Richard Tuck (ed.), Cambridge: Cambridge University Press, 1996, p. 140. 也可以参看 Thomas Hobbes, *On the Citizen*, Richard Tuck and Michael Silverthorne (eds.), Cambridge: Cambridge University Press, 1998, pp. 69 – 70。
② Thomas Hobbes, *Leviathan* (Revised Student Edition), Richard Tuck (ed.), Cambridge: Cambridge University Press, 1996, pp. 86 – 90.

家理论由此而诞生。可以看到，霍布斯的自然状态中，人类更接近于动物，所谓的"自然状态"实际上就是人处于动物的前人类、非人类状态。从自然状态到人类社会，是一种突破，但仍然立基于这样一个事实：人类在本质上跟动物差不多。

霍布斯的"自然状态"类比到国际关系领域中，则是最核心的"无政府状态"的概念，即国与国之间无论大小，法理上是平等和独立的，他们之上不存在任何可以依赖的仲裁力量，于是国与国之间的关系大不同于国内关系，是一种没有更高权威的状态。问题关键在于：自然状态走向了一个利维坦，为何无政府状态没有走向一个世界国家（一个囊括全球的利维坦）呢？当然，从历史事实、自然地理、人文等等方面可以找出很多不同的原因来论证世界国家的不可能，不过仅仅从霍布斯的理论上，也可以确证他同样认为：利维坦的形成逻辑推演到国际关系中——即形成一个囊括全球的利维坦——是不可能的。霍布斯首要关注的是个人，利维坦是一种有目的的工具性的设置、是人造人、是机器，利维坦仅仅是为了帮助个人消除暴死的恐惧而存在的一个机器，因此利维坦本身没有也不可能有激情，因此利维坦本身是没有激情的，利维坦的形成逻辑决定了它本身无法构建一个更大的利维坦。① 同时，利维坦建构之后，利维坦内的个人之间暴死的恐惧几乎降低为没有，对外的恐惧因为利维坦的"利爪"也不会有"自然状态下"那么触目惊心。因此，从理论上说，国与国之间的"无政府状态"相对于人类社会形成前的"自然状态"而言，烈度要小得多。因为个人的激情已经被利维坦消弭，而利维坦本身（即国家）则仅仅是一个机器因而无激情，所以无法再从利维坦内的个人身上找到足够的激情来构筑利维坦，因此，国家之间无法构筑一个更大

---

① Thomas Hobbes, *Leviathan* (Revised Student Edition), Richard Tuck (ed.), Cambridge: Cambridge University Press, 1996, p. 9.

的"利维坦"。① 霍布斯是现代思想史上第一个真正最彻底、最不妥协地强调个人主义的自由主义思想家。②

实际上，在回顾格劳秀斯的系列观点之后，会发现：霍布斯的理论起点最早源自格劳秀斯——虽然他在内心深处否认那些霍布斯进一步深入阐发的观点。

格劳秀斯承认人类有一个最初的状态，那是人类刚刚被创造时和不久之后，这被他称为"纯净的自然状态（pure law of nature）"，这种状态最重要的特质是"公平与正义（equity and justice）"。③ 但这种状态是未曾堕落的人类状态，最多只存在两个人：亚当和夏娃。其中与其说充溢着"公平和正义"，不如说是"无知"，而这种无知意味着"单纯（simplicity）"与"和睦（harmony）"，格劳秀斯却视之为人类可以企及的最高境界。他津津乐道于最早人类的纯净和无知，人类获得理性的那一刻，就是堕落的开始："这最早被造的人类的状态之单纯，体现在他们是裸体"。④

人类堕落了，堕落之后的人类再也无法回复到那两个人时的状态（诡异的是，如果人类不堕落，那么人类虽然是永恒的，但却不存在其他任何人类，只有亚当夏娃两个人活在伊甸园中），于是之后生生世世的人类一出生就带有"原罪（sin）"，所有的人类出生就是有罪之身，因而就有所谓堕落之后的自然状态。格劳秀斯充满欢欣赞美之情谈及最早被造出的人类之单纯后，忧伤地说："但是，人类没有继续如此单纯和天真的

---

① 当代国际关系学科的创始人、最著名的现实主义思想家汉斯·摩根索（Hans Morgenthau）的理论立基于霍布斯的理论，但要比霍布斯野心勃勃得多：他试图构建一个囊括全球的利维坦。他甚至认为，这个目标虽然最终时间不确定，但一定会实现。参看张云雷：《权力、道德与永久和平——汉斯·摩根索国际政治思想再阐释》，载《世界经济与政治》2012年第2期，尤其是第34页。
② 类似的观点参见李强：《自由主义》，吉林出版集团有限责任公司2007年版，第45页。
③ Hugo Grotius, *De Jure Belli ac Pacis Libri Tres*, 2.18.4.3.
④ Hugo Grotius, *De Jure Belli ac Pacis Libri Tres*, 2.2.2.1.

生活，却将他们的思想投向了各种各类知识，即善恶知识之树的象征。"① 人类受了那条蛇的诱惑，偷食了知识之树上的果子，因而开始知善恶，也因而走上了堕落之路。因此人类一出生就被堕落、罪恶、私欲、野心所笼罩。于是，第一个原初的纯净的自然状态之后，有了一个人类堕落之后的自然状态（这恰类似霍布斯的自然状态）。

需要特别注意的是：在格劳秀斯那里，整个国际关系的起源正是人类的这种堕落。格劳秀斯在这里特意提及，当今各个国家分离、语言不通、理解有碍甚至爆发战争的状态，根源在于人类堕落后的"罪恶（vice）"和"野心（ambition）"最终所遭到的上帝的惩罚。他认为原先全人类口音都一致是一种"和谐（harmony）"，而这种和谐主要是由于人类野心勃勃试图僭越地造一个巴别塔。② 国际关系起源于罪恶，因而国际关系本身自然同样是罪恶。与所有后世思想家不同，格劳秀斯的国际关系起源于《圣经》中关于"巴别塔"的阐述：

"那时，天下人的口音言语都是一样的。他们往东边迁移的时候，在示拿地遇见一片平原，就住在那里。他们彼此商量说：'来吧，我们要做砖，把砖烧透了。'他们就拿砖当石头，又拿石漆当灰泥。他们说：'来吧，我们要建造一座城和一座塔，塔顶通天，为要传扬我们的名，免得我们分散在全地上。'耶和华降临，要看看世人所建造的城和塔。耶和华说：'看哪，他们成为一样的人民，都是一样的言语，如今既做起这事来，以后他们所要做的事就没有不成的了。我们下去，在那里变乱他们的口音，使他们的言语彼此不通。'于是，耶和华使他们从那里分散在全地上，他们就停工不造那城了。因为耶和华在那里变乱天下人的言语，使众人分散在全地上，所以

---

① Hugo Grotius, *De Jure Belli ac Pacis Libri Tres*, 2.2.2.2.
② Hugo Grotius, *De Jure Belli ac Pacis Libri Tres*, 2.2.2.2 – 2.2.2.3.

那城名叫巴别（就是'变乱'的意思）。"①

格劳秀斯认为，在和谐被人类的野心破坏之后，上帝进行了惩罚，"之后人类分割开各个国家，各国之间分立"②。由此必须注意在之后提及的包括主权、战争等一系列格劳秀斯事实上最关切的问题，实际上在他内心究竟是怎样一种地位：这是人类在道德上低下的可耻的堕落现象。事实上的重要性和紧迫性并没有在任何时候使格劳秀斯不再认为它们道德上卑劣无耻。

这是格劳秀斯的两种人类自然状态：第一种是纯净的自然状态，第二种是堕落后的人类自然状态。在格劳秀斯那里，还存在第三种人类状态，或许可称之为"受恩典的状态"，这种状态并没有彻底消灭第二种状态，但却为人类的赎罪和拯救提供了契机。上帝是慈爱的，每次惩罚之后，会给人类再生的机会，其中格劳秀斯最重要的一次恩典就是基督的降临。而这里实际上是引入了神圣意志法（即人类可以看到的上帝的法），这是上帝仁慈地来拯救人类的罪恶，以神法来补充和调整人类自然法。格劳秀斯认为上帝的恩典一共是三次："第一次是在创造人类的那一刻，第二次是惩罚灭绝人类的大洪水之后，第三次则是通过基督，第三次更为崇高。"③ 这里上帝的恩典是为拯救人类而出现，因此人类因为智识和教育（甚至地区发展水平）的差异，并非所有人都能真正明白和接受上帝的恩典。很多人仍然在朝向上帝的过程中，更多人则不清楚上帝。但只有依赖信仰而更接近上帝的人，才是真正的人类。这也再一次证明了，格劳秀斯完全在阿奎那式的基督教自然法传统体系内。

格劳秀斯所谓恩典的状态才算得是他心目中真正人类的"自然状态"，但这种自然状态的一个重要特质在于：一直是榜样和目标、一直在

---

① "创世记：11"。引用中文和合本《圣经》。
② Hugo Grotius, *De Jure Belli ac Pacis Libri Tres*, 2.2.2.3.
③ Hugo Grotius, *De Jure Belli ac Pacis Libri Tres*, 1.1.15.2.

要求实现过程中,从未在全人类真正实现。英国学派在理论预设中直接将格劳秀斯的人类社会倾向认为是已然全部实现的,实际上是对格劳秀斯的某种误读。而他们在实际研究过程中实际上认定国际社会不是依据自然法而是实证法,他们的国际社会仅仅在最低限度上留有些许的主权承认之类法度,实际上已然背离格劳秀斯,走向了霍布斯。

格劳秀斯的人类自然状态还有一个重要特质,就是"平等"。不仅是纯净的自然状态中如此,堕落的自然状态在人类出生的那一刻也是如此,恩典的自然状态虽然因信仰和知识而使人类在与上帝的远近上有区别,但毫无疑问,就自然而然的人类而言,上帝面前人人平等。这种平等尤其体现在他对奴隶制的认识上。他认为"依据自然,没有人是奴隶(by nature no one is a slave)"①,"无论如何,依据自然(即,不是人类技艺),或者应该是出于原初自然状态中,没有人是奴隶……奴隶制是违背自然的(contrary to nature)"②。虽然,这并不意味着格劳秀斯依据此而认为奴隶制必须立刻消灭。他会认为奴隶制是一种现实存在,并且虽然违背原初自然状态,但是作为堕落后人类的基本事实,他反对激进地作出改变,尤其反对有人认为以此为理由发动推翻奴隶制的战争是正义的说法③,他同时强调万国法和自然法的不一致,即依据万国法,奴隶制是某种程度的正义并必须得到严格遵守。④ 据此,格劳秀斯甚至说:"一个主人对他的奴隶,没有什么事情是不能做的。"⑤ 但是,因为格劳秀斯将三法严格区分开,那么假如个人选择的是自然法,则不再看万国法,那么人与人之间的平等就应该得到遵守,那么正义战争的最重要理由之一——"惩罚"权也变得不可行,因为"显然人类不可能合法地仅仅为了惩罚而

---

① Hugo Grotius, *De Jure Belli ac Pacis Libri Tres*, 2.22.11.
② Hugo Grotius, *De Jure Belli ac Pacis Libri Tres*, 3.7.1.1.
③ Hugo Grotius, *De Jure Belli ac Pacis Libri Tres*, 2.22.11.
④ Hugo Grotius, *De Jure Belli ac Pacis Libri Tres*, 3.7.1.2.
⑤ Hugo Grotius, *De Jure Belli ac Pacis Libri Tres*, 3.7.2.

被另一个人类惩罚"①。然而，格劳秀斯又认为能够依据自然法的是少数人，那么他就暂时必然坚决反对推翻奴隶制是正义的。即便在人类堕落后不平等的事实上承认，格劳秀斯这种对于人类依据自然的平等状态的高扬大有别于阿奎那②，因而在很大程度上开了霍布斯等人的现代自然状态学说的先河。

总结起来看的话，格劳秀斯的"自然状态"学说一共有三个层面：第一是人类被造时的纯净的自然状态，第二是人类堕落后的自然状态，第三是人类受上帝恩典的状态，其中第二第三个在基督出现之后交织在一起，成为人类向善的一个关键性契机，即大部分人堕落，但少数人信仰并接近上帝。在格劳秀斯眼中，这少数人才真正代表人类的自然，但他某些时候出于法之现实可行性的考虑暂时承认大部分人的堕落也算自然，但每当此时就会立刻强调还有更真更高的自然。但问题仍然在于，格劳秀斯确确实实地说，"绝大部分人类"并不遵守社会性的自然法，不具有社会倾向，而以自保为第一及根本需要。③ 上帝与人再立新约之后，格劳秀斯的人类自然状态从根本上依赖于对上帝的信仰，恩典的自然状态是人类再度回归真正人类自然的契机。

霍布斯完全吸纳了格劳秀斯暗暗承认的大多数人的堕落，同时也坚持人类的平等，但他坚决否认自然状态存在纯净和堕落两种状态，他更不承认自然状态要依赖于对上帝的信仰。对格劳秀斯来说，少部分人的自然状态（恩典的状态）才是人类应该有的真正的自然状态，霍布斯则认为那仅仅是一种道德要求，而不是实实在在的状况，真正的自然状态是大部分人表现出来的状态。格劳秀斯从少数未被败坏的人那里寻找自然，霍布斯则从大多数人那里寻找自然。切除对上帝的信仰，对霍布斯

---

① Hugo Grotius, *De Jure Belli ac Pacis Libri Tres*, 2.20.5.4.
② 阿奎那更强调人的不平等，参看托马斯·阿奎那：《阿奎那政治著作选》，马清槐译，商务印书馆1963年版，第47、100—101页。
③ Richard Tuck, *Philosophy and Government 1572 – 1651*, Cambridge: Cambridge University Press, 1993, p. xvi. 与塔克不同，本书不认为格劳秀斯直接就等于霍布斯。

来说具有至关重要的意义：上帝允诺了一个彼岸，因此死亡不再变得可怕（比如，格劳秀斯会说：从根本上说，死亡不是什么值得恐惧的事情，最好、最值得赞美的法和正义是不论任何场景和任何理由，在战争中宁愿选择被杀而不是杀人①），而这种奠基于信仰的对死亡的不再恐惧恰恰消解了霍布斯国家理论中最重要的根基——对暴死的恐惧激情，因此霍布斯必须竭尽一切力量批判这种不再惧怕死亡的信仰。② 即便两个人都认为大部分（霍布斯指全部人）都不具备社会倾向，他们寻找自然的对象不同，使得他们全部理论虽然某些层面雷同，但根基大有不同。格劳秀斯去世前读到过霍布斯的《论公民》，在给他人写信中称赞该书的同时，表明："但是我不能同意他的观点所依赖的根基，他认为所有人依据自然互相处于战争之中，他也有其它跟我不同的原则。"③

总结起来就是一句话，两人都承认大部分人不倾向于社会生活，但霍布斯会觉得格劳秀斯的"自然"要求太高且只适用于少数人，因而格劳秀斯看重的"自然状态"是一种应然的状态，从而显得过于不自然（unnatural）；格劳秀斯会觉得霍布斯的自然太卑劣，以至于霍布斯的"自然状态"看起来是动物状态，从而显得过于非人类，因此不自然。

---

① Hugo Grotius, *De Jure Belli ac Pacis Libri Tres*, 2.1.8.
② 〔美〕列奥·施特劳斯：《霍布斯的宗教批判——论理解启蒙》，杨丽等译，华夏出版社2012年版，第85—86页："……宗教是霍布斯政治学真正的敌人。因为，霍布斯的政治学所依据的公理是：暴死是最大的恶；而宗教则宣扬还有比暴死更大的恶……宗教以此否定了霍布斯政治学的基础。因此，只要不驳倒宗教的说教，霍布斯的政治学就会受到质疑。霍布斯政治学依赖于宗教批判。"
③ Renée Jeffery, *Hugo Grotius in International Thought*, New York: Palgrave Macmillan, 2006, p.54.

第 3 章

三法关系：立法的哲理根基

用格劳秀斯在《战争与和平法》一开始就着力引用的一个故事来开始这最核心的一章的阐述，同时以期更深刻地介入格劳秀斯法/正义的体系，以及理解他内心的坚持和对法的现实可行性两者间调适的努力。这个故事实际上来源于古希腊大哲及历史学家色诺芬（Xenophon）的《居鲁士的教育》，色诺芬那里完整的说法如下：

"因为，"那个孩子回答，"在我离开家之前，我的师傅就认为，我已经学会了如何在讼案中做判断了，而且他还让我处理了一些案子。没错，我现在还能记起来，"他说道，"因为误判，我还挨过一次鞭子呢。那次的案子是这样的：有那么两个孩子，一个年龄大些，另一个年龄小一些；大孩子穿了一件小长衣，而小孩子却穿了一件大的长衣；于是大孩子就把小孩子的长衣剥了，而把自己的那件小长衣给了小孩子，自己倒穿上了那件大的。在做裁决的时候，我判定这在两方面都不错，因为双方都得到了最适合自己穿的长衣。可是，我却不能这样处理下去，因为我的师傅把我打了一顿，他说，我所做的裁决只是根据哪个合适，哪个不合适；而我应该做的是判定那件大一点的长衣应该属于哪个孩子，这样就要考虑谁拥有这个权利，是那个凭借自己身强力壮就把那件衣裳抢到手的人呢？还是那个本来就拥有并且是花钱买来那件衣服的人呢？师傅曾经告诉我说，合乎礼法才是公正的，而超越礼法借助于暴力就是卑鄙；所以，他这样对我讲，做裁判的人始终要明确，他的裁定必须符合礼法。所以，母亲，您也知道，我已经完全掌握了公正的问题。……"①

格劳秀斯充满赞许地引用这个故事作为他伟大作品的重要开端，恰恰显示了相比于纯然地正义或"合适"，他不得不开始更关注法的现实可行性的问题（虽然他从未放弃甚至时时刻刻提醒读者，还有更高更好的要求，在全书中，经常可以看到格劳秀斯提及绝对的、"完全的（complete）"正义）。

按照柏拉图的"理想国"的城邦设计，每个人一人一事，各得其所，是最为符合人类自然正确的选择。那么倘若小孩拥有大衣服，大一些的小孩却只有小衣服，对两者而言都穿着不合适的衣服，因此最为符合自然的处理方式应该是：由城邦的统治者将大衣服从小孩那里拿走，给大一些的小孩，而将小衣服给小孩，这个过程很有可能是通过暴力，但最终的结果是使得两个孩子都有自己适合的衣服。而故事中则是大一些小孩直接凭借暴力抢走，但最终仍然送交城邦的执法者处理。显然，按照这样的处理方式，城邦的统治者应该考虑的仅仅是谁最适合某物，他经常需要从某人那里取走不适合他的东西，给予某人最适合他的东西，根本不需要理睬所谓的"所有权"的问题。自然正确是高于"所有权"的，城邦的这种正义跟所谓的私人所有权完全不相容。②

---

① 〔古希腊〕色诺芬：《居鲁士的教育》，沈默译，华夏出版社2007年版，第29—30页。格劳秀斯对色诺芬此处的引用可参看 Hugo Grotius, *De Jure Belli ac Pacis Libri Tres*, 1.1.8.3。
② 施特劳斯论述这种严格的理想国设计时说："更为智慧的统治者会从小孩子那里取走那件大衣服，然后把它给予那个大孩子，丝毫不去考虑什么合法所有权的问题。至少我们要说，'正义的所有权（just ownership）和合法的所有权（legal ownership）是完全不同的。假如为了正义，智慧的统治者必须给予每个人真正应得或者依据自然对他来说是好的东西。他们只给每个人仅有他才能用好的东西，从每个人那里夺走他们不能用好的东西。于是，正义和通常所谓的私人所有权就是不相容的了。'" Leo Strauss, *Natural Right and History*, Chicago: The University of Chicago Press, 1965, p. 147.

色诺芬这个故事则驳斥了这种观点,并以让这个孩子"挨了一顿鞭子"作为警示,格劳秀斯对此表示认可。① 对于绝对的正义原则的追求,或者将绝对的自然正确推广到所有人身上,必然会毁了城邦,城邦永远只可能是次好的选择。对于维系城邦来说,对于产权的强调和维护(包括国家的所有权,即主权)更可实现,也更符合民众的心理预期,即便这种私人的占有是一种基督教意义上的堕落,或者是不够柏拉图意义上的绝对正义。小孩子穿大衣服,大孩子穿小衣服,或许是不够合适,甚至不自然,但小孩子的衣服有可能是继承的,或者是他自己抑或父母亲人买给他的,他合法地"拥有"对于这件与他而言大小不合适的大衣服的所有权,任何人不得以任何理由和手段夺走他的衣服。城邦必须保证这样一种权利和法的延续,哪怕它不够绝对正义,这也是城邦正义延续的必要条件。因此就需要放低绝对正义(或法)的要求。

我们说格劳秀斯非常政治、非常策略,而这种灵活性和妥协的根源来自对政治生活的真切认识,这也是格劳秀斯思想核心的关键组成部分,并且构成了他全部独特性的来源根基。当然,仍然需要将这种战略灵活性放在格劳秀斯更为宏大的三法体系中来加以认识,否则就无法把握格劳秀斯同样时时长存的坚定。

一、正义/法的不同分类和效力

首先提一个事实:在《战争与和平法》一书中,"法"(Jus)表示三个含义:正义、法、权利。"战争与和平法",即为"战争与和平的正义或者法或者权利"。同样,"不合法""不正义""不符合权利"也可以通

---

① 需要指出的是,笔者并不认为柏拉图认同这种追求绝对正义的观点。《理想国》一书本质上是对"理想国"建构的否定,它以一种极端的方式,反讽地展现出柏拉图对绝对正义和"理想国"的否定。《理想国》是一篇带有"理想国"解毒剂的对话。

用，但具体文中有时又会有细微差别（尤其当仅仅是可允许和可免除惩罚并展现诸多可怕权利的时候，格劳秀斯仍然将其认同为"正义"）。换句话说，"战争法""正义战争""自然法""自然正确"等都可以被认为是大致相同的，关键在于认清对"正义/法"同一词汇下的不同含义界定。

回到格劳秀斯的文本（尤其是其拉丁文本）时，会发现所谓的"正义（英译为justice）"与"战争与和平法"之"法（英译为law）"、"人的权利"中的"权利（英译为rights，其中有legal rights和capacity）"，为同一个拉丁词：jus。格劳秀斯经常会混用，比如他会有这样的说法："既然题为'战争法（De Jure Belli）'，**首先……必须考察**是否有战争为正义（justum），及何为战争中的正义（justum）。"① 即"法"等同于"正义"。因此，首先要理解这三种jus的含义。格劳秀斯对此也确实做了明确说明。

在格劳秀斯那里，人类的行为是否合法或正义一共有四个层面：第一是受赞美的；第二是合法的；第三个是可被允许的（permissible），这种行为已经**不是纯然正义及合法**，但可以免受惩罚，并因而在这个意义上是可以免受惩罚的；第四则是要受到惩罚的。只有第四种才是不正义的，而他将前三种都归为正义。Jus首要的含义即为正义（justice），奇怪的是，格劳秀斯有非常独特的正义观，他以一种相当奇特的方式对justice进行定义："对于此处所用的jus来说，仅仅指的是何为justum，应从否定而非肯定的角度来理解：即jus指并非injustum。而injustum指的是与理性人类的社会自然（the nature of society of beings endowed with reason）相冲突。"② 换句话说，格劳秀斯倾向于认为，"正义/法"是指前述四个层面中除了"受惩罚"之外的另外三个层面。当然，通常时候，格劳秀斯称

---

① Hugo Grotius, *De Jure Belli ac Pacis Libri Tres*, 1.1.1 – 1.1.9，引用处参看此处拉丁文本：1.1.2.1, 1.1.3.1. jure与justum均为jus的变体或派生词。粗体为笔者所加。
② Hugo Grotius, *De Jure Belli ac Pacis Libri Tres*, 1.1.3.1.

"免受惩罚"仅仅指"可被允许的"①,但有时候也指所有三个层面。而凡是属于这三个层面的行为,都可以称之为正义或者合法。相比之前那些古典学者所称的"正义(justice)",格劳秀斯无疑通过如此奇异的定义方式,放低了对正义的要求,尤其是将"可允许的"列入"正义"范畴。毕竟,"可允许的"可能有时候意味着"不那么正义,但可允许"。

但是格劳秀斯绝没有将三者合并而停留于此,否则本书就没有继续的必要了。这三类法其实暗暗对应的恰恰是格劳秀斯的神法、自然法和万国法(不一定能完全对应,但恰恰是这三法在格劳秀斯眼中最重要的特质),他并没有因此将这三法归并,反而恰恰强调了三法的严格区分,同时他心中还有三法高低的排序。而这种区分和排序正是格劳秀斯为战争立法的基本依据,而其中的复杂和表面矛盾则正是本章着力解决的问题。

在格劳秀斯那里,正义(jus)还有一个含义指"人的权利",其中主要是指 legal rights,即属于某人自身的权利(做某事的权利,拥有某物的权利),格劳秀斯在此向现代的权利论迈了一小步。② 这也进一步确证和呼应了格劳秀斯在《战争与和平法》开篇如此看重的和那个色诺芬(和柏拉图)都一样看重的故事。因为,如此的正义就是一种对所有权的强调,如前所述显然与古典学者的定义大相径庭,尤其是几乎人所共知的苏格拉底式的正义——正义即每个人依据其不同的自然(nature)做一份工作,获得依据自然(nature)该得的那一份③。格劳秀斯公开且鲜明

---

① "可被允许的"定义遍布全书,比较重要的有如下几处,参看 Hugo Grotius, *De Jure Belli ac Pacis Libri Tres*, 1.1.9.1, 2.12.26.1, 2.20.29.1, 2.23.1, 3.4.2.2。"某事被认为可允许,不是因为它没有破坏正确行为和义务的规则,而是因为它可以不受惩罚。"(3.4.2.2)
② Hugo Grotius, *De Jure Belli ac Pacis Libri Tres*, 1.1.4 – 1.1.5。其与现代权利论的差异可参考 Richard Cox, "Hugo Grotius", in Leo Strauss and Joseph Cropsey (eds.), *History of Political Philosophy*, 3rd edition, Chicago and London: The University of Chicago Press, 1987, p. 388.
③ Plato, *The Republic of Plato*, translated, with notes, an interpretive essay, and a new introduction by Allan Bloom, Basic Books, 1991. 苏格拉底从头至尾建城的原则即正义原则——一人一份工作(但哲人王除外,他是唯一一个身兼两份工作的人,也是"理想国"中唯一违背正义原则的存在)。尤其可参看该英译本所附的阿兰·布鲁姆的解读性文字。

地批驳这样的言论，他认为："下面所说即属于对此类断言的践行：将确乎属于他们的东西理性地分配给每一个人或者每一个社会群体，但是，分配的方式是有时聪明人多于不那么聪明者，有时家人多于陌生人，有时穷人多于富人，这正是事物的自然要求。很久以前，如此观点被众多人接受，即有选择性的分配是，严格地或者正确地来说，正义（或者法 *jus*）的一部分；但是正确定义的正义，实际具备相当不同的特质，因其实质恰在于给予别人本就属他自己的东西，或者履行我们对他的义务。"①

苏格拉底式的正义标准显然被降低，因为并不需要依据每个人的"自然"来分配，而只需看某物是属于何人，即关注所有权。这种对所有权的强调已经属于对完美正义要求的放低。如此定义的正义保证了一项在格劳秀斯看来，他的时代最缺乏的东西——和平（不打仗）。倘使正义的要求被定义得过高，恰如格劳秀斯承认的，再好的现实政治也难以避免瑕疵②，那么，人类追求如此绝对的正义，恰更容易重启战端，使得战争更容易爆发。为了和平，即使某种程度上牺牲柏拉图在构建"理想国"时更认同的完美正义，也在所不惜。③

因英译本存在的问题，正义（*jus*）的第三个含义通常被认为是更容易理解也是格劳秀斯着笔最多的，也是所谓自然法与意志法（意志法内包括神法、万国法）之"法"。④而实际上这是错误的：第三种 *jus* 是指一种严格意义上的法（*lex*），"对正当（拉 *rectum*）之物的要求具备义务（obligation）"，并非指对更广意义上的正义（*justum*）之物要求

---

① Hugo Grotius, *De Jure Belli ac Pacis Libri Tres*, Prolegomena. 10.
② Hugo Grotius, *De Jure Belli ac Pacis Libri Tres*, 1. 3. 17. 2.
③ 对于和平的尤其强调可以参看 Hugo Grotius, *De Jure Belli ac Pacis Libri Tres*, 2. 4. 9。
④ 这一点尤其参看 Hugo Grotius, *De Jure Belli ac Pacis Libri Tres*, 1. 1. 9. 1 – 1. 1. 9. 2。这种典型误解甚至可见于国际法领域及政治哲学领域对于格劳秀斯的两项杰出研究：Yasuaki Onuma (ed.), *A Normative Approach to War: Peace, War and Justice in Hugo Grotius*, Oxford: Clarendon Press, 1993, p. 38; Richard Cox, "Hugo Grotius", in Leo Strauss and Joseph Cropsey (eds.), *History of Political Philosophy*, 3rd edition, Chicago and London: University of Chicago Press, 1987, p. 388.

具备义务。① 这种严格意义上对 lex 的阐述，一个来源于 jus 的第二层含义即 legal rights 中。Legal rights 是一种权利或者能力，而第三种含义 lex 即是从该权利中生发出的义务（obligation）。② 第二个，这种严格意义上的法最大的特质在于其规定的"合法（lawful）"指的是"可允许的"。③ 这也正是前述正义定义的体现，格劳秀斯在这里强调对此种正义的义务，赋予其严格法律（拉 lex）的地位。它暗暗指向的正是人法（包括万国法）。理解并记住这一点至关重要，因为 jus 中只有第三种含义即 lex，才规定并命令人具有义务。但是格劳秀斯内心深处从道德上有多大程度上认同这种 lex，是存疑的。格劳秀斯内心排序最高的法，在当下看来，更像是道德要求。他特别强调，Jus 比之 lex 要具备更多的含义，从而符合严格意义上的 lex 所要求的正当，同时也可在"更大范围上（in a broader sense）"称其符合 jus④。这里的"更大范围上"颇值得注意。

确切地说，jus 的第三种含义的 lex 才需要有服从的义务，jus 其他含义则更多地是一种道德上的要求。在格劳秀斯这里，历史上第一次出现了所谓的道德和法律的区分。只有 lex 的法律才是需要严格遵守的。而格劳秀斯虽然如此说，但同时没有忘了着力于强调 jus 的更宽广的意义。比如，格劳秀斯会认为，免于惩罚仅仅指"免于人类惩罚，而非免去原罪（sin）"⑤，"完全和永恒地免去原罪是一种超越人类自然的状态"⑥，即，没有原罪就不再是人类，只有神才可能。因此在 lex 之上，显然还有更值得追求的东西，只不过因为出于妥协，格劳秀斯暂时认定，严格遵守 lex 就不错了。

---

① Hugo Grotius, *De Jure Belli ac Pacis Libri Tres*, 1.1.9.1.
② Hugo Grotius, *De Jure Belli ac Pacis Libri Tres*, 1.1.8.
③ Hugo Grotius, *De Jure Belli ac Pacis Libri Tres*, 1.1.9.1.
④ Hugo Grotius, *De Jure Belli ac Pacis Libri Tres*, 1.1.9.1. 英译本此处不准，依据拉丁文本有所修正。
⑤ Hugo Grotius, *De Jure Belli ac Pacis Libri Tres*, 2.20.17.1.
⑥ Hugo Grotius, *De Jure Belli ac Pacis Libri Tres*, 2.20.19.1.

总结一下的话，格劳秀斯的 *jus* 指的是"可以不受惩罚"的那三个层面的正义，而这三个层面暗暗对应神法、自然法和万国法，其中，只有万国法是唯一的 *lex*，其他均为更宽广意义上的 *jus*。只有万国法是需要严格遵守的，但万国法又是三法序列中道德要求最差、被格劳秀斯列为最低等次的正义。而这种看似表面的矛盾，正是源于格劳秀斯内心的坚持和面对现实尽可能挽回法度的妥协。他既界定了最低的法才必须需要严格遵守，又强调最好的选择是最高的法。

二、三法的定义和三法的关系

格劳秀斯的三法体系是其为国际关系（尤其是战争）立法的全部哲理的前提和依据，或可称之为格劳秀斯的国际关系哲理或立法的哲理依据。关于三法体系，前文已略略有所提及，这里作进一步的细致阐述和分析。三法指自然法、神法和万国法。

格劳秀斯不再十分关注自然法是否需要把动物囊括进来（动物具有本性或自然，因此也应该有自然法），自然法在其首要的意义上是指人类的自然法。这种自然法有两条。第一条被他称为"自然的第一原则（first principles of nature）"，这些原则人类和动物共享："生来就考虑他自己，倾向于保护自己。"[①] "依据自然的第一原则，自然中不存在任何东西是反对战争的；恰恰相反，所有的东西都指向支持战争。"[②] 也就是说，依据第一条自然法，人类就是动物，两者没有什么区别。第二条则是格劳秀斯一直强调的所谓倾向社会生活、反对自保和自利的人类自然。值得注意的是，跟阿奎那一样，格劳秀斯极力强调第二条才独属于人类、强调第二条更像人类。他谈及"自然的第一原则"时曾补充道："某些其他原

---

① Hugo Grotius, *De Jure Belli ac Pacis Libri Tres*, 1.2.1.1.
② Hugo Grotius, *De Jure Belli ac Pacis Libri Tres*, 1.2.1.4.

则之后才会展示，但比这些第一原则更受人类欢迎"①；在谈完"第一原则"后，他又强调："理性优于身体（superior to the body）"②，"正确理性（right reason），或者进一步说，社会自然，虽然放在'第一原则'之后阐述，但有着更为巨大的重要性（are of even greater importance）"③。

这两条自然法，独属于人类的那条更自然，同时他跟阿奎那一样也不否认（三十年战争甚至逼着他必须承认）人类某些时候行为如同动物，但格劳秀斯的用词仍然是：这些人"忘了是人类（forget to be human）"④。但对第一条自然法格劳秀斯加以承认，这有着巨大的意义。第二条自然法并非每时每刻都排斥战争，它仍然在一种情况下是允许战争的，即，破坏人类社会。而这种开战被认为符合自然法，但这种开战又在另一个角度下被格劳秀斯认为不符合神法，从而真正的完美是一种完全超越人类自然的情况（即，超越自然法）。⑤

永恒法即上帝本身，人类是无法得知的。而所谓的神法即神的意志（will）产生的法，或者说神圣意志法，是上帝启示给人类的法，这种法人类可以获得并依赖信仰认知。神法分为适用于一个民族的和普世性的两种，前者包括诸如犹太法和所有特殊民族的宗教，后者则仅仅是指基督教，因为格劳秀斯认为对全人类的法，上帝的意志只给了三次：第一次是上帝造人后，第二次是大洪水过后人的重生，最后一次是"更为高尚"的重生——即通过基督（Christ）。⑥ 因此普世宗教在格劳秀斯心中只有一个，即基督教。神圣意志法存在于《圣经》尤其是《新约》中，也存在于古往今来那些著名的基督徒（比如阿奎那等）的论说和论著中。

在格劳秀斯那里，神是"人类的创造者"（God as our Creator），人类

---

① Hugo Grotius, *De Jure Belli ac Pacis Libri Tres*, 1.2.1.1.
② Hugo Grotius, *De Jure Belli ac Pacis Libri Tres*, 1.2.1.2.
③ Hugo Grotius, *De Jure Belli ac Pacis Libri Tres*, 1.2.1.5.
④ Hugo Grotius, *De Jure Belli ac Pacis Libri Tres*, 3.25.2.
⑤ Hugo Grotius, *De Jure Belli ac Pacis Libri Tres*, 2.20.19.1.
⑥ Hugo Grotius, *De Jure Belli ac Pacis Libri Tres*, 1.1.15.2.

之自然，恰在于神的制造。① 神本身"至善且全能，因此会给予那些服从他的人最大的奖赏，甚至是永恒的奖赏。尤其是，我们应坚信他使用意志给予奖赏，并虔敬珍视此一信仰"②。甚至，之前曾言及的自然法，包括人倾向于过社会生活等，根植于人的自然特质中，而这些特质无疑归之于上帝是正确的，因上帝的意志使得人的这些特质存在。格劳秀斯引用克率波西（Chrysippus）及斯多葛学者的话，认为所谓正义（justice）或曰法（law）或曰权利（rights）（拉定语为 jus）的说法，恰恰来自于罗马时主神朱庇特（Jupiter）。③ 关于《圣经》，格劳秀斯驳斥"《旧约》列出的内容即为自然法"的观点，他认为其中大部分来自上帝的意志。④ 但来源于上帝的意志，《旧约》的规定并不与真正的自然法（the true law of nature）相冲突，因此，"在严格区分神法与自然法基础上，《旧约》可以作为自然法的来源之一"⑤。《新约》则被格劳秀斯用来指对基督徒来说何为允许的，他将其与自然法明确分开，"确认在此**最神圣**的律法中我们被要求有**更高程度**的道德完善（a greater degree of moral perfection），更高程度是相对于自然法本身（alone and by itself）要求而言的"⑥。况且其中"提倡"和"命令"的东西有严格区分，即违背命令则面临惩罚，接受提倡则意味"对于更杰出的一种追求"，是一种"高贵目的"——他表明，违背提倡的东西无需惩罚，但遵守提倡的东西更值得赞美。⑦ 神法即便是最高的，面对现实的混战情况，格劳秀斯也并未对它报以很多的期待，尤其是我们后面会发现，基督教的《新约》所列大部分竟然都被格劳秀

---

① Hugo Grotius, *De Jure Belli ac Pacis Libri Tres*, Prolegomena. 11.
② Hugo Grotius, *De Jure Belli ac Pacis Libri Tres*, Prolegomena. 11.
③ Hugo Grotius, *De Jure Belli ac Pacis Libri Tres*, Prolegomena. 12 – 14, 引用处可见于 Prolegomena. 11。
④ Hugo Grotius, *De Jure Belli ac Pacis Libri Tres*, 1.1.9.1, 1.1.9.2, 1.1.13.
⑤ Hugo Grotius, *De Jure Belli ac Pacis Libri Tres*, Prolegomena. 48.
⑥ Hugo Grotius, *De Jure Belli ac Pacis Libri Tres*, Prolegomena. 50. 另参考 3.4.2.2，允许之事，指的是仅仅不必受惩罚，而非 *justum*。
⑦ Hugo Grotius, *De Jure Belli ac Pacis Libri Tres*, Prolegomena. 50.

斯认为仅仅是道德要求——或者说"提倡",而不是需要严格遵守的法。

万国法,指的是"从所有国家或大多数国家的意志中获取强制性力量(obligatory force)的法",值得注意的是,居然只有万国法实际上才是 lex,即所谓要求严格遵守的法。① 同样值得注意的是,在这个定义和之后的论述中,万国法并非适用于所有国家,而是适用于共同同意的国家,或者说,国家的数目是不定的。万国法是以同意者的数量为依据——所有国家或者大多数国家的同意,**而非来源于自然法**。万国法依赖于历史研究:"实际上,(除了历史)没有任何别的方法使得构造万国法得以可能"②,因而对于万国法来说,历史具有"最重要的价值"③。这里谈万国法的定义,格劳秀斯绝口不提"更文明""更好"之类的语汇,仅仅以数量来确定万国法。④ 大多数国家都同意的万国法,尤其去除了"好人之间同意"这一情况,因而必然也存在这样一种情况:很多国家同意的东西有选择邪恶的可能性,它们是否就一定符合自然法、神法,这是存疑的。

在格劳秀斯那里,实际上万国法存在两种情况:第一种则是传统的万国法定义,即适用于所有国家和所有人类;第二种则是指分别适用于不同的多数民族或国家。⑤ 格劳秀斯并没有完全否认万国法的传统定义,以至于他有时候会称呼自己定义的万国法为"不太合适地如此被称作(improperly so called)"万国法。⑥ 包括在他的《海洋自由论》中,他谈及万国法,仍然是传统的定义。但他更多时候坚持自己的定义,即万国法的第二种含义:万国法因为主要基于数量不一的各国共同同意,那么不一样的国家,会有不一样的万国法,"几乎不存在适用于所有国家的万

---

① Hugo Grotius, *De Jure Belli ac Pacis Libri Tres*, 1.1.14.1. 尤其注意"强制性力量(obligatory force)"。
② Hugo Grotius, *De Jure Belli ac Pacis Libri Tres*, Prolegomena. 46.
③ Hugo Grotius, *De Jure Belli ac Pacis Libri Tres*, 1.1.14.2.
④ Hugo Grotius, *De Jure Belli ac Pacis Libri Tres*, 1.1.14.
⑤ Hugo Grotius, *De Jure Belli ac Pacis Libri Tres*, 2.8.1.2, 2.8.26.
⑥ Hugo Grotius, *De Jure Belli ac Pacis Libri Tres*, 2.8.1.2.

国法"①。也就是说,格劳秀斯的万国法必然存在着各种各样的正义,有好有坏。但一旦同意,格劳秀斯要求必须遵守(除非是向上选择更高的道德要求而加以违反)。

关于万国法、自然法、神法这三法之间的关系和高低排序,格劳秀斯总体上继承了以阿奎那为最典型代表的基督教三法体系,但作了些微的修改和调整。人法来源于自然法、自然法来源于上帝(自然法是人类对永恒法的分有,自然法低于永恒法)、作为上帝意志法的神法是自然法的补充;神法高于自然法,自然法高于人法。即,就法的地位和要求高低而言,神法＞自然法＞万国法。这一点在前几章已经做了充分的说明和论证。

在《战争与和平法》一书中从头至尾,格劳秀斯一直在强调他全书的一个主要任务是"清晰地区别那些表面看起来一样或者不一样的事物"②,"自然法不同于人法,也不同于神圣意志法"③。换句话说,格劳秀斯要区分他的不同"正义"。他不仅要区别自然法、人法、神法这三法,同时要区别第一和第二自然法,区别人法(万国法)中的不同(不是全部同意就有存在多种可能性),区别神法中的不同,就这一点而论他非常野心勃勃。而这就是他相对于阿奎那的巨大创新之处。欧洲多年的战乱和与全球各处非基督世界国度的接触,使得格劳秀斯不得不承认,太多的人忘记了自己是人类。出于尽可能挽回法度和法的现实可行性的考虑,格劳秀斯要"清晰地区别那些表面看起来一样或者不一样的事物"。

为何要作这种区分?如果只有少数人才能代表人类自然,那么自然法在理论上会面临挑战:如何要求所有人都遵循?并且,历史和现实情况恰恰是大部分人不遵循。出于应对极端情况下法之现实可行性的考虑,

---

① Hugo Grotius, *De Jure Belli ac Pacis Libri Tres*, 1.1.14.1.
② Hugo Grotius, *De Jure Belli ac Pacis Libri Tres*, Prolegomena. 56.
③ Hugo Grotius, *De Jure Belli ac Pacis Libri Tres*, 1.1.10.2.

格劳秀斯对传统的自然法作了一些不算特别大修改的"改动",其中最重要的就是这种严格区分。但这种区分的意义和效果异常巨大。

严格区分之后,即便格劳秀斯内心深处有最高的正义在、即便再犹犹豫豫甚至不停地驳回,恰恰必须认识到他严格确定了各自不同层次和不同要求的正义/法的独立性。也就是说,他暗暗承认三法之间会有一些冲突,而完全只按照神法、完全只依据自然法(完全只依据第一条,或者完全只依据第二条)和完全只依据各种不同的人法,都是合法的、正义的。**选择的权利在个人和具体场景**。① 格劳秀斯为了在那个完全不求法度的年代尽可能地挽回法度,策略性地使用了这样一种严格区分三种法的方式。

具体来说,为了限制和规范战争的目的能真正达成,出于面对战争情况下的法之现实可行性的考虑,格劳秀斯在制定国际关系规范的过程中,对开篇所称的三法关系进行了修改,具体包括三点:第一,将三法明确分开,自然法不再依赖上帝。第二,经修改后,法要求严格遵守的程度:万国法＞自然法＞神法,这与法的道德要求正好相反。第三,要求严格遵守的万国法可能有两类情况:万国法符合自然法甚至神法,也很有可能是一群国家同意之下的反(国际)社会的万国法,格劳秀斯要求无论哪种都必须严格遵守。这里还需要明确几点:第一,这种修改本质上是为了减少和限制战争,是为了神法、自然法和万国法在哪怕战争中也尽可能多地得到遵守,而不是理查德·塔克之类认为的格劳秀斯就是隐藏着的霍布斯;第二,和平本身导致了对正义的偏离;第三,这种修改是出于对法的现实可行性的考虑,具有暂时性,他不断强调:未经修改更好;第四,一旦极端情况消失,格劳秀斯坚决要求放弃之前所作的让步;第五,让步之中包含着格劳秀斯对确定性的追求,这种对确定性的追求来自区分后具体的选择可以不考虑其他法度(但格劳秀斯并

---

① 尤其可参看 Hugo Grotius, *De Jure Belli ac Pacis Libri Tres*, 2.8.26。

没有完全真正的区分开，他希望选择法度者能眼睛向上看，选择更高的法度）。

格劳秀斯不停地强调将三法严格切割开，又时时处处强调三法原初的道德高低、强调还有更好的选择，这几乎充斥着《战争与和平法》的每个角落。

在三法的区分中，最有名的一处，自然是格劳秀斯被视为自然法世俗化的最早权威的重要论述："即使我们居然假设上帝竟然是不存在的，或者人类的事物竟然是与他无关的，我们之前已经说过的东西①仍然有某种程度的正确性，但这种假设的作出，是一种最大的罪恶。跟这种观点②相反的说法已经根植在我们心中，部分是由理性，部分是由未曾断裂的传统。这种说法已经被无数的证据和所有时代的奇迹所证明。绝无任何例外地，我们必须服从于我们的造物者上帝，我们之所以成为我们，以及我们所拥有的一切，都来自上帝。"可以看到，格劳秀斯是多么犹豫和充满罪恶感地说出所谓世俗化的观点，又是如此坚定地就此反驳自己。另外比如之前谈过的，格劳秀斯又认为："就是上帝也不能使得2乘以2不等于4，因此他也不能使得某些内在恶的事物不邪恶"③，就是说，即便是上帝也不能使得仿若数学公式一样确定的真理有变化。但是在后文中，他又犹豫了："亚里士多德所著完全正确，即，不能像数学中那样要求在道德问题上有同样的确定性。"④ 这其实本质上不是一种世俗化，而仅仅是一种策略性的区分。格劳秀斯虽然强调神法与自然法的区分⑤，但并不认为上帝可以去除。这种犹豫使得自然法和神法的切割最为模糊。

人法（包括万国法）和自然法的切割就更多了，因为基于同意的万国法（市政法）才是真正的国际关系中需要严格遵守的法律。而格劳秀

---

① 自然法。
② 即上帝不存在。
③ Hugo Grotius, *De Jure Belli ac Pacis Libri Tres*, 1.1.10.5.
④ Hugo Grotius, *De Jure Belli ac Pacis Libri Tres*, 2.23.1.
⑤ Hugo Grotius, *De Jure Belli ac Pacis Libri Tres*, 1.1.10.2.

斯那里独特的正义：可免除惩罚的"可允许的"行为，正主要存在于万国法之中，而这种正义远非纯然的正义，很多时候，并不和社会倾向的自然法相契合，因此需要严格界分。《导言》中，格劳秀斯就指明"万国法一词要与自然法区分开"①。在谈及"出使权"时，格劳秀斯谈到，依据自然法，一个人犯罪被发现，那么就应该被惩罚。但是依据万国法，大使们在这一点上可以例外。"因此如果大使被审判，就是违背万国法的；由于这个缘故，自然法允许的许多事情，通常是被万国法所禁止的。"②

人法与自然法的切割，很多时候依赖的正是格劳秀斯不停提及的"免于惩罚的可允许"的定义："正如利用我们已经解释过的'可允许'的形式，万国法允许了非常多的事情（而那些事情自然法是不允许的），它也禁止了某些自然法允许的事情。"③ 这里的例子是：假如在某一场景下，杀人是允许的，那么依据自然法，用刀还是用毒药杀他没有什么区别，但是依据万国法——格劳秀斯特别指出，不是所有国家都同意的万国法，而是某种古老传统的更为文明的国家（better sort）——用毒杀人是不被允许的。④ 当然他举的例子也可用来证明他定义的万国法有可能由于国家的不同而千变万化。

这种区分和切割的影响是巨大的，有些时候甚至使得格劳秀斯变得血腥和令人惊骇（即便这实际上是出于格劳秀斯追求和平和法的现实可行性的渴望），而对这种区分的时而拒斥和对更高更好要求的提醒，又体现了格劳秀斯的温情脉脉。这套三法关系构成了格劳秀斯全部国际关系思想的基石，成为他为战争立法的恢宏巨制的哲理前提。

这种严格区分展现的是对各种不同正义选择的承认和格劳秀斯的态

---

① Hugo Grotius, *De Jure Belli ac Pacis Libri Tres*, Prolegomena. 15.
② Hugo Grotius, *De Jure Belli ac Pacis Libri Tres*, 2. 18. 4. 3.
③ Hugo Grotius, *De Jure Belli ac Pacis Libri Tres*, 3. 4. 15. 1.
④ Hugo Grotius, *De Jure Belli ac Pacis Libri Tres*, 3. 4. 15. 1.

度,而这种复杂性遭致了英国学派著名学者赫德利·布尔的抱怨,他认为格劳秀斯讲了关于国际关系的各种不同法(有时冲突),却不明确具体情况究竟适用哪一个法,比如,自然法与万国法冲突时,谁具备优先性。因此他事实上没明确究竟什么法代表正义。[1] 这显示布尔没有明白格劳秀斯"正义"定义的笼统(即各种法都表示正义),更没有明白格劳秀斯恰恰是要确定一种情况下适用一种法(即都表示正义的法有道德高下之分,又有严格遵守的程度之分)。对于格劳秀斯全部思想最重要的核心任务——区分各种不同的法,布尔表示完全无法理解:他不明白为什么区分,更不明白就一个具体情况而论为什么会有多个法出现。就布尔的追问(如果自然法与万国法冲突,到底谁优先?),格劳秀斯已经给了一个很明确的答案:严格依据万国法,而不用去管自然法。但他同时强调更好的人会选择依据自然法,尤其是自然法中的第二条。最好的选择则是神法。但布尔认为还是不够明确。从中可以看出,布尔离格劳秀斯有多远。

格劳秀斯如何将这套原理运用于国际关系以及这种运用产生和会产生怎样深远的实践和理论上的影响和后果,笔者将在后面的章节加以详细阐述。

---

[1] Hedley Bull, "The Importance of Grotius in the Study of International Relations", in Hedley Bull, Benedict Kingsbury and Adam Roberts (eds.), *Hugo Grotius and International Relations*, Oxford: Clarendon Press, 1990, p. 78.

第 4 章

当法遭遇战争：格劳秀斯的正义战争理论

前一章总结的三法关系体现于格劳秀斯最为重视和关注的国际关系领域——战争与和平问题，这就形成了他独特的正义战争理论。需要强调的是，格劳秀斯根本意图仍为证明：在战争情况下，仍然有法存在。他试图最大限度地找回法度，或者试图使得神法、自然法和万国法在欧洲多年混战的现实中尽可能多地实现（哪怕一开始或者他真正要求严格遵守的仅仅是最低限度的法律）。著名政治思想家理查德·塔克宣称："《战争与和平法》提醒其读者，他仍然是在全球范围内发动战争的狂热分子。他其实最不可能是海牙和平宫的守护神。"① 在这一点上，本书与塔克有重要差别：格劳秀斯绝不是一个狂热的战争痴迷者。

一、正义战争理论的基督教内核

首先需要明确"正义战争"理论的定义。在格劳秀斯那里，"正义战争""战争法"的说法是通用的。同时"可允许的战争""合法的战争"等等，都在"正义战争"的范畴之内。因此，正义战争在格劳秀斯这里定义起来很简单，即只要不是非正义的战争（即只要是可免于惩罚的战

---

① Richard Tuck, *The Rights of War and Peace: Political Thought and the International Order From Grotius to Kant*, Oxford: Oxford University Press, 1999, p. 95.

争)都可以算正义战争。但格劳秀斯并不止步于此,他所有的任务都在于细分和严格区别已然属于"正义"的战争。在正义战争理论中,格劳秀斯的任务并不是区分正义战争和不正义战争,最重要的仍然是区分不同的正义和不同的要求。

阐释和分析正义战争理论最重要及最核心的一个特质——基督教内核——对于理解格劳秀斯的继承和坚持有着至关重要的作用,同时这也是三法关系的一个重要反映。正义战争理论出现和极盛于基督教神学谱系中,实质上消失于尽力铲除基督教神学影响的现代国家理论及现代国际关系理论之中。当下出现的所谓"正义战争"理论实际上在根本上背离了"正义战争"理论传统,从而根基不深、备受批判。但传统的正义战争理论又极度依赖对上帝的信仰,从而在本质上现代人看来难以接受,因而仍然根基不牢。无论如何,认识格劳秀斯就必须明白他是有信仰的,他的论述奠基于传统的正义战争理论谱系。他同时还处理了如何与不信仰基督民族或国家相处和战争的正义等问题。

正义战争理论为何会在一个本质上"反战"的宗教内出现并产生重大的影响?它在基督教的神学体系之下究竟如何定位?这些都是非常繁复的问题,不能在这样简单的一章中加以详述。需要注意的是,近年对正义战争理论的理解存在几个重大问题,这些问题同样导致对格劳秀斯的理解中产生诸多误读:第一,正义战争理论本质上是一个非常宗教性的东西(刚刚有些许复苏的现代正义战争理论似乎已经不愿意谈或者忘了这一点①)。即便自然法可以追溯到西塞罗、斯托亚学派、甚至亚里士多德,但正义战争理论必须准确地追溯到奥古斯丁。这一脉下来的正义战争理论谱系上被引用最多、最具代表性的思想家,均是清一色的基督

---

① Michael Walzer, *Just and Unjust Wars: A Moral Argument with Historical Illustrations*, Fourth Edition, New York: Basic Books, 2006.

徒：奥古斯丁、阿奎那、苏亚雷兹、维多利亚、格劳秀斯。① 第二，信仰对正义战争理论的另一种决定性影响。对他们所有人而言，正义战争本身也是一种罪恶，它之所以存在仍旧是因为人类原罪导致的贪欲、不满、仇恨，这使得人类不愿意满足（绝对不是因为对死亡的恐惧，死亡对基督徒而言是对此世的解脱）；惩罚（正义战争的重要原因之一）恰恰来自于对上帝和其他人类的爱，而惩罚权绝不给予每一个个人，且最重要以及最终的惩罚权只有上帝才有（个人的惩罚权受到极大的限制②）；正义战争之根本基础以及该理论全部的可行性和无可置疑的巨大约束力实际上源自基督教上帝对人类（尤其是基督徒）的承诺。第三，即便提出在正义理由下开战的可能，基督教信仰的终极影响仍然塑造了正义战争理论不可或缺的另一个内核，即赋予发动暴动战争的权利同时潜在反"正义战争"面相：爱你的敌人，包括爱那个正在杀你的人。被杀要比反抗更好，甚至在正义战争中行使惩罚权的那一刻也已经意味着不再是完美的基督徒，因为《圣经》文本中显示：**耶稣基督显然放弃了战争的权利**。换句话说，正义战争理论的内核之中包含着瓦解"正义战争"存在依据的成分，这甚至是正义战争不可或缺的关键成分之一。这数位思想家的正义战争理论中都有对这些问题的多次强调。③ 对这些问题的理解都大有助于解读格劳秀斯。

信仰不是一种"文化"、一种儿戏，而是生命或生存方式本身，是有信仰者个人存在的全部意义。对基督徒而言，对上帝的信仰、对彼岸承

---

① 对这一问题比较简洁的论述可参看 Thomas L. Pangle and Peter J. Ahrensdorf, *Justice among Nations: On the Moral Basis of Power and Peace*, Kansas: University Press of Kansas, 1999, pp. 73 – 124，但该著将格劳秀斯从论述"正义战争"的一章中剔除，以"现代理想主义（modern idealism）"为题另辟一章。
② 可参看格劳秀斯巨著《战争与和平法》中第二卷第二十章"论惩罚"。
③ 可参看最伟大的正义战争理论阐发者阿奎那在《神学大全》中 2a2æ 第四十问"论战争"中的系统论说：Aquinas, *Political Writings*, R. W. Dyson (ed. and trans.), Cambridge: Cambridge University Press, 2002, pp. 239, 241 – 242。亦可以参看格劳秀斯类似并且密集得多的强调，一处显例可见：Hugo Grotius, *De Jure Belli ac Pacis Libri Tres*, 2.1.8.

诺的信仰终极性地决定了他的一切行为，而这也是为何相比于现代刚有些许复苏的正义战争理论大受批判，早期的正义战争理论在当时会有如此巨大的影响力和不容置疑的天大约束力，并在非常久远的时代里一直为很多人所信奉的原因。正义战争最强势以及最需实效的存在，必须也必然只能在那个有信仰的时代。只有在这一意义上，才可以认识格劳秀斯诸多表面的矛盾。

正义战争理论最早的提出者是古罗马基督教大思想家圣·奥古斯丁（St. Augustine）。他认为，人类被上帝创造之后，亚当、夏娃作为最早的两个人类，"是依据自然最具社会性的种族（there is nothing so social by nature as this race）"①。但是，他俩自从受诱惑而堕落，偷食智慧之树后，就有了"不自然（unnatural）"的贪欲、丑恶、战争。上帝通过基督，给予了人类再一次回归他们已然失却或忘记的"自然"的机会。正义战争的出现是为了最终的和平以及惩罚，只有防卫、补救和惩罚成为必需之时，战争才可以是正义的。即便如此，最根本的惩罚权仍然在上帝那里，人类中的同类，只有"智慧者（the wise man）"才可以发动正义战争。但是，奥古斯丁又强调："……智慧者可以发动正义战争，但是，如果他想起自己是个人类，那么他必然更情愿为这样一个事实感到悲哀和反对：他竟然处于发动正义战争的必要性之下。"② 对于人类真正的自然而言，任何一种战争（包括正义战争）都是丑陋的、都是反自然的，因此正义战争的必要性本身也是令人"感到悲哀"的。

正如自然法理论一样，正义战争理论在阿奎那那里得到了最为详细和完整的阐述，阿奎那也是正义战争理论谱系中最具权威和影响力、追随者众多的一位大哲，受到他影响的后世正义战争理论是即所谓的"托

---

① St. Augustine, *The City of God against the Pagans*, R. W. Dyson (trans.), Cambridge: Cambridge University of Press, 1998, p. 539.
② St. Augustine, *The City of God against the Pagans*, R. W. Dyson (trans.), Cambridge: Cambridge University of Press, 1998, p. 929.

马斯主义的正义战争理论"。阿奎那论述正义战争的一个重要特点是他强调"自然法"。他对自然法是如此强调,以至于某些时候,他认为人类的自然理想是倾向社会生活;倾向过社会生活是如此自然而然,以至于反社会生活就是过度大逆不道地违背了自然法。这种对自然法之自然而然和确定性的过度强调,正好诱惑了后面无数思想家去作出这样一种行为:因为自然法要求的行为是那么确定和必然,那么仅仅看人类行为(即,撤除上帝)就是可以的。这些人中有的比较犹豫地说哪怕仅仅依据自然法也是可以的,但实际从未真正彻底撤开上帝(比如格劳秀斯),有些人则异常坚定地将上帝赶出自然法领域(比如霍布斯)。必须强调,阿奎那从未说过自然法可以离开上帝而存在,从未说过违背自然法可以不需要上帝的惩罚。在阿奎那那里,自然法并不是最高的和值得依赖的,人类最终要达到的是"永福"这样一种超越人类自然(本性)的目的,同时人类无法完全地分有永恒法,但上帝通过神法让人类"更为完善地分有永恒法",只有超越自然的法才可以"引导"人类达致"永福"[①]。正义战争的存在,对于阿奎那而言,本身就是一种罪恶,他关于正义战争的论述在他的宏编巨制《神学大学》体系中的定位就可以突出地证明这一点。阿奎那的正义战争所在的章节并不在他系统论述自然法的章节,而是处于他阐释分析人类行为的罪恶的部分,他这样开始自己这一系列的论述:"然后要讨论的是哪些与和平或平安相反,而属于行为方面的罪恶或恶习,即分裂、争斗、叛乱、以及战争。"[②] 任何战争(包括正义战争)都是人类罪恶的一部分。

格劳秀斯继承了正义战争传统的几乎全部内核,但他作了一定程度的调适(更有细化),这种调适正是其三法关系的体现,而这种继承同样

[①] 托马斯·阿奎那:《论律法》,杨天江译,载赵明主编:《法意》第 4 辑,商务印书馆 2012 年版,第 16—17 页。另参看圣多玛斯·阿奎那:《神学大全》(共十七册),周克勤等译,(台南、高雄)中华道明会、碧岳学社联合出版 2008 年版,第六册第 14—15 页。

[②] 圣多玛斯·阿奎那:《神学大全》(共十七册),周克勤等译,(台南、高雄)中华道明会、碧岳学社联合出版 2008 年版,第八册第 239 页。

是三法关系的一部分。因此在进入格劳秀斯的正义战争理论之前,必须明确,作为传统基督教正义战争的承继者,格劳秀斯的正义战争同样有两个前提:第一,上帝信仰的最高意义;第二,正义战争理论内在包含着反正义战争的核心:正义战争本身也是一种堕落,是一种比非正义战争略好的堕落。这同时是格劳秀斯三法体系中最高要求的神法起作用的地方。当然,出于现实的考虑,他暂时性地将神法归入一种劝导而非命令,并没有列入必须严格遵守的法律之列,于是正义战争中的对神的信仰被弱化为一种道德。

二、格劳秀斯独特的正义战争理论与其三法体系

《战争与和平法》的主题是为战争与和平立法。很显然,古往今来不缺乏古圣先贤对国家间关系和战争的论述,但按照格劳秀斯的说法则是从来没有人系统地探讨过国与国之间的法的问题①,这实际上是因为从来没有人遇到过格劳秀斯遇到的如此巨大的现实挑战和新情况:首先是欧洲因为宗教问题(甚至是基督教内部的争议)而发生的多年惨绝人寰的混战;欧洲走出世界的殖民活动,面对诸多非基督国家。

"战争之中不存在任何法"和"绝对反对战争"两种倾向在格劳秀斯看来都过于极端,他认为两者都有害处因而都是错的,应当找到一个中间道路。② 值得注意的是,格劳秀斯并非简单的两者取其中间,或者说,他并非原先没有立场,恰恰相反,作为一个虔诚的基督徒,他的立场正是前文提及的任何战争都是一种罪恶(正义战争本身同样是一种罪恶)。格劳秀斯的真正立场应当表述如下:他是从一个极端被现实推回来一些(他从未放弃这个极端),但绝不接受另一个极端。

格劳秀斯的任务是尽可能地为国际关系(尤其紧迫的是他当时的战

---

① Hugo Grotius, *De Jure Belli ac Pacis Libri Tres*, Prolegomena. 1, 36.
② Hugo Grotius, *De Jure Belli ac Pacis Libri Tres*, Prolegomena. 29.

争）找回法和正义。他说自己的书有三大任务："在我整部著作中，我有三大目标：使我的结论的依据尽可能地显明；以确切的顺序展示需要处理的事物；清晰地区分哪些看起来一致实则不同的事物。"①

正义战争（或者说，战争法）最重要的问题正是：什么是"正义"？在格劳秀斯那里能够纳入"正义"范畴仅仅只需达到"可免受惩罚"，但他仍然要依据自然法、万国法、神法来细致区分免受惩罚之上的这诸种正义：可允许的、合法的、受赞美的。在各种不同的情景和不同理论依据下，正义的严格遵守程度和道德要求高低会出现相反。之前阐述的三法关系，无时无刻不在格劳秀斯的正义战争理论中体现。

《战争与和平法》煌煌三大卷巨著，洋洋数十万言，而实际上考察其大体结构的话，则非常简洁。第一卷主要是阐明一些基本问题：比如正义/法的根源；正义的含义；正义战争可能性；主权与公战与私战的区分；发动战争的主体问题（其中探讨了主权问题）。这一卷最重要的问题就是论证战争有可能是正义的。第二卷则是如今所谓的"开战正义"问题，"列出战争可以开启的所有原因，详细解释何物可以人类共有，那些是分别占有"②，对各种具体"什么该归属谁"的问题进行细致的分析和规定，包括条约、协定、承诺等等问题的具体阐述。第三卷则是所谓的"交战正义"（同时最后还附带了一个简短的全书"结论"）："首先将免受惩罚、外邦人之间的合法跟真正的没有过错的正义区分开来，其次谈及了各种不同的和平，与战争相关的各种条约。"③ 从中可以看到，在第三卷中，法/正义的层次感最为鲜明，和平的不同要求也最为明显，这正是源自战争的残酷和格劳秀斯所作的创新。这一卷中可以明显地看到格劳秀斯的温情与血腥，虽然他的目的仍然是和平。当他的和平要求降为

---

① Hugo Grotius, *De Jure Belli ac Pacis Libri Tres*, Prolegomena. 56.
② Hugo Grotius, *De Jure Belli ac Pacis Libri Tres*, Prolegomena. 34.
③ Hugo Grotius, *De Jure Belli ac Pacis Libri Tres*, Prolegomena. 35.

"不要扩大战争"时,格劳秀斯的某些观点显得令人异常惊骇。①

无论是论证战争是否能正义,还是开战正义、交战正义问题,格劳秀斯无一例外地都分别先后地依据自然法、神法和万国法来进行考察和分析。由于格劳秀斯过于细致地进行各类规定,以至于被伏尔泰抱怨他竟然在一本论述战争与和平问题的巨著中细琐地谈论"包皮环切"问题,他表示无法理解"包皮环切"跟战争与和平有什么关系。② 本章只在最为宏观、最重要、最关键的地方进行归纳和概括,表明格劳秀斯的具体立法如何体现其三法关系,并以三法关系真正理解格劳秀斯的意图和诉求。

(一) 战争能否正义/谁发动战争

在简单地阐述完何为"正义/法"之后,格劳秀斯直接进入了"发动战争是否可以是正义的?"这样一个问题——即"战争能否是正义的?"——对于一位正义战争理论的重要代表,答案似乎必然是肯定的。格劳秀斯的回答并不如想象中的那么简单。在他眼中,凡是符合其三法体系中的法,就可以算作是正义战争,因此证明战争是正义的,并不是特别困难,因为这种正义包括了多个层面,最低的层面是"可允许的",即免受惩罚。可以看到格劳秀斯已经很大程度地放低了对正义的要求。

首先,他认为"战争能否是正义的?"这个问题"跟以后的问题一样,首先必须从自然法的观点来考察处理"③,按照之前的阐释,自然法有两个层面:第一条是人类与动物共享的,人类和动物一样,依据自然只关注自己、只关注自卫和保存自己的生命;第二条则是格劳秀斯一直

---

① Hugo Grotius, *De Jure Belli ac Pacis Libri Tres*, 3.4.19.1.
② Voltaire, *Voltaire's Political Writings*, David Williams (trans.), Cambridge: Cambridge University Press, 1994, pp.87, 89. 实际上在格劳秀斯那里,这个问题十分重要,它涉及到各派宗教之间和各类不同信仰者的差异与调和问题(尤其是犹太教与基督教),《新约》和《旧约》的关系问题,这些问题都涉及到当时欧洲战乱最核心的问题,可以说与"战争与和平"问题密切相关。
③ Hugo Grotius, *De Jure Belli ac Pacis Libri Tres*, 1.2.1.1.

强调的所谓倾向社会生活、反对自保和自利的人类自然（这里不赘述）。于是，"依据自然的第一原则，自然中不存在任何东西是反对战争的；恰恰相反，所有的东西都指向支持战争"①。格劳秀斯虽然强调，第一条自然法要低劣于第二条，只有第二条才更符合人类的独有自然。然而，在这里，格劳秀斯正是在证明自然法不反对战争，于是第一条自然法毫无疑问被格劳秀斯用来作为对此的最有力证明。同时依据三法体系，这一条自然法（非常接近霍布斯）虽然不代表人类自然，但在某些极端时刻是一条免受惩罚的法，即这条也可以证成"正义战争"。尤其可以参看第三卷"战争中什么是可允许的"。

自然法的第二条认定是人是社会倾向的，这样看来不可能在任何意义上使得人类导向战争。然而，正是承认这一条不是所有人都能遵守，于是存在这样一种情况：有人破坏人类社会，那么对此进行惩罚和对原先和谐的补救即恢复，可以采用战争手段，这样的战争是正义的。两条自然法都证明了发动战争可以是正义的，但后一种比前一种更正义，就看具体情况下的选择了。

自然法的论证结束之后，格劳秀斯转向了万国法，"因此，已经很好地证明了：不是所有的战争都是与自然法违背的。万国法也一样"②。此处万国法的论证非常简略，而行文中万国法几乎占据了绝大多数章节。在格劳秀斯的体系中，万国法依赖于一堆国家的同意，虽然格劳秀斯倾心于"更文明"国家间的同意，但显然按照定义的万国法过于变化多端，从而无法确定。于是，格劳秀斯下了个定论：第一，依据万国法，不正式宣战的就不是正义战争；第二，"万国法授权我们驱走暴力和伤害，并保护我们的身体"③。因此，可以确定的是，万国法不否定战争，也不否定正义战争。

---

① Hugo Grotius, *De Jure Belli ac Pacis Libri Tres*, 1.2.1.4.
② Hugo Grotius, *De Jure Belli ac Pacis Libri Tres*, 1.2.4.1.
③ Hugo Grotius, *De Jure Belli ac Pacis Libri Tres*, 1.2.4.2.

接着就是神法。神法显然会是一个很大的挑战，依据格劳秀斯的信仰，基督教内在的"反战"本质如何与战争（哪怕是正义战争）的合法性相调和呢？格劳秀斯自己也承认这是"一个更大的困难（a greater difficulty）"。① 他主要探讨的是基督徒（也包括犹太教），依据犹太教教义很容易从《旧约》中推断出（正义）战争和神法不相违背，但依从《新约》的基督徒呢？

"应该爱你的邻人，包括你的敌人"是基督教的基本教义之一，格劳秀斯在论证"正义战争不违背神法"时如此定论："大的惩罚和正义战争正是来源于对于**无辜的人**的爱。"② 格劳秀斯作了让步：对"所有人"的爱变成了对"无辜者"的爱，这种爱超过了对敌人的爱，从而为了维护正义、依据基督教教义是可以发动战争的，而这种战争是正义的。他用了远远超过论及自然法和万国法的篇幅，来证明正义战争与神法（尤其是基督教的正义）不相违背，恰恰暗示了这种不违背的宣称很有可能会遭到批判。③ 当然，这里仍然需要从格劳秀斯的否定正义定义来理解这种与神法的不违背，因为这不意味着基督教信仰就必须支持战争。格劳秀斯在后来明确说："宁可被杀，而不选择杀人，这是更值得赞美的。"④ "追求更高的卓越暗示了高贵的目标，并且绝不会没有回报。"⑤ 格劳秀斯向往这种对于"被杀"的赞美，即便他仍然将其列为道德，而非必须严格遵守的法律。但至少在此处对神法的论证中，格劳秀斯更着意强调：即便不能说神法支持战争，正义战争也是不跟神法相违背的（包括《新约》的规定）。

关于"谁是合适的发动战争的主体"的问题，格劳秀斯也并未非

---

① Hugo Grotius, *De Jure Belli ac Pacis Libri Tres*, 1.2.5.1.
② Hugo Grotius, *De Jure Belli ac Pacis Libri Tres*, 1.2.8.10. 粗体为笔者所加。
③ Hugo Grotius, *De Jure Belli ac Pacis Libri Tres*, 1.2.5 – 1.2.9, especially 1.2.7.1 – 1.2.7.14, 1.2.8.1 – 1.2.8.17, 1.2.9.1 – 1.2.9.16.
④ Hugo Grotius, *De Jure Belli ac Pacis Libri Tres*, 2.1.8.
⑤ Hugo Grotius, *De Jure Belli ac Pacis Libri Tres*, Prolegomena. 50.

常简单地作出回答。关于这个问题他最重要的答案是：国家或君主（主权者）是更合适的战争发动者。他认为，主权出现即意味着一种公共性，"相比个人（或私人），它（笔者按：指主权）与道德标准要契合得多，对个人间的和平要有益得多，它意味着一件事情由没有相关个人利益的一方去公正地调查，而个人去处理则经常仅仅考虑他们自己的利益"①。于是，一旦主权产生之后，由国家或者君主作为公共者发动战争，要比私人发动战争具备更多的正义，或者说，正义战争更多应该是一种公战。② 这里需要补充四点：第一，正如上一章格劳秀斯引述《圣经》中"巴别塔"故事时所说，人类原初是和谐统一的，之所以被分开并各立国家、语言不通，正是缘自人类的堕落。任何意义上国际关系的出现（包括主权的兴起），在格劳秀斯内心深处，都是人类走向堕落之后的贪欲、野心的表现。第二，堕落已然是现实的人类自然，但是在上帝与人类再立新约，即基督教出现之后，欧洲信仰基督的各国居然还堕落成这样（"忘了自己是人类"③），格劳秀斯为此痛心万分。因此只能通过各种方式来尽可能多地挽回法和正义。第三，格劳秀斯并没有摒弃私战，甚至在主权已然产生之后，他也没有把私战视为是完全不正义的，某些情况下私战完全是正义的："即便是法庭已建立，也不是说所有的私战都与自然法相违背"④，"如果危险是如此急迫，时间已经不允许去跟国家中的最高权威者求助，在那种情况下，可以因必需（necessity）而作出例外"⑤。这种必需是多么容易让人想起霍布斯。区别在于，霍布斯时时刻刻强调这种"必需"的永恒和可怕，但格劳秀斯从来都强调："仅有绝对的必需可以导致例外"⑥，一旦这种必需消失，

---

① Hugo Grotius, *De Jure Belli ac Pacis Libri Tres*, 1.3.1.2.
② Hugo Grotius, *De Jure Belli ac Pacis Libri Tres*, 1.3, 1.5, 2.1.1.3.
③ Hugo Grotius, *De Jure Belli ac Pacis Libri Tres*, 3.25.2.
④ Hugo Grotius, *De Jure Belli ac Pacis Libri Tres*, 1.3.2.2.
⑤ Hugo Grotius, *De Jure Belli ac Pacis Libri Tres*, 1.3.4.3.
⑥ Hugo Grotius, *De Jure Belli ac Pacis Libri Tres*, 2.6.5.

例外也就消失①。他心中更高的道德要求来自对上帝的信仰，即神法，那就要求即便有必需，也不要例外，爱所有的人（包括你的敌人和那个正在杀你的人），因此任何意义上的被杀都比杀人更值得赞美，无论正义与否，被杀是更大的正义。但是，无论如何，这种因必需而导致的例外，仍然可以算正义战争。第四，公战更容易符合正义战争，但不是说公战就是正义战争。发动战争的主体并不决定一场战争的正义与否，关键仍然需要看开战的原因是否正义。

（二）开战正义

格劳秀斯既然已经承认战争已经不与神法、自然法和万国法相违背（虽然对神法的论述冗长且含混，并且之后还有所变化），那么下一步就是论证开战的理由（开战正义）。正义战争之所以正义，首先在于其开战的理由必须是正义的。总的来看，格劳秀斯一共给出三个理由："诸多权威（authorities）一致将如下三点作为战争的原因，即自卫、重获所有物、惩罚。"② 即，正义战争的开战理由包括了保卫自身生命，修复对于产权所有权的破坏，对于罪恶行为的惩罚。

格劳秀斯认为，发动正义战争的第一个理由是为保卫自己的生命发动战争是允许的，这种对生命的威胁必须是已经开始的、或者至少是立即和确定的，不能是预期的（这与霍布斯强调的"先发制人是最合理的"有关键性区别）："我们之前说了，假如人身受到暴力袭击，生命遭到威胁，且没有其他方式可以逃避，在如此情况下，战争是可允许的，即便它意味着攻击者的被杀。"③ 自卫的权利依据的是自然法中的第一条，"毫无疑问（certainly），如果我们单看自然，在人类自然中存在少得多的对

---

① 〔荷〕格劳秀斯：《捕获法》，张乃根等译，上海人民出版社2006年版，第34—35页。
② Hugo Grotius, *De Jure Belli ac Pacis Libri Tres*, 2.1.2.2.
③ Hugo Grotius, *De Jure Belli ac Pacis Libri Tres*, 2.1.3.

于社会的关注，而更多地却是对保存个人的关注"①，据此格劳秀斯居然同时认为：无辜者因此而连带被杀，也是合法的，同样是正义战争。他甚至论证，在这种情况下无辜者被杀同样是正义战争的观点，甚至得到了某些神学家的同意②。

自卫时杀掉无辜者，同样是正义的，但这属于正义战争的"可被允许（permissible）"这样一个范畴，即不受惩罚。一如前述的三法关系，在依据自然法甚至某一些神学家的论述表明屠杀无辜者也是正义的之后，格劳秀斯立即话锋一转："但是爱的法律（the law of love）……将对他们的考虑和对自身的考虑置于同样的地位，必然不允许伤害无辜者，即便是在这种条件之下。"③ "爱的法律"即基督教神法。神法同时要求，自卫的行为"在这种情况下，被袭击者应当尽一切地可能吓跑袭击者或者使得袭击者力量变弱，而不是使他死亡"④。每到承认自卫导致的（包括对无辜者的）屠杀符合正义战争要求时，格劳秀斯都会补充强调，还有更值得赞美的正义："杀掉正在杀人之人是可允许的，但若宁可选择被杀而不是杀人，则更值得赞美。"⑤ 神法在格劳秀斯心中更完美和更值得称赞，更希望能实现，但他亲手将它变成一种道德要求，而不是严格需要遵守的法律。而这种道德要求是正义战争的最高但并非最需要严格遵守的要求：这是一种荣誉，而非必须执行的义务。⑥

发动正义战争的第二个理由是修补对于所有权（产权）的破坏。当人类堕落之后，贪欲、私有、国家开始形成，这是格劳秀斯正义战争的基本前提，但他同时不得不承认即便在上帝恩典之后，这仍然是基本事实。正如之前格劳秀斯充满赞赏地引用的色诺芬的那个故事，大小孩拥

---

① Hugo Grotius, *De Jure Belli ac Pacis Libri Tres*, 2.1.4.1.
② Hugo Grotius, *De Jure Belli ac Pacis Libri Tres*, 2.1.4.1.
③ Hugo Grotius, *De Jure Belli ac Pacis Libri Tres*, 2.1.4.1.
④ Hugo Grotius, *De Jure Belli ac Pacis Libri Tres*, 2.1.4.1.
⑤ Hugo Grotius, *De Jure Belli ac Pacis Libri Tres*, 2.1.8.
⑥ Hugo Grotius, *De Jure Belli ac Pacis Libri Tres*, 2.1.10.1.

有一件小衣服，小小孩拥有一件大衣服，依据他俩的自然，显然对换一下更为合适，但这样会导致"法"的变动更经常，也导致大小孩依靠暴力夺走小小孩的衣服有了一定的合法性。因此，对城邦来说，规定和尊重所有权是更重要的，即便可能不是完全的正义。国家间关系也是如此。对于战争与和平的立法来说，规定产权是限定贪欲的界限，即贪欲当下不可以再无限扩展。但这种规定显然会允许诸多的不正义或不自然存在，尤其是不再追问原初的获得是否正义。对格劳秀斯而言，承认和保证当下的所有权和限制贪欲有着更为重要的意义，这直接关系到当下的和平。当然，贪欲越界得越多，便会使得正义战争的爆发更为容易。格劳秀斯的初衷当然是细致界定所有权，从而使得战争难以爆发。只有明确了所有物（property）的来源以及究竟归属何人，才能明确怎样去修补或者恢复原状，从而才能真正界定在第二个原因上何为正义战争。

于是，这番努力使得正义战争的开战理由的第二条，成为《战争与和平法》一书中最为冗长的论述：从第二卷第二章一直到第十九章，细致分析了人类共有之物、事物的原始获取、占有和拥有权的放弃、对人身的占有、主权的消失、承诺、协议、条约、属于身体所有权的埋葬问题等，不一而足。本书篇幅决定了不可能对此进行全面细致地分析，但可以有代表性地举出一些非常关键的例子，来说明格劳秀斯如何遵循其三法关系的基本原理。

依据自然，那些无法被私人占有（从而是公共所有）的事物，不可以被宣称是私有产权，比如海洋。西班牙和葡萄牙对海洋的切割和垄断是重要背景，因此荷兰为冲破两国的海洋垄断而发动的战争，是正义战争。但不能不说，荷兰的战争并非仅仅修补原有产权，而同时有着自身的利益追求，即要求在海洋权益上分一杯羹。格劳秀斯后来也公开否定了自己当初这种出于爱国心的写作和论辩，即《海洋自由论》①。

---

① 具体在下一章会进一步阐述。

对于私有产权而言（无论是国家私有，还是个人私有），对当下所有权现状的肯定是至关重要的，而不论其最初的占有是多么的不合理、残酷、疯狂，因为如果追溯到原初占有是否正义，那么很有可能会重启战端或者扩大战争。① 面对现实的混战，格劳秀斯显然放低了正义要求，在这一刻，他关注和平已经超过了最完整意义上的正义："事实上国家都同意这一点，这是可信的，因为对于维护共同和平来说是至关重要的（of the greatest importance for the preservation of the common peace）。"② 即便原初的占有是非常不正义的，现在也必须撇开不谈，只有维护当下的产权现状。否则原本无战，也会因为过度追求正义而开战。

对于一种很奇怪的私人所有权——奴隶制——而言，格劳秀斯首先是认同上帝面前人人平等的，但是他并不因此认为奴隶制应该立即消失，因此在他看来，私人对于奴隶的所有是合法的和正义的。依据万国法，格劳秀斯在这里使用的是"一些民族的法（the laws of some peoples）"："依据一些民族的法，奴隶主可以用任何理由杀死他的奴隶，这是不用受到惩罚。"③或者说，依据万国法，作为人类的奴隶可以被私人所有，且归私人任意支配和屠杀，这种所有权得到格劳秀斯依据万国法的肯定。也因此，抢夺他人奴隶以及反抗主人的行为都是不合法的，可以对此发动战争，而因此同时依据万国法，反对奴隶主压迫的战争是不正义的战争。跟所有场合一样，格劳秀斯惊骇地认定此类战争为正义战争之后，立即强调，在道德上还有更高更好的选择："奴隶主没有拥有他们奴隶的生死权，我这里说的是完全的道德上的正义（complete moral justice）。没有人可以去合法地杀死一个人类，除非后者犯了严重的罪行。"④ 即，依据更好的、同时是更少的人之间遵循的自然法，反抗奴隶主和解放奴隶

---

① Hugo Grotius, *De Jure Belli ac Pacis Libri Tres*, 2.3 – 2.7. 这一部分涉及"原初占有"的诸多细节性问题。
② Hugo Grotius, *De Jure Belli ac Pacis Libri Tres*, 2.4.9.
③ Hugo Grotius, *De Jure Belli ac Pacis Libri Tres*, 2.5.28.
④ Hugo Grotius, *De Jure Belli ac Pacis Libri Tres*, 2.5.28.

的战争是正义战争。但格劳秀斯显然并不愿意那么激进和"进步"。但进一步地,"完全的正义"则指向格劳秀斯的基督教神法,而这种法几乎放弃一切奴役、一切战争。但他将此定为道德,并且在奴隶这个问题上暂时维护奴隶制设置对维护和平更重要,因此维护奴隶制成为当下更必要的选择,即便他内心不一定认同。我们甚至可以看到,格劳秀斯在此处把反奴隶制作为更好的选择,直接与维护奴隶制并列在一起。[①]

细致地规定涉及国与国关系中的全部所有权问题,一方面是对贪欲过度的国家发动战争的正义理由,另一方面又因为这种细致和某种程度放低了正义要求的界定,使得战争(哪怕是正义战争)更难以爆发。使得战争难以爆发,是格劳秀斯的初衷,以致于他放下内心更完整的正义考虑,不去管原初占有是否真正合法而更多肯定当下的所有权(比如肯定奴隶制)。

发动正义战争的**第三个理由**是惩罚,惩罚不同于第二个理由——修复。第二个理由指发动战争是为了恢复所有权的原状,而惩罚则是发动战争让其因为罪恶的行为而受到痛苦和损失(包括丧失生命)。相对于格劳秀斯极其冗长的对正义战争第二个理由的论述,对于"惩罚"的论述虽然是《战争与和平法》中最长的一章,但仍然相对显得过短。[②] 格劳秀斯对于惩罚权的给予显得更为谨慎。

首先,格劳秀斯对于惩罚的态度值得注意。惩罚是必要的,但惩罚同时本身是一种罪恶:"惩罚意味着一种让人痛苦的罪恶,这种痛苦是因为一种行为的罪恶而强加于人的。"[③] 因为一种罪恶的行为获得的惩罚,同样本身也是一种罪恶,只不过是一种必要的罪恶。

---

① Hugo Grotius, *De Jure Belli ac Pacis Libri Tres*, 2.5.28.
② 林国华及受其影响的一批学生则过于心心念念全书最长的这一章"论惩罚"。参看庄端:《格劳秀斯的惩罚理论的法理探析:解读〈战争法权与和平法权〉第二编第二十章"论惩罚"》,西南政法大学硕士论文,林国华指导,2010年。
③ Hugo Grotius, *De Jure Belli ac Pacis Libri Tres*, 2.20.1.1.

最高的惩罚权只属于上帝，只有上帝在惩罚人类时是不需要任何目的的①，只有上帝可以惩罚依据人类自然的原罪（即，人类不能惩罚任何一个人类的原罪，比如私有产权的出现、国际关系的形成）②。因此，任何人类不能"仅仅为了惩罚本身而合法地惩罚人类"③，这些人类"依据自然是与他平等的"④，人类的惩罚必须要有好的目的，即，惩罚必须要有好的结果。惩罚本身作为一种罪恶同时却又是必要的，理由也就在这里。

格劳秀斯谈到了三大好处作为人类行使惩罚权的目的：第一，使得堕落的人变得更好⑤；第二，使得受害者远离痛苦⑥；第三，已经有人受害，惩罚阻止了这种受害，以免其扩展到别人⑦。可以看到，人类的惩罚权适用的范围不是非常大，格劳秀斯给予惩罚权时非常审慎：如果行使惩罚权没有好的目的，即便是惩罚罪恶，也不能发动战争。

其次，依据其三法关系的论述惯例，格劳秀斯紧接着又转向了神法，虽然他承认神法总体上不反对（但也不支持）惩罚，但明确表示："正如我们在别处谈过的，某些事情依据自然或者人法是可允许的，但确实是被神法所禁止的，这确确实实没什么奇怪的，因为神法是**最为完美的**，它展示了一种超越人类自然的回报；为了获得这种回报，当然存在超越仅仅自然观念所要求的美德。"⑧ 在这样一种更高的道德要求下，就会有更高的正义，而这种正义则禁止了自然法和人法所允许的事情，比如惩罚。比如，作为私人公民的基督徒，被格劳秀斯禁止行使惩罚权。⑨ 基督

---

① Hugo Grotius, *De Jure Belli ac Pacis Libri Tres*, 2.20.4.2.
② Hugo Grotius, *De Jure Belli ac Pacis Libri Tres*, 2.20.19.1.
③ Hugo Grotius, *De Jure Belli ac Pacis Libri Tres*, 2.20.5.4.
④ Hugo Grotius, *De Jure Belli ac Pacis Libri Tres*, 2.20.4.3.
⑤ Hugo Grotius, *De Jure Belli ac Pacis Libri Tres*, 2.20.6.2.
⑥ Hugo Grotius, *De Jure Belli ac Pacis Libri Tres*, 2.20.8.1.
⑦ Hugo Grotius, *De Jure Belli ac Pacis Libri Tres*, 2.20.9.1.
⑧ Hugo Grotius, *De Jure Belli ac Pacis Libri Tres*, 2.20.10.1. 粗体为笔者所加。
⑨ Hugo Grotius, *De Jure Belli ac Pacis Libri Tres*, 2.20.14.

徒甚至不应该在法庭中担任法官，因为对基督徒而言，"对他人下判决是非常危险的事情"①。他甚至承认："为了避免死亡、入狱、痛苦或者极端的贫穷所犯下的不正义的行为，通常在很大程度上是可以原谅的。"② 可以原谅，意味着某种程度不用惩罚，也意味着不必发动正义战争来维护正义。当然，毫无疑问，如前所述的三法关系，格劳秀斯的神法是一种他心向往之的道德要求，他期望更多人服从，但他也承认很多人不会服从。对于现实情况而言，基于好目的的惩罚权的行使，对和平的维护更有作用。

在谈完开战的三个正义理由之后，格劳秀斯还谈及了所谓不正义的理由和存疑的理由。存疑的理由（即不能确定究竟是否是正义）在格劳秀斯看来实际上不应该是发动战争的正义理由，意图的确定和正义与否在格劳秀斯眼中至关重要（这点跟霍布斯很不一样）："即便某件事情本质上是正义的，但做这件事的人在考虑周全后自认为是不正义的，那么他去做这件事情仍然是恶的。"③

另外，欧洲混战的现实逼迫格劳秀斯作了无数的让步，在这里有个更进一步的证明。格劳秀斯设定的"正义"的最低限是"可允许的"，即不受惩罚，但并不纯然正义。但现实居然逼得他甚至在不正义的范畴（即会受惩罚）内承认了一种好："某种程度上说，没有理由的杀戮比有理由的杀戮更糟糕"④，即，有理由的杀戮（哪怕是不正义的和存疑的理由）总还是比那种毫无理由的屠杀更好一些。这并不意味着可以逃避惩罚，但仍然可以看出格劳秀斯为了尽可能地挽回法度，妥协、让步到了何等地步！

无论如何，开战正义的庞杂论证，毕竟还是赋予了国家以相当多的

---

① Hugo Grotius, *De Jure Belli ac Pacis Libri Tres*, 2.20.16.
② Hugo Grotius, *De Jure Belli ac Pacis Libri Tres*, 2.20.29.1.
③ Hugo Grotius, *De Jure Belli ac Pacis Libri Tres*, 2.23.2.1.
④ Hugo Grotius, *De Jure Belli ac Pacis Libri Tres*, 2.25.9.2.

发动正义战争的理由和权利。但在"开战正义"这一卷的最后,格劳秀斯撰写了一个章节,题为"不要过快发动战争(甚至正义战争)的警告"。在这一章中,毫无疑问地,在赋予了太多"杀人可以是正义行为"的权利之后,格劳秀斯又害怕了,他再度转向了神法:"尽管在一本名为'战争法'的作品中,似乎用一部分来讨论涉及战争的命令和劝诫的其他美德(other virtues),不是非常合适,但是我们**必须(must)**纠正一个错误,以防止有人这样想:只要够格被视为正义,战争就应该发动,或者这种情况下战争就是任何场合下都是可允许的。恰恰相反,更正直和正义的做法是放弃这种权利。……这样的行为跟基督徒尤其相称。"①

一贯地,神法仅仅是其他美德,而非严格需要遵循的法律,但神法是更为正义和更完美的。

(三)交战正义

假如撇开格劳秀斯三法关系中作为最高的道德要求的神法来看(下文的分析中可以看到,格劳秀斯确确实实在很大程度上撇开了),第三卷谈及"在战争中什么是可允许的",即"交战正义"(交战正义中也包含了如何结束战争)。这是最令人恐怖的一章,格劳秀斯对交战正义论述也让人最多地联想到霍布斯。

如果需要最简单地概括格劳秀斯对于作为严格法律要求遵循的交战正义,他生前从未发表的作品《捕获法》中的一段话是最合适的:

"在通盘考虑战争的各个阶段后,处理政治事务的智慧清楚地告诉我们,要恰当地表现'宽宏大量',应该要么在战争的一开始,要么在战争结束时(在战争开始的时候,'宽宏大量'可以使我们拥有

---

① Hugo Grotius, *De Jure Belli ac Pacis Libri Tres*, 2.24.1.1. 粗体为笔者所加。

'仁慈'的名声，从而有助于往好的一方面影响敌人；在战争结束、当安全已经不成问题的时候，'宽宏大量'可以使我们更方便地控制已经被征服的敌人）。然而，在战争还在持续、危险仍然存在的时候，使敌人感到恐惧才是上策。"①

紧急时刻，或者战争正在进行中，"任何"使得敌人感到恐惧的行为都是可允许的。从而按照格劳秀斯的定义，战争进行中，任何使得敌人害怕的行为都是正义的。这跟霍布斯"战争状态"中的人类看起来几乎没有区别，而格劳秀斯定义的"正义"跟"没有正义"事实上没有本质的差别。②

格劳秀斯明确表明，"战争中什么是可允许的"这个问题跟神法没有关系，"就这个问题本身而言，首先考察自然法的观点，然后考察万国法的观点"③。在这里的讨论中，神法突然不见了，于是就这个问题本身而言，神法已经被撤除（这意味着：涉及神法时已经不是"这个问题本身"了）。而神法的这种神秘消失，在看到格劳秀斯之后展现的血腥和残酷，也就很好理解了。正是在这卷中，"可允许的"被更多、更常见地不断提及：它不是指纯然正义和没有错误，而是指可以不被惩罚。

依据自然法（尤其是第一条自然法），在战争中，毫无疑问我"可以使用任何程度的暴力"④对待我的敌人；对于以任何方式对我的敌人有助益的人（哪怕他不针对我，哪怕他是无意的，哪怕他是无辜的），都是可杀的⑤。对于所有可以想到的战争方式而言，"暴力和恐惧是尤其适合于

---

① [荷]格劳秀斯：《捕获法》，张乃根等译，上海人民出版社2006年版，第353页。
② 就战争状态这一点而言，真正的区别在于：格劳秀斯的战争状态是不正常的状态，和平是正常状态；霍布斯则强调战争状态的时刻存在和威胁，并以此作为其理论根基。
③ Hugo Grotius, *De Jure Belli ac Pacis Libri Tres*, 3.1.1.
④ Hugo Grotius, *De Jure Belli ac Pacis Libri Tres*, 3.1.2.1.
⑤ Hugo Grotius, *De Jure Belli ac Pacis Libri Tres*, 3.1.5.1–3.1.5.2.

战争的","在战争中没有什么比欺骗更有用处的了"。① 但是格劳秀斯这里完全依据的是第一条自然法,没有提到自然法的第二个层面(社会倾向),这为后面留下伏笔。

按照三法关系的论述惯例,谈完"自然法"之后,从第三卷第二章起格劳秀斯开始考察"万国法"②。格劳秀斯用了**整整八章**的巨大篇幅来阐述"在战争中依据万国法什么是可允许的"。因篇幅和本书主题的设定并非具体立法而是"立法依据",这里仅列出其最主要的内容,但已然可以非常清晰地看到格劳秀斯有多么令人惊骇。这一番论述的总前提首先都是"处于战争中":

1. 依据万国法,臣民的任何物品都可以用来给他们的领导人还债。注意是"任何"物品。而这条显然是与自然法违背的,因为对私人所有权的强调(格劳秀斯在《战争与和平法》开篇最为强调的东西)在这一刻被放弃了。据此理由,在战争中,领导人可以任意掠夺其公民的任何物品用来为他自己还清债务,并且这种掠夺或者剥夺行为是可允许的,即正义的。可以想象,这条万国法在和平状态下看来,是多么不正义。

2. 公战与宣战,即公战之中,开战是否需要宣战的问题。依据自然法不需要宣战,而做出宣战的行为则是"值得尊敬和赞美的"③,即做出宣战是更为符合神法的。而依据万国法更繁复一些,仅仅只有一些(而不是很多)国家会宣战。④ 并且依据万国法,宣战和发动战争可以同时进行,完全不必给对方留出任何的考虑和回旋的时间⑤,而这几乎就可以被视作没有宣战。即,依据这条万国法,根本无需宣战就可开战。

3. 公战中屠杀敌人的权利和其他实施对人身的暴力的权利,即在战场上进行屠杀的权利。即,公战中,战场上的屠杀都是正义的,这里不

---

① Hugo Grotius, *De Jure Belli ac Pacis Libri Tres*, 3.1.6.1 – 3.1.6.2.
② Hugo Grotius, *De Jure Belli ac Pacis Libri Tres*, 3.2.1.1.
③ Hugo Grotius, *De Jure Belli ac Pacis Libri Tres*, 3.3.6.3.
④ Hugo Grotius, *De Jure Belli ac Pacis Libri Tres*, 3.3.8.
⑤ Hugo Grotius, *De Jure Belli ac Pacis Libri Tres*, 3.3.13.

仅包括正义一方。格劳秀斯强调参战的双方都有这个屠杀的权利，无论是正义一方，还是非正义一方，依据这条万国法，在战场上进行屠杀就是正义的。在这一点上双方此刻都是正义的，因为此时此刻"正义战争就是允许任何事情"①。注意，这里的措辞又是"任何事情"。

4. 毁灭与劫掠。即便在敌人已经投降之后，对他们房屋、财产等的毁灭和劫掠也可以继续进行，这是可允许的，因而是正义的②。注意，这里是指"敌人已经投降之后"，毁灭和劫掠也可以继续，这种继续是正义的。

5. 战争之中获得之物的所有权。对从敌人那里获得的东西的所有权可以"没有限度或限制（without limit or restriction）"③，这是正义的。从敌人那里劫掠没有任何限制，全都是正义行为。

6. 对待战争中的俘虏。虽然承认将任何人都作为奴隶的行为是违背自然法的，但是依据万国法，格劳秀斯强调，不仅战俘变成奴隶完全正义，而且他世世代代的子女都应该且必须继续是奴隶。并且他强调，主人对待奴隶的任何方式都是合法和正义的，包括任意屠杀。④ 注意这里的措辞是"任何方式"。

7. 对被征服者的统治权。主权权利由胜利而产生，因此对被征服者的统治权即从胜利中来，是可允许的，即正义的。成王败寇的逻辑是正义的，这意味着拳头大小等于正义程度。胜利就意味着统治的正义，这里并没有也不需要去追问"胜利"本身是否正义。

8. 财产、人身等在战后的恢复。格劳秀斯是希望尽可能恢复的，但他强调这种恢复必须基于国家间的同意——即万国法——否则，完全可以不给予恢复的权利，这种不恢复是可允许（正义）的。另外，投降者

---

① Hugo Grotius, *De Jure Belli ac Pacis Libri Tres*, 3.4.1.
② Hugo Grotius, *De Jure Belli ac Pacis Libri Tres*, 3.5.1.
③ Hugo Grotius, *De Jure Belli ac Pacis Libri Tres*, 3.6.2.1.
④ Hugo Grotius, *De Jure Belli ac Pacis Libri Tres*, 3.7.1.1, 3.7.2, 3.7.3.1. 主人任意屠杀其奴隶可以是正义的，另可参看 2.5.28。

不可再要求恢复。①

最后，最重要的一点是，相对于自然法和神法，这些依据万国法而来的"交战正义"的规定恰恰是唯一需要严格遵守的法律（lex），而自然法和神法仅仅被归为道德和少数人才会严格遵守的法律。

这样一种可怕的战争进行时的"正义"立法（即格劳秀斯所谓的可允许的、免受惩罚的正义），并非出于跟霍布斯一样的意图。格劳秀斯仅仅是因为对和平过于迫切而暂时赋予了如此残暴的战争权利，这种权利或者正义的赋予是因为在格劳秀斯看来，战争进行之时已经非常之反人类，因此战争进行的越少越好、越快越好。战争的扩大对此时的格劳秀斯而言，是比细细考察正义更可怕的噩梦，而细细考察正义反而会促成这种噩梦。

举"交战正义"这一部分中著名的两个例子，可以更清楚地表明格劳秀斯的意图。第一个例子，假如有两方正在爆发战争，对第三方来说，"即便是正义战争……更应该做的是等待双方自己良心不安"②，而不是介入正义一方作战——哪怕最终结果导致正义一方被杀。不要扩大战争、最好停止战争的热情渴望，甚至战胜了格劳秀斯的正义：不要介入，正义一方最终被杀也就被杀吧，至少最终战争没有扩大，而且战争结束了（不管它以什么方式结束）。不管以何种方式、也不管是不是平等或正义，和平一旦达成，就必须绝对的保护。③

第二个例子更清楚，即"战时强奸妇女"的问题（但读解时经常会被人搞错）。格劳秀斯指出："在阅读（各种经典和立法的）过程中，你会发现许多地方指出战时强奸妇女是可允许的（正义的），而另外许多地方指出这是不被许可的。那些认可强奸的人考虑的仅仅是对他人的伤害，认为完全不跟战争法（或译"正义战争"）背离，即任何属于敌人的东西

---

① Hugo Grotius, *De Jure Belli ac Pacis Libri Tres*, 3.9.4.3, 3.9.8.
② Hugo Grotius, *De Jure Belli ac Pacis Libri Tres*, 3.4.4.
③ Hugo Grotius, *De Jure Belli ac Pacis Libri Tres*, 3.25.7.

都归胜利者支配。其他人得出的结论是更好的,他们不仅考虑伤害,也考虑这一行为中无限制的欲望,同时考虑这样一个事实:这类行为并不有益于安全和惩罚,因此即便战时也应该像和平时那样惩罚这类行为。这后一种并不是万国法,而是更好的人之间的法。"① 战时强暴妇女在更好的人之间是不被允许的,但这不是需要严格遵守的万国法。相比于妇女在战争中被杀,强奸是一个不那么致死的事情;相比于假如较真于更高的正义,为抵御强奸或者惩罚强奸来讨回公道而拼死再战,这种战争的扩大,格劳秀斯更不赞成。因此,即便他强调后者是更好的法律,但他明确表示这不是需要严格遵守的万国法,换句话说,格劳秀斯在这里认为:依据万国法,战时强奸妇女是符合正义战争要求的。可以想象,为何塔克等会因此将格劳秀斯直接等同于霍布斯,这个格劳秀斯是多么的令人恐怖!但是必须看到格劳秀斯面对严峻现实而放低正义要求时内心的挣扎。

即便如此,格劳秀斯显然还是被自己吓到了,他害怕了。谈论"交战正义"的第三卷第十章一开始,格劳秀斯便高呼:"**我必须回头**,我必须夺走之前我似乎赋予给那些开战者但并没有赋予的几乎所有权利。"② 他认为之前依据万国法的论述仅仅是可允许的,即可免受惩罚,但很多"更高层面以及在好的人类之间获得更高赞美"的东西被省略了。③ 即便是之前所述的正义战争中的行为,从道德上看仍然是不正义的,如果不忏悔,最终是不可能到达天国的。④ 需要强调的是,这种害怕仅仅是道德意义上的,或者是三法关系中除去万国法之外的更高的法/正义的要求,他没有因为这种害怕而否定这样一个事实:他从来都是强调只有万国法才是需要严格遵守的法律。因此他本质上没有否定前面的论述,从而之

---

① Hugo Grotius, *De Jure Belli ac Pacis Libri Tres*, 3.4.19.1.
② Hugo Grotius, *De Jure Belli ac Pacis Libri Tres*, 3.10.1.1. 粗体为笔者所加。
③ Hugo Grotius, *De Jure Belli ac Pacis Libri Tres*, 3.10.1.1.
④ Hugo Grotius, *De Jure Belli ac Pacis Libri Tres*, 3.10.3.

后对于"交战正义"的其他论述仅仅是一种更为他所希望的补充。这又再一次展现了格劳秀斯心中的三法体系。

格劳秀斯宣布"回头"之后,紧接着用了七章的篇幅来谈论更好的人类之间在战争中会采取的一种行为,即"克制(moderation)":谨慎不正义战争中的行为;对正义战争中屠杀权利的克制;对毁灭、损毁等可允许(正义)行为的克制;对于战争获得的克制;对于战俘的克制;对于主权获得的克制;对依据万国法并无恢复权的事物的克制。① 这种克制将之前依据自然法赋予各国在战争之中进行一系列可怕行为的权利进行了限定和要求,但同时称这是很少一部分人才会去遵循的法,但却是更好的法。

有人将这种"克制"认定为神法②,实际上并不准确(虽然无疑这种"克制"确实看起来更接近上帝),它指的实际是"自然法"的第二个层面:更少的但却是更好的以及更自然的人类会遵循的自然法,这种法实际上是所有现今都"忘了自己是人类"的人类都**应该**遵循的法。"克制"不意味着否定战争,也不意味着战争中可允许的事情(即所谓正义的事情)都去做,"克制"就是属于神法和万国法中间的一种要求,这种要求显然是自然法(指人类独有的那个层面,而非动物那个层面),因而也就是更好的人类之间的法律。格劳秀斯在这一部分也对此加以明确说明:"自然法对此说了什么,可以从我们刚才所说的东西中总结出来"③,"我们要做到的是将不受限制的战争许可限定到人类自然可允许的范围内,或者在可被允许的事情中这是更好的人类的选择"④。无疑地,"克制"属于自然法中更高、更属于人类的那个层面,即社会性的自然法。格劳秀斯认为那是更好的人类之间的选择,并以此作为"交战正义"的

---

① Hugo Grotius, *De Jure Belli ac Pacis Libri Tres*, 3.10 – 3.16.
② Renée Jeffery, *Hugo Grotius in International Thought*, New York: Palgrave Macmillan, 2006.
③ Hugo Grotius, *De Jure Belli ac Pacis Libri Tres*, 3.11.18.1.
④ Hugo Grotius, *De Jure Belli ac Pacis Libri Tres*, 3.12.8.1.

补充。这同样是他正义战争理论的一部分。

之前说过，从交战本身来说，神法被撇开，仅仅谈论自然法和万国法。但是从这卷第十九章开始，格劳秀斯声称这一方面已经讲完了。① 换句话说，在谈完"克制"之后，格劳秀斯又重新引入了其三法体系中的神法（具体说是基督教教义）。第十九章到最末的第二十五章，他又用了相当冗长的篇幅谈论比"克制"要求更高的"善意（good faith）"（或译"对上帝的信仰"）。"善意"的定义在格劳秀斯就此谈论"敌人之间的善意"时最鲜明：它意味着在交战过程中，对你的敌人要表现善意，即便"导致自己不利也要坚持这种善意"②。这种要求显然表明，"善意"体现的正是格劳秀斯心中的神法，而且只有"善意"才是神法，而"克制"不能算作神法。这七章依据神法，将"交战正义"的要求提得更高：敌人双方之间的善意（对杀你的那个人也要有善意，被杀更值得赞美）；在停战、签订和平协议等时就相关问题决定时双方的善意；交战中的善意（包括停战协议、安全通行权和战俘的赎回）；对战争中次级领导（非最高领导）的善意；对战争中个人的善意；论含蓄的善意；依据善意及和平的劝告。③

总结起来看，在谈论"交战正义"的这一卷中，格劳秀斯同样按照其三法的不同层次和要求（注意要求高低和要求遵守的严格程度的差异）分别谈了万国法、自然法和神法。万国法最为恐惧但需要严格遵守，格劳秀斯用自然法和神法作为补充，但强调这是更少的、更好的人之间的法，但他仍然希望更多地人加以遵守。

这里不再具体谈及格劳秀斯对"善意"的规定和分析，只谈一个最重要的问题。英国学派心心念念的"国际社会"概念，格劳秀斯确实是首创者。但是，在英国学派那里，国际社会指的是最低限度的规范，包

---

① Hugo Grotius, *De Jure Belli ac Pacis Libri Tres*, 3.19.1.1.
② Hugo Grotius, *De Jure Belli ac Pacis Libri Tres*, 3.19.1.1.
③ Hugo Grotius, *De Jure Belli ac Pacis Libri Tres*, 3.19–3.25.

括独立、承认主权原则、最低限度的道德规范等等，他们甚至将战争也作为一种规范的机制。① 然而，在格劳秀斯那里，国际社会并不是一个当下现实，且他的国际社会是一种在此世可实现的最高意义上的人类结合（基督教联盟），是一个真正意义上的社会，因而国际社会的实现恰恰要求最高。这个国际社会的实现和维持都很遥远，即便实现，它所依赖的正是最高的要求——对上帝的信仰。格劳秀斯赞许地引用西塞罗的话："不仅每个国家要依赖善意维持，而且国家间的更大的社会（greater society of states）的维持更要依赖善意。"②

到这里为止，格劳秀斯独特的正义战争理论才真正得以整全展示。这样一套正义战争理论中正义的层面十分复杂，又被严格区分开，它一方面要比诸多人心目中想象的正义战争理论血腥得多，甚至某些层面完全舍弃正义；另一方面又要求太高，以至于几乎没人可以做到。只有从格劳秀斯的意图出发，才能理解他这种策论性地对各类正义的严格区分和对各类法更高要求的不停强调。

他最终仍然希望自己的结论更倾向于导向最高的神法，《战争与和平法》全书的最后一个段落是一个祈祷（prayer）："但愿唯一有此能力的上帝，将这些教诲刻入那些主宰基督教世界的人们的心中。但愿上帝赋予他们如此的心智，这种心智拥有神法和人类法的知识，这种心智时时提醒自己：他们被选为人类的仆人，人类则是与上帝最为接近的生物。"③

---

① Hedley Bull, *The Anarchical Society: A Study of Order in World Politics*, 3rd Edition, Houndmills, Basingstoke, Hampshire: Palgrave, 2002.
② Hugo Grotius, *De Jure Belli ac Pacis Libri Tres*, 3.25.1.
③ Hugo Grotius, *De Jure Belli ac Pacis Libri Tres*, 3.25.8.

第 5 章

格劳秀斯的海洋自由论

格劳秀斯对于海洋自由的阐述一向为国内学人所熟悉和重视——但对于格劳秀斯的思想,实际上很少有人全面涉及。事实上,格劳秀斯的海洋自由论是其正义战争理论的一个组成部分。本书旨在将格劳秀斯的海洋自由思想置于其大理论框架(三法体系)下进行理解,海洋自由同样是其国际关系哲理——三法关系——的一个重大例解,并且是影响最为巨大的一个例解。因此,本书第一个观点即为:格劳秀斯的思想自始至终只有表面上的不一致,而没有本质上的变化(比如通常有人会称格劳秀斯三大作品中思想有变化)。不可忘记,《海洋自由论》[①] 是格劳秀斯未出版的作品《捕获法》的第十二章,而《捕获法》很大程度上又是其巨著《战争与和平法》的前身。《海洋自由论》的主要观点更是以高度浓缩的形式融入了《战争与和平法》中论述开战理由的第二卷,成为其中的第二章。某种程度上说,为海洋而战是正义的,海洋自由实际是正义战争的开战理由之一。将格劳秀斯的海洋自由思想置于其更为宏大的理论体系之中,可以更好的理解格劳秀斯《海洋自由论》的诸多细节,包括其隐晦之处。另外,从格劳秀斯的总体思想出发,对其海洋自由观的传统解读恐怕要全面重构。

[①] Hugo Grotius, *Mare Liberum* (1609 – 2009), Leiden: Brill, 2009. 中译本有〔荷〕格劳秀斯:《论海洋自由或荷兰参与东印度贸易的权利》,马忠法译,上海人民出版社 2005 年版;〔荷〕格劳秀斯:《海洋自由论》,宇川译,上海三联书店 2005 年版(本书多处参考马忠法译本)。

必须明确海洋自由作为正义战争理论的一个开战理由对格劳秀斯而言的现实及实用意义,同时也必须明确他是一个虔诚的基督徒——即使在写作《海洋自由论》时也是如此。上帝对格劳秀斯个人而言,显然具备至高无上的地位,贸易、战争等等都远远低于其信仰的地位。格劳秀斯晚年对自己的这一作品有重大的批评和反思。只有在这个意义上,才能真切理解格劳秀斯的海洋自由观。

一、海洋自由的逻辑

在格劳秀斯的正义战争理论中,海洋自由是属于开战正义的一个部分。正义战争一共有三个开战理由:第一,自卫;第二,修补产权所有;第三,惩罚。其中第二个正义理由即要求细细界定各类所有权,而任何一种对于所有权的破坏,可以导致用战争来对之加以恢复,而这种为恢复所有权而进行的战争被认为是正义战争。因此,格劳秀斯花费了大量的章节来讨论和细致界定各种各类的所有权问题,其中关键性的一种所有权则是指人类共有之物。对任何人类共有之物的独占和垄断,可以通过发动战争加以调整。这本质上也是海洋自由的来源。

首先探讨和重新回顾格劳秀斯海洋自由的论证逻辑。历史地来看,1494 年之后,西班牙和葡萄牙签订《托尔德西拉斯条约》,划分两国的全球海上势力范围,垄断了海洋利益。格劳秀斯这本小著作所传递的"海洋自由"的思想"成为帮助推翻先前葡、西两国大洋垄断体制的头号思想利器,宣告了现代世界第一条延续至今的全球性原则"[①]。

在格劳秀斯这本小书中,贸易自由却是论述海洋自由的前提和全部意义所在;《海洋自由论》的副标题是"荷兰参与东印度贸易的权利"。这并不意味着贸易真的在格劳秀斯内心有多么重要,而这对于荷兰的利

---

① 时殷弘、霍亚青:《国家主权、普遍道德和国际法——格老秀斯的国际关系思想》,载《欧洲》2000 年第 6 期,第 12 页。

益来说，至关重要。

《海洋自由论》的第一章题为"所有人依万国法均可以自由航行"。这里需要提一下，这里的"万国法"（jus gentium，或者 law of nations）是指所有国家都适用的法，而这一含义，在《战争与和平法》中得到少量的延续，更多的时候则变成了多个国家间承认的法律（有时也指所有国家都承认的某些法），格劳秀斯甚至在讲述万国法的章节中，明确指出：适合于"所有"国家的万国法（law of nations）根本不存在。① 而他在《海洋自由论》中提到的 law of nations，很多时候仍指所有国家都适用的法，有时候可等同于自然法②。因此这一章的依据"万国法"，实际上也是依据自然法。这一点也可以从《战争与和平法》中关于依据自然而人类共同所有之物的论述中得到进一步的证实和佐证。③

这一章是引论也是前七章的总述。主旨很简单："简要证明荷兰人有权航行到东印度，并在那里进行贸易。"④ 可以发现，第一个被列出的头等重要的论证依据并非海洋自由，而是每一个民族间都可以自由交往、自由贸易。或者说，自由贸易正是海洋自由的第一个前提。上帝在自然中证明了自由贸易的原则，因为上帝使得人类天然是社会性的动物，他没有让每一个地方都能产出人类需要的一切东西，他仅仅使得每个民族有自己独特的擅长之处。因此，格劳秀斯说："上帝希望人类通过彼此间互为需要和资源共享来促进人类友谊，以免每个人因认为自己完全能够自给自足而离群索居。"⑤ 因此，实际上，任何一个地方生产的任何东西都应当视作是为所有人类生产的。因此人类之间的交往和商业往来是必须的，任何否定这一国际法的行为，都"破坏了人类友谊中最值得称颂

---

① Hugo Grotius, *De Jure Belli ac Pacis Libri Tres*, 1.1.14.1.
② Hugo Grotius, *Mare Liberum* (1609 – 2009), Leiden: Brill, 2009, chapter 5, p. 51.
③ Hugo Grotius, *De Jure Belli ac Pacis Libri Tres*, 2.2.
④ Hugo Grotius, *Mare Liberum* (1609 – 2009), Leiden: Brill, 2009, chapter 1, p. 25.
⑤ Hugo Grotius, *Mare Liberum* (1609 – 2009), Leiden: Brill, 2009, chapter 1, p. 25.

的这一纽带，剥夺了人类相互提供服务的机会，简言之，违反了自然本身。"① 阻碍贸易自由，就是违反自然法。格劳秀斯的结论甚至认为：即便葡萄牙人对那些国家有主权，也不能损害荷兰人与他们的贸易。

第二到第七章都在论证海洋自由，第八章又再一次强调贸易自由。这种论证逻辑证明：贸易自由是头等重要的，它决定了格劳秀斯为何去探讨海洋必须自由，而海洋自由的最终目的仍然是自由贸易。当然，贸易自由的真正内核却不是依据上帝的要求而交换各自缺少的东西，而是贪欲、赚钱。格劳秀斯在这里的论证中首先将商业完全等同于按照上帝的要求，等同于人类之间相互提供服务，而在最后则又将商业与上帝完全分离。贸易就是攫取利益，而不等于上帝。

"自由"与"主权"相对，因为"主权"本质上是一种排他性的所有权（不同于私人产权的是：它是一种公共的排他和所有权）。那么，证明海洋自由，就必须证明海洋不能作为一种可被某些人单独占有的东西，即海洋排斥占有、排斥主权。前七章都在论证航海自由，分别驳斥葡萄牙人的各种借口和理由。第二章驳"发现"，第三章和第六章驳"教皇赠予"，第四章驳"战争"，第五章驳"先占"，第七章驳"时效"。显然最难辩驳的是"先占"，而第五章也恰恰是全书的着力重心所在（但不一定是唯一重要的章节）。其余的借口和理由都很轻易地就被格劳秀斯驳倒："发现"不能表明对某物的主权，因为眼光所及是不够的，还需要实实在在地占有它；"发现"本身并没有给予发现者任何权利；葡萄牙人在全书讨论的那些地区并没有驻扎军队；教皇只拥有精神王国的权力，既非世俗君主，又非海洋的主人，海洋和贸易的问题，跟虔诚无关。基督耶稣已经声称放弃了世俗世界的权力。② 他的王国不属于这个世界，他对这个尘世没什么可留恋的。因此，对于海洋和贸易而言，教皇的赠予没有任何效果。（在那个年代，这当然是非常大胆的言论。）

---

① Hugo Grotius, *Mare Liberum*（1609 – 2009），Leiden：Brill, 2009, chapter 1, p. 27.
② Hugo Grotius, *Mare Liberum*（1609 – 2009），Leiden：Brill, 2009, chapter 3, p. 39.

驳斥"战争"的章节非常重要。但格劳秀斯驳斥的最重要依据居然是：葡萄牙人没有与荷兰人所到之处的人民进行过战争！他其次才开始证明：不存在进行战争的理由。驳斥"基督徒发动战争剥夺异教徒的世俗所有"这一点时，需要注意的是，格劳秀斯反对向异教徒发动战争来扩大基督教的影响，但他显然仍认为基督教国家更文明，野蛮民族最终必须要转变信仰：不应该依靠战争，而是依靠虔诚的传教士，通过他们的传教和以身作则，最终改变这帮野蛮人的宗教信仰。[1]

关于"时效"问题的驳斥。格劳秀斯认为，无法转变为私人财产的物品，是不可能存在什么时效问题的，这同样适用于海洋及其使用。因此时效问题是放在驳"先占"之后的一章。驳斥了"先占"问题，在格劳秀斯看来，"时效"问题也就容易破解了。

最重要的是关于驳斥"先占"的内容在第五章。对格劳秀斯而言，对它的驳斥最关键是明确证明：海洋不可被占有，或者海洋排斥主权。海洋因其无边无际，不可能被任何人占有，海洋的共同使用是必然的："海洋无论如何不可能成为任何人的私有财产，因为自然不仅允许而且强迫人们去共同使用。"[2] "海洋的自然特性不同于海岸，因为海洋除了很有限的空间，既不能轻而易举地在海上建造东西，也不能将海洋围圈。" "无论是国家还是个人，都不可能在海洋上建立任何私有权。" 海滩和海湾是例外，它们有可能被私人占有。但格劳秀斯同时又提醒我们，他这本小书所讨论的仅仅是那无边无际的海洋。[3] 葡萄牙人和西班牙人正是宣告了他们对那片无边无际的海洋的主权，格劳秀斯说："如果我们考虑西班牙人的份额，其主张与葡萄牙人如出一辙，就会发现比整个环保地球的海洋稍小一点点的区域就全归这两个国家了，而世界上所有其他的人

---

[1] Hugo Grotius, *Mare Liberum* (1609–2009), Leiden: Brill, 2009, chapter 4, p. 47.
[2] Hugo Grotius, *Mare Liberum* (1609–2009), Leiden: Brill, 2009, chapter 5, p. 65.
[3] Hugo Grotius, *Mare Liberum* (1609–2009), Leiden: Brill, 2009, chapter 5, p. 81.

民统统被限制在北部海洋的狭窄区域内。"① 但葡萄牙人并没有占有海洋，因为海洋不可能被占有，葡萄牙人根本无法真正划出势力范围，他们"不得不求助于想象的分界线（an imaginary line）"，他们发现航线，但仅仅在海上激起了一阵浪花，没留下任何东西；他们发现的航线，早就有人航行过。因此，禁止别人在海上航行，在法律上得不到任何支持。现代国际关系史开始之后的很长时间，全球海洋被西班牙、葡萄牙瓜分，而格劳秀斯所提的这种要求本质上迎合了从哈布斯堡王朝内部革命而新生的海上强国——荷兰——对全球海上利益分一杯羹的要求。

第八章开始至最后，格劳秀斯进一步阐述海洋航行自由的前提和最终目的：贸易自由。贸易自由是基于自然法，源于人类相互交往和交换的本质，格劳秀斯说："贸易自由是基于国家的原始权利，它有着自然和永久的原因；因此，该权利不能被消灭，或在任何情况下不可以被消灭。"② 贸易权作为一种权利，同样无法被独占。理由则如下：

"先占"对独占贸易权来说是不可能的，因为进行贸易的权利不是什么实实在在的物体，没法抓住。而一开始，人们就在探寻不同道路与他人交往，总有人是第一批与他人交易者，但这些人并不会因此获得任何权利。

教皇赠予也是如之前论证的一样，在精神领域之外，教皇的权力终止。格劳秀斯甚至说，世俗的君主在他们的统治范围内也没有资格禁止自由贸易。

格劳秀斯将贸易的根源归于人类的自然和必需，"源自平等地属于大家的公共权利"。正如海洋一样，本身无法具备排他性所有权特征的东西，永远也无法产生所有权，时效导致的独占贸易权的问题也就瓦解了。

第十二章是一个小结：葡萄牙人并没有正义的依据来禁止他人贸易。格劳秀斯在这里最重要的反驳是：利益应该均沾，尤其是这种利益原本

---

① Hugo Grotius, *Mare Liberum* (1609–2009), Leiden: Brill, 2009, chapter 5, p. 81.
② Hugo Grotius, *Mare Liberum* (1609–2009), Leiden: Brill, 2009, chapter 8, p. 131.

就应该对所有人公开。

于是，荷兰人应当维护自己应该享有的自由和正义，而这种自由和正义的维护，如果和平和条约方式不能很好地解决，那么就可以诉诸战争，而这种战争是正义的：因为"不仅是为了自己的自由，而且也为了全人类的自由"①。而这种自由和正义的目的则是为了荷兰的海上贸易，为了荷兰的赚钱事业。

简单总结一下格劳秀斯的论证逻辑：第一，基于人类天性（即自然），贸易自由是必须的；第二，海洋排斥占有。因此荷兰可以自由航行到东印度，并与那些国家进行自由贸易。也就是说，某些钱原本全人类都可以拿，那么就应该利益均沾。为此可以不惜一战，这种战争是正义战争。

二、海洋、贸易与上帝

格劳秀斯的《海洋自由论》从文本来看，博学、雄辩、成熟、伟大，其论证逻辑简洁清晰，极有说服力，但它同时是一部有着多重疑点的奇书，最大的疑点在于格劳秀斯是匿名发表该著，而《海洋自由论》作为其中一个章节所在的《捕获法》，则至死都未公开发表。据格劳秀斯自称，他是顾忌"安全"②。事实上，这种所谓的海洋自由，本质上仍是荷兰国家利益的一种申张，未必真的如格劳秀斯所说的具有那么多全人类的关怀和考虑（即依据自然法所论证的目的恰恰是私人的利益追逐）。格劳秀斯明白自己理论上的论证必然会被误用，并且会实际上推进海洋利益的争夺，而这种贪婪与他原初意义上人类共享共有物的初衷大有区别。因此，这种海洋自由的论证本质上只是出于政治实用或爱国心的考虑。

---

① Hugo Grotius, *Mare Liberum* (1609–2009), Leiden: Brill, 2009, chapter 13, p. 151.
② 〔荷〕格劳秀斯：《对海洋自由论第五章的辩护》，见〔荷〕格劳秀斯：《海洋自由论》，宇川译，上海三联书店2005年版，附录，第73页。

依据格劳秀斯的三法关系，海洋自由如果仅仅是为了贸易和赚钱而写，那么必然与格劳秀斯内心深处最高的神法相违背。从而使得海洋自由对格劳秀斯本人而言实际上仅仅是一种暂时的权宜之计。

在格劳秀斯那颗虔诚的内心中，海洋自由不自由的主题，本质上不怎么重要（当然不是说，格劳秀斯认为海洋自由的问题在实际政治生活中一点不重要，否则他就不会写了）。格劳秀斯强调："我们正在讨论的事情——也就是说，海洋和航海权——仅仅与金钱和纯粹的利润有关，而与虔诚与否无关。"① 海洋自由的事情，跟金钱利润有关，跟个人的信仰和对上帝的虔诚无关。或者说，海洋自由的问题，跟最高的神法没有关系。格劳秀斯坚定地将这种利用自然法来为本国攫取利益的行为排除在虔敬之外。

正如之前所述，格劳秀斯会明确表示：海洋与航海自由仅仅同利润和金钱有关，相比于虔诚和信仰，要更为低下。这从更深的层面解释了格劳秀斯发表海洋自由论时为何匿名。为一种贪欲作事实上的辩护（哪怕是他热爱的荷兰），跟格劳秀斯内心的虔敬不相吻合。假如要以真实身份发表，应当将其置于一个更大的理论框架内，并且在这一框架下，对神法的强调从不缺席。于是，《海洋自由论》之后以一种缩减的形式在《战争与和平法》中出现。

格劳秀斯后来对《海洋自由论》的辩护中提到：在伊甸园状态中，是没有私有物的。② 自从人类堕落以来，原罪进入人世，人类变得自私、贪婪，私有物变多（当然格劳秀斯这里是要强调，即便如此，仍然有共有物）。伊甸园状态意味着人类没有原罪的时刻，意味着最美好的时刻。最美好实际上表示没有私有。公有的情况下，不会有贪婪与利益——哪怕是去要求均沾人类共同的利益。

---

① Hugo Grotius, *Mare Liberum* (1609–2009), Leiden: Brill, 2009, chapter 6, p. 97.
② 〔荷〕格劳秀斯：《对海洋自由论第五章的辩护》，见〔荷〕格劳秀斯：《海洋自由论》，宇川译，上海三联书店2005年版，附录，第82页。

他日后甚至进一步承认："我的讲述海洋自由的作品是在高昂的爱国精神下——但也是在我的年轻时代——所撰就的"①，这样一种对年少时代的反省进一步印证了格劳秀斯的内心虔诚。相对于基督教的爱全人类、甚而爱你的敌人之类的普世情怀而言，"爱国"显然不是什么道德高尚的东西。真正的基督徒并不会把爱国作为最高的追求。

在进行"海洋自由"论证的《战争与和平法》中，格劳秀斯并没有直接论述所谓人类共有物品的特性，反而首先开始阐述所谓的人类原初状态："最早人类的状态（the state of the first men）。"最早人类是"被造的（were created）"，而且"单纯……裸露……未知善和恶"，"亚当是这种人类的代表"。但是人类"无法继续如此单纯和天真的生活"，因为毒蛇引诱他们吃下了智慧树上的果实，他们知道了善与恶并且从此堕落。在人类数目较少之时，人类共有之物完全"足够"许多人使用，然而，人类数目越来越多，私有开始产生，谁得到即谁拥有。② 当然，共有物"无论其整体还是其主要部分，都不能被私人拥有"③。私有物（主权也是一种私有，国与国的区分，国家利益等等均为私有），是人类堕落的产物，本质上彰显人类的罪恶、野心及贪婪。

《海洋自由论》所在的《捕获法》更残酷，这也是为什么格劳秀斯到死不愿意发表这部作品的原因。《捕获法》的写作也是出于非常直接的目的：为了荷兰的利益。全书一开头，格劳秀斯明确阐明："如果荷兰人不与西班牙的海上劫路者作斗争，那么伊比利亚人未开化般的傲慢将膨胀到登峰造极的地步，整个世界的海岸很快会被封锁，与亚洲的商业也会崩溃，而这正是我国的富裕赖以生存的商业。"④ 最终的落脚点仍然是荷兰的利益和富裕。

---

① 〔美〕金斯肯德：《现代国际法的古典渊源——格劳秀斯与赛尔登》，见刘小枫、陈少明主编：《格劳秀斯与国际正义》（《经典与解释》第34辑），华夏出版社2011年版，第28页注释1。
② Hugo Grotius, *De Jure Belli ac Pacis Libri Tres*, 2.2.2.1 – 2.2.2.5.
③ Hugo Grotius, *De Jure Belli ac Pacis Libri Tres*, 2.2.3.1.
④ 〔荷〕格老秀斯：《捕获法》，张乃根等译，上海人民出版社2006年版，第4页。

格劳秀斯表明：诸法之中，最为首要的法为神的意志。它"直接指明了法的来源，并被正确地确定为首要原则"。神法推演出对自己的爱和对他人的爱，"前者被称为欲望，后者被称为友好"。依据其三法关系的国际关系哲理，格劳秀斯认为对他人的爱更为高尚、更值得赞美，这种爱在"被特别赋予了最高理智属性的生物的人类中最为耀眼"①，人类在价值上超越所有其他生物。显然这样的要求太高，出于权宜之计，他又跟《战争与和平法》中一样，批评了两种极端，赞美了中庸。② 我们应该从他的政治实用角度，理解他这种对于中庸的暂时性赞美。于是格劳秀斯强调："关于何种法处于更优越地位的问题，取决于所涉戒律的起源和目的之双重基础。从起源角度出发，神法优于人法，人法优于民法。从目的角度考虑，考虑个人利益的法优于考虑他人利益的法。"③ 他一定感觉很不对劲，这一段最后又硬生生地加上一句："一旦那种迫在眉睫的死亡或损失之危险消失，人们就有义务一并地、同时地遵守那些不再相互冲突的不同法律。"④ 三法关系几乎处处可体现于格劳秀斯的作品（甚至是那些早期因爱国热情导致倾向性更为明显的作品）。

即便是在因政治目的很强而显得异常残酷的《捕获法》中，我们仍然可以看到一个内心坚定的基督徒格劳秀斯，当然，这个基督徒显然不是空想家，出于其政治实用的态度，他很认真地为他祖国的商业利益而出谋划策——即便这些政策对他的内心信仰而言显得道德上低下。

三、结论

海洋自由论作为格劳秀斯最有影响和穿透力的思想观点，当我们重

---

① 〔荷〕格老秀斯：《捕获法》，张乃根等译，上海人民出版社2006年版，第16页。
② 〔荷〕格老秀斯：《捕获法》，张乃根等译，上海人民出版社2006年版，第3—7页。
③ 〔荷〕格老秀斯：《捕获法》，张乃根等译，上海人民出版社2006年版，第34页。
④ 〔荷〕格老秀斯：《捕获法》，张乃根等译，上海人民出版社2006年版，第35页。

新回到这一观点提出者那里，会发现实际上对这一观点的诸多方面的解读需要重构，甚至将为海洋自由而战视为正义的所谓正义战争理论也需要重新解读。

格劳秀斯的海洋自由论有如下两个基本观点：第一，贸易自由是格劳秀斯论述海洋自由的前提和最终目的，这种为海洋而战的正义战争本质上是为利益而战，是出于赤裸裸经济利益的考虑和为荷兰国家利益伸张的目的：争夺西班牙和葡萄牙对海上利益的垄断。第二，格劳秀斯是位极其虔诚的基督徒，他自己都承认海洋自由并不是出于其高尚目的，而仅仅是为爱国心所驱使的、仅仅与金钱和利润而与其虔诚内心无关的事业，其根源在于人类的堕落。而这处处可体现其三法关系的作用，可以说，格劳秀斯的主要观点，从《海洋自由论》《捕获法》延续到《战争与和平法》，一直没有什么变化。

第 6 章

格劳秀斯的遗产：结论

一、小结

思想史研究（包括国际关系理论思想史）的研究，最根本性的问题在于正本清源，针对学界的诸多争论，本书试图尽可能地清晰展示格劳秀斯国际关系哲理的整全面貌。多卷巨著中已然过于宏富和细致的立法，在格劳秀斯看来，仍然"并没有把可以说的都说完"，而仅仅是就"奠立根基"而言说了足够的东西。① 其三法关系正是格劳秀斯规范国家间关系的最为重要的依据和根基。

在每一个重要问题上（比如正义战争），格劳秀斯都会依次分析依据自然法、神法和万国法何为正义（或合法），但他同时又强调自然法、神法和万国法之间的区别和联系，但在某一个具体情况中，他给出多个标准，究竟依据哪一个才是正义？一直以来的学者认为格劳秀斯在此陷入了矛盾和混乱。本书认为并非如此，相反，格劳秀斯有一个异常宏大和精巧的理论体系。为了限制和规范战争的目的能真正达成，出于面对战争情况下的**法之现实可行性**的考虑，格劳秀斯在制定国际关系规范的过程中，对传统的六法关系进行了修改，包括六点：第一，将自然法、神

---

① Hugo Grotius, *De Jure Belli ac Pacis Libri Tres*, 3.25.1.

法和万国三法明确分开，各法之间相互独立，区分开后具体的选择可以不考虑其他法度（但格劳秀斯并没有完全真正的区分开，尤其他希望选择法度者能眼睛向上看，选择更高的法度）；第二，经修改后，法要求严格遵守的程度为万国法＞自然法＞神法，其中唯一对所有人类而言要求严格遵守的法是万国法，这与法的要求高低正好相反，即从道德上看，神法＞自然法＞万国法；第三，要求严格遵守的万国法可能有两类情况，即万国法比较符合自然法甚至神法，但也很有可能是一群国家同意之下的反（国际）社会的万国法，格劳秀斯要求无论哪种都必须严格遵守；第四，这种修改本质上是为了减少和限制战争，是为了神法、自然法和万国法在哪怕战争中也尽可能多地得到遵守，而不是理查德·塔克之类认为的格劳秀斯就是隐藏着的霍布斯，在格劳秀斯那里，是和平本身导致了对正义的偏离；第五，这种严格区分是出于对法的现实可行性的考虑，具有暂时性，他不断强调，未经修改更好；第六，一旦极端情况消失，格劳秀斯坚决要求放弃之前所作的让步。格劳秀斯不停强调将三法严格切割开，又时时处处强调三法原初的道德高下、强调还有更好的选择，这几乎充斥《战争与和平法》的每个角落。

假如不使用之前论证中为了精准而略显繁复的说法，格劳秀斯的思想可以用这样几句略简短的话加以概括：他坚持传统，但面对混战的现实挑战作了调整；他的调整很政治、很策略，同时他又憎恶自己的这种堕落。

他思想最精辟的展现，实际上是他自己的一句话："我必须回头"。①这句话有两层意思：第一，他知道自己必须而且不得不去走另一条路；第二，他承认这是条弯路，觉得不该走得太远，于是他害怕了。需要注意，他从来没有否认自己那种"堕落"的必要性：对和平或者战争不要扩大的热切期望，压倒了他内心的道德要求。他的处理方式就是将这几种正义严格区分开，依赖个人或国家自己选择（表明只有万国法需要严

---

① Hugo Grotius, *De Jure Belli ac Pacis Libri Tres*, 3.10.1.1.

格遵守，同时又对更好的正义有诸多强调）。

　　之后的学者居然很多人完全忘记了格劳秀斯强调的最重要的任务：对各种法严格区分。以致于大部分人看不到格劳秀斯严格区分的初衷，看不到他对这种严格区分的坚持以及具体做法，也看不到格劳秀斯对自己这种严格区分的犹豫和道德上的迂回。从而使得后世学者往往抓住某一个点或者某一个面相不放，将之认定为格劳秀斯的全部思想，从而使得对格劳秀斯的解读呈现出诸多令人吃惊的矛盾、甚至完全的对立，而在这种解读下对格劳秀斯思想遗产的传承变得让人无法适从①。最为明显的是所谓"格劳秀斯传统"和"格劳秀斯就是霍布斯"的两大对立，前者的格劳秀斯看起来像是个道德家，后者的格劳秀斯看起来像个疯狂的战争鼓吹者。

　　这实际上是由于对格劳秀斯写作方式的无知造成的（这种写作方式几乎与他的思想连为一体）。事实上这种写作方式被如同格劳秀斯一样克制或在写作中同样有所顾忌的伟大思想家们所激赏（卢梭当然是个激情四射的人），比如著名的法国政治哲学家、法学理论家、历史学家孟德斯鸠。② 他

---

① 详细内容可参看本书的"研究现状"部分。
② 孟德斯鸠的写作方式与格劳秀斯极为类似（观点则并非完全一致），同时曲折和向两极的波动更为频繁。在其巨著《论法的精神》中，从"政体分类及高下——新的政体——全球推广的困境——革命性推广工具——对商业精神的阻碍——政体设计或改良者——回到法国"，孟德斯鸠的总体思路可总结为：步子是要迈的（承认有些地方不可能迈），但不能迈得太快。他要慢慢挑起革命，在不可能引起革命的地方则尽可能地推进自由。他有一个**最佳的**英国式前景：依赖权力制衡和贸易精神的伟大国度，但他更强调这一前景在推广至全球时的困境、甚至不可能性。因此，最终这一切都依赖于立法者在目标明确的基础上的极端审慎。《论法的精神》一书的脉络中就有几次往返：(1) 政体分类中发现小共和国的优点和巨大弱点，这是一次低潮；(2) 小共和国的安全呼唤新的政体，新政体不仅追求安全，且是唯一以"自由"本身为目的的政体，所有旧政体都可以有不同程度的自由，但只有新政体的目的即为自由，以"英国"为顶点，这是全书最高潮；(3) 这种政体在全球推广的困境在于两类环境：自然的和人文的，这又是一次低潮；(4) 贸易精神和贸易的传播和推广自由的功能，这又是一次上扬；(5) 宗教（尤其是基督教）是商业攫取精神的最大阻碍，这又是一次低潮；(6) 最终求诸立法者的审慎，这是一次审慎的上扬，因为立法者不可以快速推进革命，可能要有**"好几个世纪的准备时间"**（孟德斯鸠语）；(7) 法国作为例解，如何在君主制下慢慢推进变革，促进自由、暂保君王。参看张云雷：《法的精神、商业与全球自由》，见洪涛主编《复旦政治哲学评论》第6辑，上海人民出版社2015年版，第168—193页。

在其《随想录》中极力赞美格劳秀斯的写作方式:"我向格劳秀斯先生和普芬道夫先生致敬。感谢他们撰写了本应由我在这部著作中撰写的一大部分,况且,他们在写作中所表现出的才华,是我永远无法企及的。如果有人并未感觉到我所说的这一点,那就是我的过错。新的不一定就是大胆的。我相信,好的东西是大多数,最好的东西是极少数。"① 孟德斯鸠激赏格劳秀斯如此写作,而他自己的写作毫无疑问受其巨大影响,孟德斯鸠感慨:"我想扬帆大洋,可是我不得不贴着海岸而行。"②

不可否认,为了和平或者为了战争不再扩大,格劳秀斯很多时候(尤其是谈论"交战正义"之时)放低了对正义的要求,某些时刻在读者看来,几乎就是全然抛弃了全部的神法、自然法和任何意义上的正义(当然,在他眼里这仍然有正义,这种正义绝非完美,但可以免受惩罚,因而是可允许的)。而这种危急时刻的放弃正义,使得格劳秀斯呈现出绝对的霍布斯面相,这也诱使"剑桥学派"著名政治思想史学者理查德·塔克将其完全等同于霍布斯。但格劳秀斯仍然在关键意义上不同于霍布斯。首先在于,即便格劳秀斯深处欧洲战乱,他的所有理论预设都认为战争是暂时的,危急时刻不会持久,即他的所有考虑都以和平状态为正常状态。霍布斯则正好相反。列奥·施特劳斯曾经有如下一段话谈及格劳秀斯列为最高哲人的亚里士多德,同样可以很好地用来反映格劳秀斯与霍布斯之间的最重要区别:"马基雅维利否认自然正确,因为他将自己定位在极端状态,这种状态中正义的要求被减缩为必需(necessity)的要求;他不将自己定位在正常(normal)状态,在这种状态中严格意义上正义的要求是最高的法。进一步地,他偏离正常状态下的正义时,没有什么犹豫。恰恰相反,他从对于这些偏离的思考中获得了巨大的愉快,他

---

① 孟德斯鸠:《随想录》第191条,转引自〔法〕孟德斯鸠:《论法的精神》,许明龙译,商务印书馆2012年版,附录,第860页。
② 孟德斯鸠:《随想录》第335条,转引自〔法〕孟德斯鸠:《论法的精神》,许明龙译,商务印书馆2012年版,附录,第904页。

也毫不去关心对任何具体的偏离究竟是否必须进行细致的考察。另一方面，亚里士多德式的真正政治家则将自己定位于正常状态和正常的正确，即便为了正义和人道本身而对正常的正义所做的偏离，他也非常犹豫。这种区别在法的表述上没法进行。但它的政治重要性是显而易见的。"①同样重要的是，虽然在危急时刻，仅有"可允许的"万国法是需要严格遵守的，自然法和神法退后为道德要求，但格劳秀斯从未真正放弃他们：即便在开战正义中，他谈完万国法之后，高呼自己"必须回头"，并且开始强调自然法要求的"克制"和神法要求的"善意"，并声称这是更好的人的行为、值得赞美。

格劳秀斯对各种正义/法的区分和对万国法为唯一严格遵守的法的强调，以及他对于这种区分的犹豫和对更高的正义的不断提及和强调，构成了他全部国际关系规范制定的哲理基础。

二、格劳秀斯的影响

格劳秀斯被誉为当时欧洲思想界"政治理论终极真理的代言人"②，几乎后世所有的政治理论家和国际关系思想家都热衷于阅读和讨论他，其中包括了霍布斯、洛克、卢梭、普芬道夫、孟德斯鸠等等。他的主要影响如下：

第一，他是古往今来第一个系统论述国际关系的思想家。国际关系向来仅仅是伟大的政治思想家思考的附属品，假如可以写一部国际关系思想史，那么估计均为各位思想大家的片论式观点的集结。而格劳秀斯是古往今来第一位以如此巨大的篇幅（不仅是鸿篇巨制《战争与和平法》，还有《捕获法》《海洋自由论》和其他关于正义战争及基督教哲学

---

① Leo Strauss, *Natural Right and History*, Chicago: The University of Chicago Press, 1965, p. 162.
② William Dunning, *A History of Political Theories: From Luther to Montesquieu*, New York: The Macmillan Company, 1921, p. 301.

下的国家间关系的诸多论述)来阐释国际关系的思想家,这种阐释宏观全面,几乎涉及国际关系领域的所有方面:政治构建、战争关系、所有权的规定、不同宗教间国家的关系、相同宗教信仰国家间的关系、经济贸易关系、正义战争理论、国际法的实证法和自然法,等等。

第二,他用来分析阐述国际关系的三法体系中一大创新在于,将法律和道德(在格劳秀斯那里称之为要求严格遵守的法,即万国法,和其他两法:自然法和神法)区分开,这种区分产生了格劳秀斯未曾预期和不愿见到的巨大后果。自然法和神法被归于道德领域,则意味着遵守还是不遵守依赖于个人的道德意识。格劳秀斯的这一区分,为日后霍布斯等人将上帝彻底赶出政治领域并将其限定在私人领域,提供了重要基础。而此后国际法领域内,实证法压倒性地占优,自然法慢慢受到排挤,其源头正在于被称为自然法之集大成者的格劳秀斯。当然这一切都不是格劳秀斯意愿的,他的所有让步都仅仅是为了和平或者缓解战争烈度,都是出于极端情况下的不得已。但他的这种不得已,在后世演变成了常态,是格劳秀斯自己为这种他不愿意见到的后果打开了大门。甚至可以说,正是由于他的调整,自然法才被后世人摒弃,在这个意义上他比霍布斯更早地倾向于认定:"自然法不是法律。"①

第三,格劳秀斯的思想对日后国际法领域的格劳秀斯传统、国际关系领域的英国学派都产生了至关重要的影响。虽然格劳秀斯本人与格劳秀斯传统、英国学派的真正关系存在诸多疑点,但格劳秀斯最重要的观点——即国家之间是有法的,甚至在战争中也是有法存在的——对他们显然有着不可磨灭的影响。在整部现代思想史上,格劳秀斯本人的思想和借由"格劳秀斯传统"而引发的对他作品的关注,激发了国际法学科的萌生和一直延续不断的对国际关系和战争问题的伦理思考。他不仅对自然法学派有关键性影响,对神学和宗教学领域的宗教宽容和各信仰宗

---

① Thomas Hobbes, *On the Citizen*, Richard Tuck and Michael Silverthorne (eds.), Cambridge: Cambridge University Press, 1998, p. 56.

教国家间的关系问题有相当集大成的论述和影响,同时,在本书的研究中可以看到,我们甚至可以非常有把握地说,所谓现代国际法包括国际关系中的实证法传统(对作为意志法的万国法的倚重),同样源自格劳秀斯本人。

三、格劳秀斯与国际关系理论中的英国学派

格劳秀斯在国际关系理论领域最大的遗产就是所谓的英国学派。英国学派并没有非常严格的界定,但它是二十世纪在美国主流国际关系学界之外流行的一个学者群。尤其近几十年来,英国学派因其独特新颖的切入路径、自有独到的问题意识、甘为寂寞的学术虔诚、细致深入的调查探讨、蔚为壮观的学术成就,越来越受到国际学术界的关注。几乎无人不被他们著述的厚重、学养的深厚和对于家国、欧洲政体乃至全人类的使命感和责任感所倾倒。这些学人的作品给玩弄所谓精致理论和与现实大为脱节的科学模式的国际关系学界吹来了一阵原属"老欧洲"的贵族典雅气派。他们不搞争论,却对时髦的研究方式不多加理睬,即便为"主流"学界所不赏,仍自顾自地出版着一篇篇文章、一本本书。然而如今,谁也不会小觑这一群被冠为"英国学派"的学人的影响力(即便他们内部之间观点有张力)。

几乎所有的英国学派学人都将其思想基础追溯到格劳秀斯,所谓的国际关系中的"理性主义"被直接命名为"格劳秀斯主义",而英国学派最重要的理论概念和实证研究的重要领域——"国际社会"——同样被追溯到格劳秀斯。

理性主义的根基在于人的理性及认知能力,最重要的就是导向人类的社会倾向。然而,格劳秀斯则认为最少的人那里能保存有这类自然,绝大部分人,恰恰是因为教育以及认知有缺陷,不能存有这类社会倾向。虽然,格劳秀斯高扬,只有少数人那里保有的东西,才是真正的人类特

质，所有人都应该去尽力达到。理性主义假如立基于人类理性，人类如果依据自然就是倾向过社会生活的，那他们就无法解释为何人类互相间数百年来的大战。于是理性主义用一种二元的论断来进行调和，人类既不理性、又理性，至少在最低限度上保有一定程度的理性。然而，格劳秀斯虽然承认只有少部分人能遵循更好的社会倾向的自然法，但他坚决否认不理性是人类的特征。或者说，格劳秀斯实际上坚定地认为，绝大部分人都不是人类，因此必须要有自然法和神法的补充和帮助，也因此上帝作为最高的信仰和最高的惩罚者，从未被格劳秀斯以任何世俗化的手段袪除。在虔诚的基督徒格劳秀斯眼里，对绝大多数人来说，真正的理性是信仰，而非人类认知能力。这跟所谓理性主义者有很大的区别。

　　国际社会的概念在英国学派那里有着独特的含义，但具体的定义又各个不同，依据一本权威教材的概括："其关键概念，就是前面提到的'国际社会'，国际政治被理解成政治的一个没有等级性权威的特殊部分，也就是说，在主权国家之上没有世界政府。在这个方面，他们与经典现实主义者相同。然而他们认为，国家间也存在着共同的利益、规则、制度和组织，它们由国家创造和共享，并有助于塑造国家之间的关系。……独立的国家之间存在着一种世界范围的社会秩序。……国际关系越是构成为一个社会，它就越不仅仅构成为一个体系。这是一个程度指标，它表明世界政治能以自身规范与价值形成一个独特的人类文明。"[①]这种国际社会与格劳秀斯那里的同一概念有重大区别。英国学派的国际政治概念中，国与国之间只要有哪怕最低程度的规范甚至共识，就可以算作是国际社会。而他们的国际社会是现实存在的，即便有战争（甚至战争也可以作为一种规范机制）。而格劳秀斯的国际社会是理论预设中的，它要求极高，容不得且绝不存在战争，它的存在和延续依赖的是人类对上帝的信仰，是一群基督徒在此世可以达到的最高境界，而非任何

---

① 〔加拿大〕罗伯特·杰克逊、〔丹〕索格·索伦森：《国际关系学理论与方法》，吴勇、宋德星译，天津人民出版社2008年版，第180—181页。

其他东西。

英国学派远没有格劳秀斯那么关注战争,更不厌恶战争,他们的问题意识与格劳秀斯完全不同,并没有什么迫切的和平渴望,没有让步与不让步、犹豫与不犹豫的问题。也因此,英国学派学人的观点一方面远没有格劳秀斯血腥和残酷,另一方面他们的国家间关系也远没有达到格劳秀斯的最高要求。他们的国际社会如果在格劳秀斯看来,要求实在太低。

四、格劳秀斯的当今适切性

对格劳秀斯思想的探究完全可以仅仅出于一种理论好奇和智识兴趣(例如本书),但任何一个研究者也不得不考虑这样的问题:研究格劳秀斯究竟有哪些重要性?格劳秀斯对我们当今到底还有什么意义?

首先,格劳秀斯作为当时欧洲最有影响力的政治理论家、宗教学者、国际关系思考者,几乎决定性地影响了霍布斯、洛克、卢梭等人的思想(无论他们是否在根本点上同意格劳秀斯),他的三法体系不仅是其国际关系思想的基石,更因其集大成和创新性而成为整部西方政治思想史的转折点,推进了现代自然状态理论、现代国家理论、现代国际关系理论的形成和发展。对于理解当今流行的此类现代国家理论和国际关系理论的来龙去脉和初创,格劳秀斯绝对是不可绕开的最重要人物。如今的现代国家体系实际上来源于那个世纪的欧洲,无论是理论上还是实践上都是如此。询问格劳秀斯还能告诉我们什么,实际上是追问我们当下国际政治甚至现代政治生活的全部源头所在。然而如今对格劳秀斯的研究却极端匮乏同时又矛盾重重、令人无所适从。

其次,冷战结束后的二十年,虽然各地仍有较多小规模的战乱、热点地区阴霾重重,但总体而言,这二十年是全球共享和平的二十年。假如加上似战非战的冷战数十年,全世界未曾爆发大规模战争的时间已经超过了半个多世纪。和平的岁月令人难以置信地较为长久,对于世界未来或至少可以预见的未来，普遍有一种相当的乐观，战争尤其是大规模战争的危险或许并未完全消失，但很长一段时间内难以爆发。也因此在国际关系思想界，国际法、正义战争、和平研究、自由主义（新自由制度主义）、全球化理论等迅速回暖或崛起。这种对国际规范的重新回暖趋势，恰恰为重新研究格劳秀斯提供了契机。作为思想史上第一位对国际关系法度、伦理或者正义战争进行过系统研究的学者，同时也是第一位具有全球视野并开始关注基督教国家与非基督教国家、宗主国与殖民地国家及未知民族间关系的思想家，格劳秀斯的恢弘论述中有诸多的经验可以吸收。同时，格劳秀斯论述中的政治策略性和灵活性，也是后世所有立法者对政治生活本质认识的重要依托以及理解如何策略性地达成更高目标的重要指南。

最后，要谈一个看起来跟中国人没太大关系的现实意义。如今国际关系学界很少有人在做宗教研究，但宗教在整部国际关系史上都是起着决定性的或者至关重要的作用。如今的国际舞台上，国际冲突频发的地方，往往参杂着诸多宗教矛盾、信仰冲突的问题。而在思想领域就更是如此：在国际关系理论思想领域，大部分学者都是有宗教信仰背景的。比如阿奎那、维多利亚、苏亚雷斯、格劳秀斯、康德、怀特、巴特菲尔德、尼布尔等等，还有当今活跃在国际伦理或者政治哲学领域中的一批学者。面对全球几乎三分之二以上的人有信仰这一事实①，面对诸多国际关系思想家有信仰的事实②，神学视角的重新确立，对于真切认识诸位思想家的最终旨归和当今世界，有莫大的意义③，甚而真正切入所谓"文明

---

① "只有理解占世界人口三分之二以上的有神论人群如何思维和推理，才能真正把握国际政治的真谛。"（王缉思：《亨廷顿理论的启迪与谬误》，载《世界知识》2003 年第 9 期，第 9 页。）
② 如怀特"三大传统"的代表人物康德、霍布斯、马基雅维利、格劳秀斯，又如尼布尔、怀特、巴特菲尔德、施米特等，均信仰上帝。
③ Renée Jeffery, *Hugo Grotius in International Thought*, New York: Palgrave Macmillan, 2006, p. 151.

冲突论""认同"和"身份建构""原教旨主义"等问题和当今一些热点地区冲突事态的核心。如今甚至已经开始有学者试图再造一个国际关系的分支学科——"国际政治神学（International Political Theology）"①。即便不是以一种与格劳秀斯类似的真正有信仰者的角度，也需要一种对当下宗教研究在国际关系中几乎缺位的系统矫正。②

---

① Vendulka Kubálková, "Towards an International Political Theology", *Millennium: Journal of International Studies*, 2000, Vol. 29, No. 3, pp. 675 – 704.
② 一项最新的对宗教与国际秩序变迁的杰出研究是一个例外，参看：Andrew Phillips, *War, Religion and Empire: The Transformation of International Orders*, Cambridge: Cambridge University Press, 2011。

附 录

法的精神、商业与全球自由[*]

张云雷

> 我向格劳秀斯先生和普芬道夫先生致敬。感谢他们撰写了本应由我在这部著作中撰写的一大部分,况且,他们在写作中所表现出的才华,是我永远无法企及的。如果有人并未感觉到我所说的这一点,那就是我的过错。新的不一定就是大胆的。
>
> ——孟德斯鸠[①]

迄今为止对孟德斯鸠的解读有多重分歧:有人认为孟德斯鸠(如他自己所说)不偏不倚;有人认为孟德斯鸠最推崇君主制;有人认为孟德斯鸠推崇英国;有人认为孟德斯鸠的关键仅在"三权分立",其他都是废话;有人认为孟德斯鸠是自然法理论的集大成者;有人认为他背叛了自然法传统;有人认为他维护了基督教,并且基督教适合于宽和政体;有人认为他彻底瓦解了基督教的神学根基;有人认为他是审慎保守,有人认为他激进革命,有人认为他见风使舵……不一而足。自由派当然爱孟

---

[*] 本文已刊发于洪涛主编《复旦政治哲学评论》第 6 辑,上海人民出版社 2015 年版,第 168—193 页。收入本书时,文字上有所调整和改动。

[①] Montesquieu, *My Thoughts* (*Mes Pensées*), Translated, edited, and with an Introduction by Henry C. Clark, Indianapolis: Liberty Fund, 2012, p. 556. 下文一律引为 Montesquieu, *Pensées*, 1863, p. 556, 其中 1863 为巴克豪森版编号,556 为克拉克英译版页码。

德斯鸠,但专制者也爱孟德斯鸠①,古典派也爱孟德斯鸠②。假使能从孟德斯鸠的文本中读出所有这些几乎截然对立的东西,内在相对立的东西绝不可能完美地统一起来(即便可以在同一事物表面呈现出来),孟德斯鸠本人绝不会像他自己宣称地那样"不偏不倚"③,即便他不试图惹恼任何一方。

真正理解孟德斯鸠思想的关键在于把握他的论说和写作方式,这一点直接关涉(甚至可以说"这直接就是")孟德斯鸠全部理论的核心要义。从任何别的角度出发,都找不到进入孟德斯鸠思想的法门。

一、孟德斯鸠的论说方式

《随想录》中辑有孟德斯鸠对于其倾注了二十年心血的《论法的精神》一书的自我预期:"如果允许我对我的作品的命运作预测:它更多地会得到称赞,而非真正的阅读。"④ 现实确如他所预期的一样,《论法的精神》广受赞誉,被列为现代思想史上最重要的经典之一;但与此同时,即便是最认真的读者也都会承认:这部书简直令人难以容忍地东拉西扯,不仅结构混乱,而且观点前后矛盾。孟德斯鸠甚至明白自己这本书给人造成的困难:"我有一个请求,总怕人们不允许。就是请求读者对一本二十年的著作不要读一会儿就进行判断;要对整本书,而不是对几句话,

---

① 〔法〕孟德斯鸠:《罗马盛衰原因论》,婉玲译,商务印书馆1962年版,第206—207页。
② 〔美〕列奥·施特劳斯:《自然权利与历史》,彭刚译,生活·读书·新知三联书店2003年版,第167页。"我们可以稳妥地说,作为一个研究政治的人,作为一个在政治上理智健全的人,他(孟德斯鸠)所明确教导的东西,更接近于古典派的而不是托马斯的精神。"
③ 孟德斯鸠:《论法的精神》(上册),张雁深译,商务印书馆1959年版,"著者原序",第29页。"我的著作,没有意思非难任何国家已经建立了的东西,每个国家将在这本书里找到自己的准则所以建立的理由。"若非指明,下文均引用此译本。凡有改动和不同之处,一律依据:Montesquieu, *The Spirit of the Laws*, Anne Cohler, Basia Miller, and Harold Stone (trans.), Cambridge: Cambridge University Press, 1989。文中不再一一指出。
④ Montesquieu, *Pensées*, 1723, p. 511。

加以赞许或非议。"① 他显然完全知道自己写作方式会无法让人一下子抓住关键。即便绝大部分人都认为孟德斯鸠东拉西扯、结构混乱，但据说真正理解孟德斯鸠的人都不这么认为，比如达朗贝尔不这么认为②，施特劳斯不这么认为③。孟德斯鸠自己也不这么认为——他只承认自己是表面上混乱。我们必须相信：一个写出了《波斯人信札》一般文采盎然作品的人，花二十年功夫的成果不大可能会是一团浆糊。

孟德斯鸠为《论法的精神》所受的批判作辩护时，曾细致地写下应该如何阅读该书的方法："阅读一本书时，我们应当倾向于相信：作者已经看到了我们匆匆一瞥后认为自己发现的那些矛盾。因此，我们应当开始怀疑自己仓促的判断，再度阅读那些我们自认为矛盾的段落，比较分析他们，将它们与前后文相比较，看看它们是不是处于相同的预设体系之内，去看看这些矛盾是真实的还是我们的想象。只有做完了这些，我们才可以很权威地说：'有矛盾。'但这样做并非就一定足够。如果一本书十分系统，我们必须确保自己已经把握了**整个体系**。看看一台正常运转的大型机器，你会看到轮子都按相反的方向运转；你匆匆一瞥的话，会认为这机器会毁灭自己，轮子相互阻碍，机器会停止。但它仍继续正常运转着：尽管开始看起来似乎要相互毁灭，但这些部分最终联合起来服务于一个规定的目的。"④

他为何如此写作？这是孟德斯鸠的时代使然，是他生活的那个国度和当时整个人类的状态使然。孟德斯鸠在《论法的精神》开篇表示，自己不会非难任何人、任何政府，他要感谢他所处的政府："我很感激上帝

---

① 〔法〕孟德斯鸠：《论法的精神》（上册），张雁深译，商务印书馆1959年版，"著者原序"，第28页。
② 〔法〕达朗贝尔：《孟德斯鸠庭长先生颂词》，见孟德斯鸠：《论法的精神》，许明龙译，商务印书馆2007年版，第14—15页。
③ Leo Strauss, *Persecution and the Art of Writing*, Chicago: The University of Chicago Press, 1988, pp. 28–29.
④ Montesquieu, Pensées, 2092, p. 640. 另参看 Montesquieu, Pensées, 2057, p. 635. 加粗部分为笔者所加。

使我出生在这个我如今生活的政府下,我很感激它要我服从那些它让我去爱戴的人。"① 他实际为自己必然说出令人不适的话语作了一番此地无银三百两式的辩解,让人感觉言不由衷。他在《随想录》中则直接哀叹:"没有出生在我应该出生的年代,我……说服我自己,七八百年之后,我的思想会对某个民族十分有用;在我剩下的很短暂的生存的时间中,为了我自己,我要好好利用我的谦逊(modesty)。"② 孟德斯鸠说他的作品"不为任何一个国家而写……是为全人类而写"③,但即便七八百年之后,他仍然认为自己的思想仅仅"对某个民族(a certain people)"十分有用,即便到那时候,全人类仍然没有作好准备——更不用说孟德斯鸠自己身处的那个时代了。在他自己的时代,他面临的结果是:"获得的仅仅是伤心,仅仅从无知之人或嫉妒之人手中获得回报。"④

由此,理解孟德斯鸠思想及其论说方式有两点需要注意:第一孟德斯鸠的谦逊和妥协。这是为了他自己在剩下的不多的时日中保命,同时这也是世界状态暂未变的现实如何存续和某种程度能否变得稍稍或略好的问题。不能将孟德斯鸠的妥协完全看成是谎言,他承认任何一个政体中(包括专制政体)确实都存在不同程度的自由,他极度害怕过度激进的变革:"大变化的危险(the dangers of great change)"⑤——而他内心的最终目的实际上激进到那个时代几乎无人能接受的程度。第二,孟德斯鸠的革命性内核。即,他的思想最终目的是为了全球性地世界大变,即便过程是和缓的(他甚至承认某些民族不可能变)。理解孟德斯鸠,这两点缺一不可。

在这样的角度上,我们可以理解孟德斯鸠表面上以及实际上的不偏

---

① 〔法〕孟德斯鸠:《论法的精神》(上册),张雁深译,商务印书馆1959年版,"著者原序",第28页。译文有改动。
② Montesquieu, *Pensées*, 1940, p. 581.
③ Montesquieu, *Pensées*, 1865, p. 556.
④ Montesquieu, *Pensées*, 1868, p. 557.
⑤ 〔法〕孟德斯鸠:《论法的精神》(下册),张雁深译,商务印书馆1963年版,第75页。

不倚的态度："我的著作，没有非难任何国家已经建立了的东西，每个国家将在这本书里找到自己的准则所建立的理由。"① 孟德斯鸠论述专制政体中也有自由，共和政体按其性质来看（by nature）并非宽和政体，对于每一个政体来说，都有最适合的法律，过于激进的法律反而不相适应。而所有这类论述并非是假话。"我所看到的所有政府中，我不对任何一个有偏爱，甚至不偏爱那个我有幸生活其中因而最爱的那个政府。"② 不能仅仅看到孟德斯鸠不偏爱专制的法国，我们更应注意到：这同时在说，他不偏爱共和政体和自由。

但与此同时，孟德斯鸠从不曾忘记他自己的革命性内核："启迪人民不是无关紧要的事情"③，"有时候一次的变化需要好几个世纪的准备时间；到时机成熟，看，那就是革命了。"④

这种不停地妥协和对现实的审慎态度，同时又在内心深处对某种更高的东西的坚定不移，让人更多地想起了孟德斯鸠的一位前人——荷兰思想家雨果·格劳秀斯（Hugo Grotius）的写作。⑤ 孟德斯鸠明确激赏格劳秀斯的类似写作方式："我要感谢格劳秀斯和普芬道夫，他们完成了本著中要求我完成的一大部分，而他们那种天才的高度是我无法企及的。如果不是每个人都认识到我所说的这一点，那就是我的错……并非所有新的东西都必须是大胆直白的。"⑥

孟德斯鸠的内核或许可以用他自己的一句话来最妙地加以概括："我想扬帆远航，却必须贴着海岸而行。"⑦ 这一点几乎贯穿于孟德斯鸠的论

---

① 〔法〕孟德斯鸠：《论法的精神》（上册），张雁深译，商务印书馆1959年版，"著者原序"，第29页。
② Montesquieu, *Pensées*, 1868, p. 557.
③ 〔法〕孟德斯鸠：《论法的精神》（上册），张雁深译，商务印书馆1959年版，"著者原序"，第29页。
④ 〔法〕孟德斯鸠：《论法的精神》（下册），张雁深译，商务印书馆1963年版，第314页。
⑤ Hugo Grotius, *De Jure Belli ac Pacis Libri Tres Vol. II*: *The Translation*: *On the Law of War and Peace*, F. W. Kelsey etc. (trans.), Oxford: Clarendon Press, 1925.
⑥ Montesquieu, *Pensées*, 1863, p. 556.
⑦ Montesquieu, *Pensées*, 1778, 1802, pp. 529, 536.

说全过程。

二、法的精神：自然法与人类法

1. 法的精神

书名中"法的精神"一语恰恰正是孟德斯鸠最令人疑惑的说法，而其中他关于"法"的定义就已经很令人疑惑："有一个原初理性；法就是这个原初理性与各种存在物之间的关系，同时也是存在物彼此之间的关系。"① 法就是一种"关系"，这种定义极大地冲淡了法的规定性，尤其冲淡了来自启示的规定性。原初理性与其他存在物之间仅仅是"关系"，而非规定性。甚至在第二个层面上（法指存在物之间的关系），这层关系与原初理性没有任何联系。即，原初理性虽然还是跟其他存在物有联系，但联系已经没有那么紧密了。

孟德斯鸠如此定义"法的精神"：他在第三章中谈到了所有的人为法，而这些法与特殊的国家、政体、气候、人民生活方式、政制、风俗、宗教等都有关系，并且各种法律与法律之间、立法者之间……都有关系，"这些都是我要在这本书里考察的，我将考察所有这些关系，他们合起来构成了所谓的'法的精神'"②。

"法的精神"谈及各种特殊的关系，它本质上指向一种特殊性，虽然孟德斯鸠并没有完全割裂这种特殊性与普遍性的联系，但他似乎更强调这种特殊性。这种特殊性因为具体情况的多变而显得极为多样、变化："总体上的法律……就是人类的理性；每个国家的政治法规和民事法规应该只是把这种人类理性适用于个别的情况。为某一国人民而制定的法律，应该是非常适合于该国的人民的；所以如果一个国家的法律竟能适合于

---

① 〔法〕孟德斯鸠：《论法的精神》（上册），张雁深译，商务印书馆1959年版，第1页。
② 〔法〕孟德斯鸠：《论法的精神》（上册），张雁深译，商务印书馆1959年版，第8页。

另外一个国家的话,那只是非常凑巧的事。"① 人类理性仅仅是与各国法律遥遥地相联系——即便我们还可以将这种联系称之为人类理性对个别情况的"适用"的话。任何两个国家的法律几乎绝对特殊、且完全无法相互适用。

孟德斯鸠宣称自己讨论的不是法律,而是"法的精神",那么"因为这种精神存在于法律与不同事物之间的不同关系中,我就不得不更多遵循这种关系和这种事物的秩序,更少关注法律的自然秩序(natural order)"②。"法的精神"内蕴的多样性和特殊性极大地消解了传统意义上的自然法和神法。"法的精神"实际上意味着孟德斯鸠对于特殊情况、特殊地域推广其革命性目标的困境的强调,也意味着孟德斯鸠时时心念的妥协。从"法的精神"反观孟德斯鸠"法"的定义,孟德斯鸠将法律理解为"制定并得到执行的法律"③,而这种法是否与自然法有关,并不那么重要。法国政治哲学家雷蒙·阿隆虽然认为不能单单以此认定孟德斯鸠完全舍弃了普遍使用的理性法律,但他仍然承认,孟德斯鸠更显然以及更容易让人看到:"这些自然法,这些普遍适用的理性法律在孟德斯鸠的思想上不占有什么地位。他或许是处于谨慎或习惯才保留这些法律的。"④

当然,仍然需要指出,在强调法的精神的同时,孟德斯鸠在内心深处远非对所有法律不偏不倚和一视同仁,他有一个基本的好恶和排序(显然英国为最优,专制国家最次),只是这种好恶自觉地、极大地受到"法的精神"的制约和限制。这两重性正是如前所述需要"贴着海岸而行"的孟德斯鸠政治哲学最为核心的要义,对此阿隆同样作出了精致的概括:"孟德斯鸠一方面想用因果关系来解释实在法的多样性,一方面还

---

① 〔法〕孟德斯鸠:《论法的精神》(上册),张雁深译,商务印书馆1959年版,第7页。
② 〔法〕孟德斯鸠:《论法的精神》(上册),张雁深译,商务印书馆1959年版,第8页。
③ 〔美〕哈维·曼斯菲尔德:《驯化君主》,冯克利译,译林出版社2005年版,第246—247页。
④ 〔法〕雷蒙·阿隆:《社会学主要思潮》,葛智强、胡秉诚、王沪宁译,上海译文出版社2005年版,第29页。

想把握普遍有效的标准,对所研究的各种政治制度作出评价。"①

2. 自然法、人类法

孟德斯鸠认定自己首要研究的是人②,如果考察一下他那里适用于人类的自然法、人为法和神法等各种法之间的关系,就能更清晰地理解何为"法的精神"。

法是"事物的性质或自然(nature of things)"产生出来的必然关系③,因而认识自然法需要首先考察人类的自然状态(state of nature),这种自然状态必须去人类社会形成之前寻找。"在所有的法之前存在的,是自然法。"④ 自然法据说统摄和规定了人类法。孟德斯鸠随之直接归纳出四条自然法:第一条,和平;第二条,觅食;第三条,爱慕;第四条,希望过社会生活。

在自然法被归纳出来之前,孟德斯鸠这样描述自然状态下的人类:"他……先想如何保存自己的生命……这样的一个人只能首先感觉到自己是软弱的。"⑤ 虽然孟德斯鸠痛批霍布斯,虽然他认为自然状态下人类并不像霍布斯说的那样互相攻击和处于战争状态⑥,但他仍然认为自然状态下人类首要的任务是保存性命,人类生活在恐惧和害怕之中,"什么都会使他们发抖,什么都会使他们逃跑"⑦。

孟德斯鸠认为自然状态下的人类没有自卫的必要和理由,进入社会

---

① 〔法〕雷蒙·阿隆:《社会学主要思潮》,葛智强、胡秉诚、王沪宁译,上海译文出版社2005年版,第30页。
② 〔法〕孟德斯鸠:《论法的精神》(上册),张雁深译,商务印书馆1959年版,"著者原序",第28页。
③ 〔法〕孟德斯鸠:《论法的精神》(上册),张雁深译,商务印书馆1959年版,第1页。
④ 〔法〕孟德斯鸠:《论法的精神》(上册),张雁深译,商务印书馆1959年版,第4页。
⑤ 〔法〕孟德斯鸠:《论法的精神》(上册),张雁深译,商务印书馆1959年版,第5页。
⑥ Thomas Hobbes, *Leviathan* (Revised Student Edition), Richard Tuck ed., Cambridge: Cambridge University Press, 1996, chapter. 13.
⑦ 〔法〕孟德斯鸠:《论法的精神》(上册),张雁深译,商务印书馆1959年版,第5页。

之后才进入战争状态，因此自然法的第一条是和平。在全书的开篇，孟德斯鸠显然不想那么早就说出自己关于自然法的新教诲，因为选择与霍布斯站在一起，就意味着：与孟德斯鸠那个时代和他所生活的那个国度中最为流行的自然法学说公开完全背离。为了刻意与那个该受谴责的霍布斯保持距离（为了保命），孟德斯鸠在这里故意不提一个显然的矛盾：如果自然状态下的人类并不想互相攻击，那他们还需要害怕什么？实际他暗示：这种自然状态中最关键的不是和平，而是存在人与人之间天然的疑惧和不信任，这一点几乎全然地遵循了霍布斯的教诲。

同时，孟德斯鸠的四条自然法综合起来，几乎使得人类走向社会变得不可避免，孟德斯鸠宣告人类"他**必然**是要过社会生活的"①。那么一旦人类"必然"地进入社会，人与人之间的战争状态（即自卫和攻击，或者霍布斯意义上的自然状态）就是一种"必然"。自然法的第一条——"和平"——几乎必然成为一种转瞬即逝的空谈。人类自然而然是和平的，但人类同时自然而然必然走向战争（社会）。

更重要的是，孟德斯鸠的自然法论述被他自己分在两个地方，一处在开头（和平），一处在第二十六章（自卫）。这两处的自然法论述截然不同。第二十六章同此处远隔了近乎整本书的距离和厚度，几乎所有不那么细致的读者早已被孟德斯鸠的东拉西扯折磨得不耐烦，大概根本不会读到这一章。

在第二十六章，孟德斯鸠又以一种更为激进的方式重新开始论述自然法。这时自然法被直接等同于"自然所赋予的自卫权利（natural defense）"②，而且这时"自然法"一词指称的恰恰是一种已不再属于自然状态的、人类进入社会后的状态，换句话说，孟德斯鸠认为：自然状态下"和平"的第一自然法，一旦进入社会（霍布斯的自然状态）后，就转变

---

① 〔法〕孟德斯鸠：《论法的精神》（上册），张雁深译，商务印书馆1959年版，第4页，第一节最末。粗体为笔者所加。
② 〔法〕孟德斯鸠：《论法的精神》（下册），张雁深译，商务印书馆1963年版，第194页。

成了——自卫是第一自然法。

在第二十六章的阐述中，还含有对与自然法更为激进的新表述。孟德斯鸠认为"人类受到种种法律的支配"，这些法律包括：自然法，神法、教会法、一般政治法、特殊政治法、征服法、民法、家法。① 这里面实际上只有三类法：神法、自然法、人为法。孟德斯鸠立即指出："应该由人为法规定的东西就不应该由神为法规定；应该由神为法规定的东西也不应该由人为法规定。"② 即，神法应该完全被排除出人类政治生活，由此人类政治生活应主要靠人为法和自然法规定。那么，人为法和自然法的关系如何？

孟德斯鸠认为，自然法不是地方性的法律，而是普适性的法律，它在自卫这一最重要的意义上统摄全局（即便是在自卫这一意义上，显然仍存在很多的社会完全用民法舍弃自然法的情况③）；而在更为具体的情况下，人类主要依据的是人为法，人为法依据各种不同的情况、习俗、地理等等会迥异。"法的精神"探究的正是这种特殊性和差异性。第二十六章中，我们发现：民法与自然法会有抵触；有些时候可以依据民法对自然法加以限制；比如继承的顺序就应该以政治法或民法的原则而不应该以自然法的原则为根据；亲戚间的婚姻有些时候依据自然法，但有些时候应该依据民法。④ 也就是说，自然法除了"自卫"这一最高要求外，在适用于不同的情况和不同的人民时需要依据具体情况具体分析："自然法规定，父亲要养育子女；但它并不强制他们立承嗣……这一切都只能由社会规定，所以只能由政治或民事的法律规定"⑤，"自然法并不是地方

---

① 〔法〕孟德斯鸠：《论法的精神》（下册），张雁深译，商务印书馆1963年版，第192页。
② 〔法〕孟德斯鸠：《论法的精神》（下册），张雁深译，商务印书馆1963年版，第193页。
③ 〔法〕孟德斯鸠：《论法的精神》（下册），张雁深译，商务印书馆1963年版，第175—176页。
④ 〔法〕孟德斯鸠：《论法的精神》（下册），张雁深译，商务印书馆1963年版，第26章，第三、四、五、六、十四节。
⑤ 〔法〕孟德斯鸠：《论法的精神》（下册），张雁深译，商务印书馆1963年版，第198页。

性的法律。因此，当这类婚姻被禁止或许可的时候，就应当按情况由民法予以认可或禁止"①。第二十六章同时正好是在用历史事实证明：自然法未能完全统摄这些人为法。对于这些不同的国度产生的不同的法，恰恰是真正的历史上真真切切制定和得以贯彻的法——即便它是"不好的"，但它存在且必须遵守，就已经证明了自然法不能统摄人为法（即便在它的唯一得以存续的狭小角落，它在事实上也未能统摄）。在孟德斯鸠眼中，法更多地被理解成一种关系，或者法必须是"制定并得到执行的法律"②，"法的精神"最重要的作用是用特殊性和具体的历史和地域情况来瓦解自然法，尤其是传统意义上的自然法。

在传统的自然法统序下，自然法高于人为法，并且设定人为法的更高规定性。而"法的精神"近乎消解了这一传统，将人为法完全地归于特殊情况下的多变性，并将自然法几乎驱逐到最窄的领域：自卫。人类生活的自然法是自卫和保命，而人类生活更依据的则是特殊地域和特殊时间的特殊人为法。

毫无疑问，笔者仍要做出一定的保留：即，孟德斯鸠在高扬"法的精神"的同时，内心仍然有好恶，这种好恶几乎与他对"法的精神"的强调一样重要。或者说，自然法并非被消解得干干净净。

3. 国际法

下面专门谈一谈人类法中的"国际法"。孟德斯鸠的"国际法"定义实际上完全依据格劳秀斯："考虑到这么大个行星的居民，不同的民族是必然的，他们拥有彼此之间关系的法律，就是国际法。"这种国际法显然并非囊括所有国家，因为"所有的国家都有一个国际法，甚至吃掉战争俘虏的易洛魁人也有一个"。也就是说，吃掉别国的俘虏，也是一种国际

---

① 〔法〕孟德斯鸠：《论法的精神》（下册），张雁深译，商务印书馆1963年版，第210页。
② 〔美〕哈维·曼斯菲尔德：《驯化君主》，冯克利译，译林出版社2005年版，第246—247页。

法，即便"不是建立在真实原则"上的国际法，毫无疑问仍旧是国际法。① 在孟德斯鸠激赏的格劳秀斯那里，国际法的定义是主要基于数量不一的各国间的共同同意，那么，不一样的各群国家，会有不一样的国际法，因此国际法是变动的意见，"几乎不存在什么适用于所有国家的万国法"②。也就是说，格劳秀斯的国际法随着共同同意的国家数量不一和标准不一，必然存在着各种各样的标准。孟德斯鸠将国际法多样化的做法跟他近乎一致。

在孟德斯鸠那里，国际法有两个真实的原则：一个是和平时他们这堆国家间互相为好，战争时互相最少损害利益；一个是为了安全而求征服，为了征服而求胜利，为了胜利而求战争。"应该从这条和前一条原则推出一切构成国际法的准则。"③ 这两个原则之间显然有内在的冲突和不一致：后者只考虑自卫，前者需要考虑他人。

易洛魁人的国际法不是建立在"真实"的原则之上，并不是因为它违背了第一个原则，而仅仅因为它超越了第二个原则的一般要求，并不完全以自卫为目的，吃掉已经没有什么战斗力的俘虏显然超越自卫需求，几乎等于反人性。但这也并没有让孟德斯鸠停止称之为国际法④，这只是国际法的一种特殊的现实形式——法是一种关系，一种已然制定并得到贯彻的法即便不够自然，也仍然是法。如此看待易洛魁人的国际法，才符合"法的精神"的第一要义。

而孟德斯鸠更为激进的一点是：相比于这里文字表述上的稳妥和克制，他在全书中则更多直接地将"国际法"等同于战争。在国与国之间，国家为自保而有权利发动任何战争。这种发动战争可以仅仅出于自身被

---

① 本段引用均参见〔法〕孟德斯鸠：《论法的精神》（上册），张雁深译，商务印书馆1959年版，第6—7页。
② Hugo Grotius, *De Jure Belli ac Pacis Libri Tres*, 1.1.14.1.
③ 〔法〕孟德斯鸠：《论法的精神》（上册），张雁深译，商务印书馆1959年版，第6页。
④ 〔法〕孟德斯鸠：《论法的精神》（上册），张雁深译，商务印书馆1959年版，第6页："他们的国际法不是建立在真实的原则上。"

毁灭的"可能性"（而非"现实"），以及作为弱小一方的害怕（而非现实）。这种战争可以是预防性的，这种害怕和疑惧已经提供了发动战争的最大合法性："攻击力量由国际法加以规定……小的社会往往比大的社会更有作战的权利，因为小的社会常常处于害怕被人毁灭的情况中。因此战争的权利是出于必需，出于严格的正义。"① 在国际法奠基的第二个原则（自卫）下，国家间的关系几乎就是战争状态。国际法同样是"自然地建立在"② 第二个原则之上的。所以国际法依据"真实的原则"就等同于战争。更不要说其他基于"不真实的原则"的各种国际法（但仍然是法）会有多么难以令人接受或骇人听闻了。

比如，鞑靼人的国际法，就是极度残忍地杀掉被攻占城市的所有居民。③ 英国因为嫉妒爱尔兰，征服了爱尔兰，它让爱尔兰拥有自己的法律，却使得爱尔兰很大程度上依附于英国，因此这个国家的公民享有自由，但国家本身受着英国的奴役。这是英国与爱尔兰的"国际法"④。迦太基人的国际法是"怪异的"，因为"它把到撒地尼亚贸易和向赫库利斯武神的标柱方面进行贸易的一切外国人全都溺死"⑤。罗马人的国际法排斥贸易。⑥ 孟德斯鸠论述"属于国际法的事项不应该依民法的原则断处"时，提到："我们自由，是因为我们生活在民法之下。由此说来，君主们彼此之间的关系并不是受民法的支配，所以他们是不自由的。他们受暴力的支配。他们永远是强制别人或是受到强制。"属于国际法的事项等于"受暴力的支配"。⑦ 如果说，国际法管辖直接意味着人与人之间的战争状

---

① 〔法〕孟德斯鸠：《论法的精神》（上册），张雁深译，商务印书馆1959年版，第163—164页。
② 〔法〕孟德斯鸠：《论法的精神》（上册），张雁深译，商务印书馆1959年版，第6页。
③ 〔法〕孟德斯鸠：《论法的精神》（上册），张雁深译，商务印书馆1959年版，第346—347页。
④ 〔法〕孟德斯鸠：《论法的精神》（上册），张雁深译，商务印书馆1959年版，第388页。
⑤ 〔法〕孟德斯鸠：《论法的精神》（下册），张雁深译，商务印书馆1963年版，第47页。
⑥ 〔法〕孟德斯鸠：《论法的精神》（下册），张雁深译，商务印书馆1963年版，第55页。
⑦ 〔法〕孟德斯鸠：《论法的精神》（下册），张雁深译，商务印书馆1963年版，第217页。

态,恢复法庭则意味着"使那些已经是仅仅由国际法管辖的人们又回到国内法的范围里去"①。显然可见:孟德斯鸠将国际法等同于战争。

国际法是一种人类法,而在孟德斯鸠的阐述中,这种人类法与其他的人类法有别的地方在于:在之前所述的人类法与自然法的关系中,自然法几乎被驱逐到角落;而在国际法中,自然法占据最重要的位置,国际法几乎等于战争,国际法几乎等于自然法,自卫和战争统摄了国际关系。自然法(自卫)作为一种普世性的法律,它唯一得到真正贯彻和主宰性地位的领域是国际关系领域。只有在这个领域,自然法统摄了一种人类法:国际法②。不过孟德斯鸠显然又承认存在各种不同的国际法:有怪异的、不真实的、贸易和平的等。自然法在国际法中的地位的变化,以及国际法的多样,这一切都包括在"法的精神"内。

国际法来源的第一个真实的原则却不可被遗忘(即,也存在这种不同于完全战争的国际法的现实形态),而只有贸易精神才是第一个原则能得以实现的依凭,因为"贸易的自然结果是和平。两个国家之间有了贸易,就彼此互相依存……贸易的精神把不同国家连接起来……"③ 贸易必然导向国与国之间的和平。这几乎是最早的贸易和平论。孟德斯鸠并不认为可以立刻全面推进这样的事业,但他显然为此充满信心并做了雄心勃勃的准备。商业是孟德斯鸠全球自由事业中最重要的一个环节和手段。

几乎所有的真实的国际法都奠基于第二个原则(自卫),但仍然有依据第二个真实原则的希望和可能,同时甚至存在多样的、即便是不真实的各类国际法。总之,纵然是自然法完全统摄的国际法领域,依然存在着例外、特殊的可能性。这样一种对特殊性的考虑,无时无刻不萦绕在孟德斯鸠的写作和思考中,同时直接指向孟德斯鸠最重要的概念:"法的

---

① 〔法〕孟德斯鸠:《论法的精神》(下册),张雁深译,商务印书馆1963年版,第280页。
② 〔法〕但是,将国际法等同于自然法,自然法等同于战争状态,从而证明国际法不存在的最著名阐述,参见 Thomas Hobbes, *Leviathan* (Revised Student Edition), p. 244。
③ 〔法〕孟德斯鸠:《论法的精神》(下册),张雁深译,商务印书馆1963年版,第3页。

精神"。

正是在孟德斯鸠这里，具有各种特殊性的实在法获得了最多的承认和重视（高于格劳秀斯）。

三、孟德斯鸠的国家理论及其全球自由事业

《论法的精神》开篇谈完法的定义之后，孟德斯鸠非常突兀地直接进入对于三种政体的探讨，他却似乎没有直接讨论国家如何形成，因此有人认为孟德斯鸠没有国家理论。事实上，整部《论法的精神》的唯一主题正是孟德斯鸠的国家理论。而这种国家理论被"法的精神"包裹住，隐藏了不少锋芒。同时，因为孟德斯鸠的这种国家理论实际上亦步亦趋地追随受人咒骂的霍布斯，他有意与之保持距离，某些关键内容被安排散落到全书不起眼的一些地方。本文对此进行一番总结归纳。①

起初，人类处于自然状态，这种自然状态下人第一考虑的是保全自己的生命，人类对任何东西都害怕，任何东西都会让他逃跑，因此自然状态下的人类不会互相攻击，和平是自然法的第一条。然而，自然法的四条——和平、觅食、爱慕、希望过社会生活——使得人类走向社会变得不可避免，"他必然是要过社会生活的"②。于是如前所述，人与人之间"必然"进入战争状态（即霍布斯的自然状态），和平的自然法必然变成自卫的自然法。孟德斯鸠的自然状态几乎不可避免地过渡到战争状态。

但在他笔下，这种人与人之间的战争状态并没有存续很久，"一个社会如果没有一个政府是不能存在的"③，即，"每一个社会还有它的政治

---

① Montesquieu, *Pensées*, 2092, p. 640. 另参看 Montesquieu, *Pensées*, 2057, p. 635。
② 〔法〕孟德斯鸠：《论法的精神》（上册），张雁深译，商务印书馆1959年版，第4页，第一节最末。
③ 〔法〕孟德斯鸠：《论法的精神》（上册），张雁深译，商务印书馆1959年版，第7页。

法"①,"人类放弃了他们天然的'独立'而生活在'政治法'下……政治法使人类获得自由"②,"所有个人力量的联合就形成我们所谓的'政治国家'"③。很显然,这套说法近乎完全等同于霍布斯。为了安全,每个人放弃自身的权利交给一个利维坦,由此国家生成。这是典型的霍布斯式的现代国家理论。

他俩的区别在于:孟德斯鸠更为审慎和强调特殊性。孟德斯鸠认为,在实际历史发展中,从一开始出现并且直到孟德斯鸠那个时代存在的那些国家并非全都是独立的个人放弃自身所有权利式的契约形成的。人类离开自然的独立而必然进入社会必然有一个政府,那么所有的国家或政体都提供了"不同程度"的个人安全(或自由)。因为,"一般地说,一切国家都有一个相同的目的,就是自保(maintain themselves)"④,只要是寻求自保的国家(所有政体),一定都为任何战争状态提供了不同程度的消解。当然,出了自保的相同目的之外,"每一个国家又各有其独特的目的"⑤,但只有英国是唯一一个以自由为目的的国家。即,英国不仅寻求国家的自保,而且以政治自由为目的。⑥

那么,孟德斯鸠的"自由"是什么?在孟德斯鸠那里,"自由"被直接等同于"安全",且这种安全又不是一般的安全,而是"个人的安全",即所有人类个体自身的安全。这种个人显然完全就是霍布斯视角下对暴死充满恐惧的个人,自由就是对个人而言消灭对暴死的恐惧。"自由是做法律所许可的一切事情的权利"⑦,"一个公民的政治自由是一种心境的平安状态。这种心境的平安是从人人都认为他本身是安全的这个看法产生

---

① 〔法〕孟德斯鸠:《论法的精神》(上册),张雁深译,商务印书馆1959年版,第7页。
② 〔法〕孟德斯鸠:《论法的精神》(下册),张雁深译,商务印书馆1963年版,第211页。
③ 〔法〕孟德斯鸠:《论法的精神》(上册),张雁深译,商务印书馆1959年版,第7页。
④ 〔法〕孟德斯鸠:《论法的精神》(上册),张雁深译,商务印书馆1959年版,第184页。
⑤ 〔法〕孟德斯鸠:《论法的精神》(上册),张雁深译,商务印书馆1959年版,第184页。
⑥ 〔法〕孟德斯鸠:《论法的精神》(上册),张雁深译,商务印书馆1959年版,第184页。
⑦ 〔法〕孟德斯鸠:《论法的精神》(上册),张雁深译,商务印书馆1959年版,第183页。

的。要享有这种自由,就必须建立一种政府,在它的统治下一个公民不惧怕另一个公民"①。但这种政府只存在一个,那就是英国。对于其他国家来说,并非如此,但他们都提供了不同程度的政治自由(个人安全)。只有英国以自由(即全体人民的个人安全)为目的,它符合孟德斯鸠(霍布斯)的国家理论:从人与人之间战争的社会状态向人与人之间的和平状态转化形成国家,国家权力来自人民的赋予,国家存在的唯一目的是人民的个人安全(即政治自由)。

与霍布斯不同,利维坦建立之后,如何防止利维坦对个人安全造成威胁成为孟德斯鸠的第一关注(孟德斯鸠的阐释也包括了其他并非以自由为目的的国家如何防止侵害自由)。"政治自由是通过三权的某种分野而建立的"②,换句话说,三权分立和相互制衡,才会相伴而生利维坦下个人的安全(即自由)。这种三权分立和制衡确保个人安全的理论,是孟德斯鸠力图驯化霍布斯笔下令人恐怖的"利维坦"的新创造。

孟德斯鸠的国家理论实际上是奠基于霍布斯内核,并以三权分立作为最重要的达致自由的手段和标准,并且他由此设立(或找到)了一个模范式的标准——英国:"我们刚才提到的政制的模范(model)"③,这构成了孟德斯鸠国家理论的内核,同时也是他全球自由事业的最关键部分:即要在全球推广类似英国的制度——国家的存在以公民的个人安全为唯一目的。另一方面,孟德斯鸠不认为当下能够立即在全球推广和实现这种真正以个人安全为起点和目的的典范式的国家,甚至由于各种原因(比如气候)有些地方无法推广。孟德斯鸠内心如此激进地热爱那个以自由为目的的国度,又极度恐惧"自由的狂热"④。

对这种"狂热"的解毒剂正是"法的精神"。孟德斯鸠承认,只有英

---

① 〔法〕孟德斯鸠:《论法的精神》(上册),张雁深译,商务印书馆1959年版,第185页。
② 〔法〕孟德斯鸠:《论法的精神》(上册),张雁深译,商务印书馆1959年版,第222页。
③ 〔法〕孟德斯鸠:《论法的精神》(上册),张雁深译,商务印书馆1959年版,第197页。
④ 〔法〕孟德斯鸠:《论法的精神》(上册),张雁深译,商务印书馆1959年版,第209页。

国是以自由为目的，其他国家都不是。但是，在任何政体中都能找到自由（无论这种自由是政治自由还是公民自由）。在一些君主制国家中，"三权的划分和建立并不是以上述那个国家的政制为模范。每一个国家的权利有它独自的分法，依照这分法，三权都或多或少地接近于政治自由"①。"我愿意研究我们所知道的一切宽和政体三权分布的情况，并根据它来计算其中每一种政体所能够享有的自由的程度"②。任何一个政体，只要有制衡或分权，就有自由，就是宽和政体。

孟德斯鸠认为，从定义上看，即从政体的性质（nature）来看，民主政治、贵族政治和专制政治都不是自由的国家，"政治自由只在宽和的政府里存在"③。从性质来看，只有君主制是宽和的政府，是因为在孟德斯鸠笔下，君主制跟专制政体不是一个东西。民主政体和贵族政体的划分仅仅依据统治者人数，民主政体在性质上**并不存在制衡民众的权力**，这是古代的大多数共和国都有的"一个重大的弊病"④；专制政体则从定义上就不宽和；君主制是"由单独一个人执政，不过遵照固定的和确定了的法律"⑤，君主制之所以为君主制，在于它有一群贵族"制衡"君主："没有君主就没有贵族，没有贵族就没有君主……没有贵族的君主国，君主将成为暴君。"⑥ 因而从性质（nature）上说，君主制是唯一的自由国家。

这并不意味着君主制是自由或个人安全维护最好的国家，这仅仅意味着：从定义上看，仅有君主制在性质上必然含有制衡要素——贵族。虽然共和政体性质上没有制衡因素，且共和政体确实有走向极端的"重

---

① 〔法〕孟德斯鸠：《论法的精神》（上册），张雁深译，商务印书馆 1959 年版，第 197 页。
② 〔法〕孟德斯鸠：《论法的精神》（上册），张雁深译，商务印书馆 1959 年版，第 221 页。
③ 〔法〕孟德斯鸠：《论法的精神》（上册），张雁深译，商务印书馆 1959 年版，第 183—184 页。
④ 〔法〕孟德斯鸠：《论法的精神》（上册），张雁深译，商务印书馆 1959 年版，第 189 页。
⑤ 〔法〕孟德斯鸠：《论法的精神》（上册），张雁深译，商务印书馆 1959 年版，第 9 页。
⑥ 〔法〕孟德斯鸠：《论法的精神》（上册），张雁深译，商务印书馆 1959 年版，第 18 页。

大弊病",但在孟德斯鸠眼中,"爱平等"的政治德性的"自然位置就在'自由'的近旁"①,孟德斯鸠仍然愿意大体上将未极端化、未腐化的共和政体称之为"宽和政体"②。在孟德斯鸠的心理排序上,仍然是民主政体优于贵族政体,贵族政体优于君主政体,君主政体优于专制政体:"在共和国里,如果一个公民突然取得过高的权力,便将产生君主政体或者是更甚于君主政体的情况……贵族政治越是近于民主政治,便越是完善;越是近于君主政体,便越不完善。"③

即便在这种心理排序下,孟德斯鸠仍然强调:任何政体只要有制衡和分权(不管是否是三权分立),就算宽和政体,人民就有不同程度的政治自由。宽和政体只要未曾腐化,都可以依据三权分化的不同程度计算出不同的政治自由。

专制政体是唯一没有任何个人安全(即自由)的,它只为"君主的保存而已,或者毋宁说只是君主所幽居的宫禁的保存而已",因此专制国家"容易瓦解"。④ 但是依据"法的精神"的原则,他仍然承认:"虽然人类喜爱自由,憎恶残暴,大多数的人民却还是屈从于专制政体之下,这是容易了解的。要形成一个宽和的政体,就必须联合各种权力,加以规范和调节,并使它们行动起来,就像是给一种权力添加重量,使它能够和另一种权力相抗衡。这是立法上的一个杰作,很少是偶然产生的,也很少是仅凭谨慎思索能成就的。专制政体则相反:……任何人都有能力这么做。"⑤ 直接说出"大多数的人民却还是屈从于专制政体之下"也是一种激进的言辞,但他仍然承认宽和政体相对于专制政体很难形成,无法偶然造就,需要长期的准备。他更是表明某些时候专制政体下的人民也偶尔会有些许公民自由,如第十九章第二十九节论述"专制政体下

---

① 〔法〕孟德斯鸠:《论法的精神》(上册),张雁深译,商务印书馆1959年版,第136页。
② 〔法〕孟德斯鸠:《论法的精神》(上册),张雁深译,商务印书馆1959年版,第140页。
③ 〔法〕孟德斯鸠:《论法的精神》(上册),张雁深译,商务印书馆1959年版,第16—17页。
④ 〔法〕孟德斯鸠:《论法的精神》(上册),张雁深译,商务印书馆1959年版,第71、73页。
⑤ 〔法〕孟德斯鸠:《论法的精神》(上册),张雁深译,商务印书馆1959年版,第76页。

可给予人民少许自由的民事法规"。①

英国的政体并非是孟德斯鸠三种政体中的任何一种,它是第四种政体。《论法的精神》中阐述了三种政体的性质、原则、动力之后,开始表明所有的宽和政体都有可能腐化。即便在他**心理排序中列为最高**的共和国也由于"重大弊病"可能走向"自由的滥用"②"自由的狂热"③"绝对平等的精神"④,于是一旦自由被滥用、民众大狂欢,那么最关键的制衡就被消解了,政治自由也就没有了。

同时,"一个共和国,如果小的话,则亡于外力;如果大的话,则亡于内部的邪恶"⑤,共和国必然是小国。为自卫,小国必须组成联盟而抵御外敌,但问题在于,"一个加入政治性的联邦里去的共和国把自己完全奉献给别人……要联合的国家大小相同,强弱相等,那是不容易的"⑥。即,联合后的共和国甚至很有可能丧失自己的安全。

三种政体中最好的共和政体容易腐化和弱小,必然要求呼唤一种完全不同于这三种政体的新政体。孟德斯鸠于是引出了唯一一种以自由为目的的国家——英国,这个国家最明显的特质有两个:第一,以自由为目的(即三权分立);第二,它是一个全球性的商业帝国。孟德斯鸠犹犹豫豫但仍然毫无疑义地阐述清了自己的全球自由事业的野心:即他最喜爱的是英国政体(最符合霍布斯理论),并要在全球推广。至于"商业精神"或英国式典范政体在孟德斯鸠的全球自由事业中有何等重要性,在

---

① 〔法〕孟德斯鸠:《论法的精神》(上册),张雁深译,商务印书馆 1959 年版,第 12 章第二十九节,第 250—251 页。
② 〔法〕孟德斯鸠:《论法的精神》(上册),张雁深译,商务印书馆 1959 年版,第 264 页。
③ 〔法〕孟德斯鸠:《论法的精神》(上册),张雁深译,商务印书馆 1959 年版,第 209 页。
④ 〔法〕孟德斯鸠:《论法的精神》(上册),张雁深译,商务印书馆 1959 年版,第 133—137 页。
⑤ 〔法〕孟德斯鸠:《论法的精神》(上册),张雁深译,商务印书馆 1959 年版,第 154 页。另参看孟德斯鸠:《罗马盛衰原因论》,婉玲译,商务印书馆 1962 年版,第六、七、九章,尤其是第九章"罗马灭亡的两个原因":"当罗马的统治局限在意大利的时候,共和国是很容易维持下去的。"(第 48 页)
⑥ 〔法〕孟德斯鸠:《论法的精神》(上册),张雁深译,商务印书馆 1959 年版,第 157 页。

下一部分详述。

一俟谈完英国这个"模范"国度,孟德斯鸠却再度回头,开始阐释英国这一模式在向全球推广过程中的具体阻碍,这类阻碍有许多看起来近乎是无法解决的。孟德斯鸠承认在某些地方英国模式的推广不可能。这种阻碍一共有两类:第一是自然环境因素,即气候、土壤;第二是人文环境因素,即各民族一般精神、风俗、习惯,等等。

四、《论法的精神》的谋篇

从孟德斯鸠的全球自由事业及"法的精神"带来的具体限度这一对关系出发,才能真正理解《论法的精神》这一煌煌巨著看似前后矛盾、东拉西扯的谋篇布局。如果最粗略地划分,孟德斯鸠大体有如下的思路:步子是要迈的,但不能迈得太快(并承认有些地方不可能迈)。他要缓慢地挑起革命,在不可能引起革命的地方尽可能地推进自由。他有一个最佳的英国式前景(孟德斯鸠奠基于霍布斯内核并对利维坦加以驯化后的理想国度):依赖权力制衡和贸易精神的伟大国度,但他以同样的重要性来强调这一前景在推广至全球时的困境、甚至不可能性。因此,最终这一切都依赖于立法者在目标明确的基础上的极端审慎。这种审慎的最重要依赖则是"法的精神"。

全书依据这样的思路展开:总论(第一章加第二十六章:法的精神和法)——政体分类及高下(第二至十章:性质、原则、腐化,呼唤第四种政体)——新的政体(第十一至十三章:安全、制衡、国家收入)——新政体全球推广的困境(第十四至十八章:气候阻碍、各民族一般精神、风俗、习惯)——贸易作为自由的革命性推广工具(第二十至二十三章:贸易与自由、贸易与政体、贸易与人口)——商业精神的阻碍(第二十四至二十五章:宗教)——审慎改进的政体设计或改良者(第二十六、二十九章:立法者的精神与方式)——再度回到法国(第二十七至二十八、三十至三十一章：法国君主国的开端、建立、变革）。

依循这样的思路和内容划分，全书脉络中随之有多次起落：（1）三种政体的优劣评判，尤其是最好的共和政体同样容易丧失自由并难以维持自身安全，这是全书的一次低潮；（2）呼唤新的政体，新政体是唯一以"自由"本身为目的的政体，所有旧政体都可以有不同程度的自由，但只有新政体的目的即为自由，以"英国"模式为顶点，这是全书最高潮；（3）新政体全球推广的困境在于两类环境：自然的和人文的，这又是一次低潮和让步；（4）贸易精神和贸易的传播自由功能，这又是一次上扬；（5）宗教（尤其是基督教）是商业攫取精神的最大阻碍，这又是一次低潮（但宗教因素不像气候等因素，孟德斯鸠认为宗教可以被瓦解或压回私人领域）；（6）最终求诸立法者的审慎，这是一次审慎的上扬，因为立法者首先不可以快速推进革命，可能要有"好几个世纪的准备时间"[①]，其次有些地域或国度根本无法推进；（7）法国作为例解，如何在君主制下慢慢推进变革、（以奢侈带动的）贸易、促进自由、暂保君王，但这个"暂时"有可能需要上千年。

五、"法的精神"的变迁：商业与全球自由事业

很显然地，有两个问题尚未说明：全球性商业帝国与自由（个人安全）的关系？究竟能否以及如何利用全球性商业帝国来推进全球自由事业？孟德斯鸠一方面不断强调全球自由事业因"法的精神"的限度而导致的不可急于求成，同时他又将这种全球推广的可能性赋予商业。

理解这个问题，首先要理解作为最高典范的英国本身。英国是与三种政体完全不同的第四种政体，它在最关键的意义上与孟德斯鸠之

---

① 〔法〕孟德斯鸠：《论法的精神》（下册），张雁深译，商务印书馆1963年版，第314页。

前所说的共和政体迥异。新旧共和政体有着几乎针锋相对的不同特质。

从性质上看,典范政体(英格兰政体)与共和政体最明显的差异在于:典范政体有制衡的关键性力量。孟德斯鸠如此定义其典范政体:"这就是英格兰的基本政制:立法机关由两部分组成,它们通过相互的反对权彼此钳制,二者全都受行政权的约束,行政权又受立法权的约束。"① 而共和政体(无论是民主政体还是贵族政体)的定义,仅仅依据人数多少和是否掌握最高权力,本质上不存在任何制衡力量。

相对于君主政体和专制政体的对立(专制政体是君主政体的某种堕落形态,是缺乏制衡力量的君主政体的异化,因而君主政体是宽和政体,专制政体是不宽和政体),共和政体表面上看起来似乎缺乏其"堕落状态"的对应物。事实上,作为《论法的精神》中第四种政体的典范政体,它和旧共和政体的对立,正好构成了堕落与正常的一对共和政体。典范政体是宽和的共和政体,而旧共和政体几乎很容易变成不宽和的共和政体。

共和政体(尤其是民主政体)的原则是政治德性(political virtue)②,这意味着"爱祖国,也就是说,爱平等"③,孟德斯鸠说:"我们可以给这种德性下一个定义,就是热爱法律与祖国。这种爱要求人们不断地把公共的利益置于个人利益之上;它是一切私人的德性的根源。私人的德性不过是以公共利益为重而已。这种爱是民主国家所特有的。"④ 因此,共和国里一切的关键是要激发起对于法律和祖国的这种爱,这种爱同时需要一种"狠斗私字一闪念"式的训练和教育:"在共和国里,德性要求

---

① 〔法〕孟德斯鸠:《论法的精神》(上册),张雁深译,商务印书馆1959年版,第23页。
② 〔法〕孟德斯鸠:《论法的精神》(上册),张雁深译,商务印书馆1959年版,"著者原序",第22页。
③ Virtue 在张雁深译本中为"品德",本文一律改译为"德性"。
④ 〔法〕孟德斯鸠:《论法的精神》(上册),张雁深译,商务印书馆1959年版,第41页。

我们必须为国家不断地牺牲自己,并做自己本不愿意做的事情。"① 在民主国家里,"人们一出生便对国家负下了很大的一笔债,这笔债是永远还不清的"②。

在孟德斯鸠眼里,这是一种违背人性和对抗基本人性的要求——人性原本就是自私的。正因为它需要对抗基本的人性要求,所以,在共和国里,这种教育是"需要尽全力的"(the full power of education is needed)③,这种全然"狠斗私字一闪念"式的反人性的德性教育需要花费很大的功夫,孟德斯鸠特别强调:"政治的德性是舍弃自己——这永远是很苦痛的一件事(which is always a very painful thing)。"④

与这种超乎人类想象的对祖国的奉献精神相对应的,是共和政体异常强调的平等,它排斥财富、商业。在共和国(尤其是民主国家),"真正的平等是国家的灵魂"⑤。平等意味着财富分配的平等,平等必须排斥金钱。孟德斯鸠强调,爱共和国就是爱民主政体,爱民主政体就是爱平等,爱平等就是爱俭朴。爱俭朴则必须要求"限制了占有欲,人人只求**家庭之所需**,如有所余,则归给国家。财富产生权力,但是一个国民不能用它为自己服务,如果用它为自己服务,便不能平等了"⑥。国民是不能拥有财富的,爱平等最终意味着必须保持财富的平等,"财富的平等保持着俭朴;而俭朴保持着财富的平等……它们互为因果,要是民主政体失掉了其中的一个,则那一个也必跟着消失"⑦。一旦财富不平等,民主政体就会因此变得奢侈,变得只关心个人利益,从而走向败坏:"在一个

---

① 〔法〕孟德斯鸠:《论法的精神》(上册),张雁深译,商务印书馆1959年版,第82页。
② 〔法〕孟德斯鸠:《论法的精神》(上册),张雁深译,商务印书馆1959年版,第50页。
③ 〔法〕孟德斯鸠:《论法的精神》(上册),张雁深译,商务印书馆1959年版,第41页。
④ 〔法〕孟德斯鸠:《论法的精神》(上册),张雁深译,商务印书馆1959年版,第41页。
⑤ 〔法〕孟德斯鸠:《论法的精神》(上册),张雁深译,商务印书馆1959年版,第54页。
⑥ 〔法〕孟德斯鸠:《论法的精神》(上册),张雁深译,商务印书馆1959年版,第51页。
⑦ 〔法〕孟德斯鸠:《论法的精神》(上册),张雁深译,商务印书馆1959年版,第56页,另外可以参看第114、116页。

共和国里，如果奢侈之风已经树立了，人心也就随着转向个人利益。"①因此，共和国里，必须排斥金钱②，排斥商业，并且排斥对于生活品必需品之外的任何东西的追求，因为这种追求会导致"欲望立即变得漫无边际"③。

孟德斯鸠在《罗马盛衰原因论》中谈及"罗马人的腐化堕落"时说："如果有了超出个人所需的过多的财富，那他就难于做一个好公民……罗马的公民认为商业和手工业是奴隶们才干的行业：他们是绝不做这类营生的。"④ 共和政体必须严格甚至变态地要求财富分配的绝对平等。孟德斯鸠自己甚至都偷偷承认这种"以俭朴为乐"的生活**不是**"自然的和正常的"。⑤

因为对财富绝对平等的追求和对祖国奉献的要求，使得共和政体必然是一个贫穷的政体，但它的风俗相比于后来的商业社会要更为"纯净(pure mores)"⑥。这个政体下，人人都平等、都不奢侈，除了生活必需品之外，不能有别的多余欲望，大家都过着"闲散"⑦的生活，但同时也正过着异常严格的道德生活——很多要求完全超于人性之上，违反人性的基本要求。

这种纯净的风俗，有时候也会产生一些意想不到的后果。超越人性之上的要求越多，事实上违背这种要求的可能性就会增加，"疏忽、错误、爱国心一定程度的冷淡、有危险性的事例、腐败的种子，也会破坏

---

① 〔法〕孟德斯鸠：《论法的精神》（上册），张雁深译，商务印书馆 1959 年版，第 116 页。
② "这些法制应该排斥金钱"，参看〔法〕孟德斯鸠：《论法的精神》（上册），张雁深译，商务印书馆 1959 年版，第 45 页。
③ 〔法〕孟德斯鸠：《论法的精神》（上册），张雁深译，商务印书馆 1959 年版，第 117 页。
④ 〔法〕孟德斯鸠：《罗马盛衰原因论》，婉玲译，商务印书馆 1962 年版，第 54 页。
⑤ 〔法〕孟德斯鸠：《论法的精神》（上册），张雁深译，商务印书馆 1959 年版，第 51 页。孟德斯鸠提到了例外情况，而例外正是以贸易为基础的国家。参看孟德斯鸠：《论法的精神》（上册），张雁深译，商务印书馆 1959 年版，第 56 页。
⑥ 〔法〕孟德斯鸠：《论法的精神》（下册），张雁深译，商务印书馆 1963 年版，第 3 页。贸易精神必然破坏这种纯净风俗。
⑦ 〔法〕孟德斯鸠：《论法的精神》（上册），张雁深译，商务印书馆 1959 年版，第 57 页。

德性",因此需要严格的监察官加以纠正,因此共和国会要求异常恐怖的刑罚:比如,有人把逃避老鹰追击撞入怀中的小鸟打死,就被处以刑罚;儿童把自己的小鸟眼睛挖掉,被判处死刑。这些都不是犯罪,但这事关风俗,因此需要如此刑罚。① 再比如,共和国需要"狠斗淫欲一闪念",因此妇女非常庄重、有节操,被认为直接与共和政体的败坏有最终的关联②,对女人的爱欲被认定为淫乱,对于妇女的爱被共和政体中的德性要求所压制,因此最终导致断袖之风盛行:"一种盲目的邪恶疯狂无羁地支配着这些城市,情爱是用一种我们不敢说出口的形式表现出来的;而婚姻则只是单纯友谊而已。"③ 这类要求的达成需要有严苛的法律和风俗。

同时,孟德斯鸠指出,还需要有一种必不可少的东西——严格的宗教:"罗马如同一只船,在狂风暴雨中有两个锚系着它:一个是宗教,一个是风俗。"④ 虔敬的宗教信仰使得罗马人不敢违背誓言,"没有比'立誓'更能使他们遵守法律了",如果没有誓言,罗马人并不愿意为了"荣光和祖国"而遵守法律。⑤ 宗教因此对于共和政体的维持必不可少,而这对于英国典范政体来说则几乎没有太大的重要性。

可以看到,在孟德斯鸠眼里,共和政体对国民提出的要求有多么反人性、有多么难以真正达成。也只有在这个意义上,才能真切地理解孟德斯鸠对于三种政体面积大小的限定:他认为共和政体应该是小国,君主政体面积应该适中,专制政体则巨型;一旦共和政体面积扩大,就不能长存,或者会逐步走向专制。看似匪夷所思的面积限定,恰恰是因为共和政体对公民的要求需要异常艰辛的教育和惩罚,需要全力以赴进行教育(full power of education),因此只适合小国,即国家一大、人一多,

---

① 〔法〕孟德斯鸠:《论法的精神》(上册),张雁深译,商务印书馆1959年版,第85页。
② 〔法〕孟德斯鸠:《论法的精神》(上册),张雁深译,商务印书馆1959年版,第130页。
③ 〔法〕孟德斯鸠:《论法的精神》(上册),张雁深译,商务印书馆1959年版,第124页。
④ 〔法〕孟德斯鸠:《论法的精神》(上册),张雁深译,商务印书馆1959年版,第146页。
⑤ 〔法〕孟德斯鸠:《论法的精神》(上册),张雁深译,商务印书馆1959年版,第145页。

就教育不过来了。① 但问题又在于："一个共和国，如果小的话，则亡于外力；如果大的话，则亡于内部的邪恶。"② 共和政体单靠自身看来必然灭亡。保持爱国爱平等的政治德性，则有可能很小很弱，而被其他国家灭掉；扩大国土面积，则可能无法保持爱国爱平等的政治德性，不待他人来袭，自身作为共和政体已经不复存在。③

典范政体（即英格兰政体）则完全不立基于"反个人利益"式的对祖国的奉献，坚决不对抗自私的基本人性。典范政体恰恰要顺应且引导这种自私自利的人性本质。④

一种为了公共利益而要求牺牲个人利益的政体，本质上说，并不符合孟德斯鸠心中的宽和政体的理论。因为他的自由指的是个人心境的安全。共和政体为公共利益而公共利益，完全舍弃了个人利益，不符合人性的要求，在最重要的意义上无法满足政治自由：**它是爱平等而非爱自由**，并没有以"人民的安全就是最高法律"⑤ 这一要求为准绳。政治自由的实现以三权分立为最重要的指标，爱平等并没有涵盖政治自由最重要的标准。英格兰政体是唯一一个以政治自由为目的的政体。

同时，英格兰政体的三权分立中，立法机关要比人民有远见，它本身就是对于人民最高权力的制衡。因此，"这就是这种政体比古代的民主政治远胜一筹的地方"⑥。

相比于共和政体那样一种"灭人欲"的纯净要求，英国典范政体是一种顺应人性要求并且强调人生的乐趣、自然给予的快乐的政体。孟德

---

① 〔法〕孟德斯鸠：《论法的精神》（上册），张雁深译，商务印书馆1959年版，第44—45页。
② 〔法〕孟德斯鸠：《论法的精神》（上册），张雁深译，商务印书馆1959年版，第154页。
③ 参看〔法〕孟德斯鸠：《罗马盛衰原因论》，第48—52页，"罗马灭亡的两个原因"。
④ 用托克维尔的话说是"正确理解的利益"，参看〔法〕托克维尔：《论美国的民主》（下卷），商务印书馆1988年版，第651页。
⑤ 〔法〕孟德斯鸠：《论法的精神》（下册），张雁深译，商务印书馆1963年版，第219页。
⑥ 〔法〕孟德斯鸠：《论法的精神》（上册），张雁深译，商务印书馆1959年版，第384页。另参看〔法〕托克维尔：《论美国的民主》（上卷），董果良译，商务印书馆1989年版，第二部分，第7、8章，及〔法〕托克维尔：《论美国的民主》（下卷），第630—634页。

斯鸠承认，典范政体必然使得"纯净的风俗腐败"①，但这对孟德斯鸠来说并不是严重的事态，纯净风俗下的贫穷才是孟德斯鸠真正不屑的。他用讽刺的语气谈到共和政体下的人民是"贫困的人民"，导致他们贫困的唯一原因是"他们轻视逸乐或不了解人生的各种乐趣"，他充满反讽地写道："这种人民能够成就伟大的事业，因为他们的贫穷就是他们所享有的自由的一部分。"② 而英国典范政体下的人民"享受着实在的奢华"，这种奢华是"真正的需要"，他们彻底钟情于"大自然所给予的快乐"，除此以外啥都不管，这样的人民总是"致力于自己的利益"，而不是什么国家和公众的利益。③ 这样的人民知道人生的乐趣和自然的乐趣，不需要为了给国家"还债"而过着禁欲的苦行僧一样的生活。

英国典范政体与共和政体最大的差异在于他们对商业和贸易的态度。典范政体并不担心贸易所带来的对"纯净风俗的腐败"（即，必然会有各种欲望的释放，最明显的是需要激发对金钱的渴望），它完全不担心共和政体所害怕的因为巨量财富导致的不平等以及风俗的败坏。贸易的发展使得英国典范政体必然是一个财富巨量扩大的政体，商业的发展必然要求对财富的渴望，必然趋向于形成财富上的不平等。

孟德斯鸠将"贸易的精神"归结为克制、节俭等精神，他承认贸易的发展以及财富的过量增加，必然导致不平等以及对贸易精神本身的破坏④，"贸易的结果是富裕；随着富裕而来的是奢侈"⑤。孟德斯鸠给出的解决方案是"财富再分配"，他一方面承认贸易精神必然导致不平等，同时他认为英格兰政体（典范政体）财富大量增加了但风俗并未变坏，这是因为有了法律对财富的再分配，从而贸易的精神本身未被破坏："一方面极端富裕，另一方面租税过重，人民资产有限，如果不勤劳就几乎不

---

① 〔法〕孟德斯鸠：《论法的精神》（下册），张雁深译，商务印书馆1963年版，第3页。
② 〔法〕孟德斯鸠：《论法的精神》（下册），张雁深译，商务印书馆1963年版，第4页。
③ 〔法〕孟德斯鸠：《论法的精神》（上册），张雁深译，商务印书馆1959年版，第391页。
④ 〔法〕孟德斯鸠：《论法的精神》（上册），张雁深译，商务印书馆1959年版，第56页。
⑤ 〔法〕孟德斯鸠：《论法的精神》（下册），张雁深译，商务印书馆1963年版，第24页。

能够生活。"① 因此克制、俭朴的贸易精神的真正维系在于：用法律规定的"再分配"（即租税）进一步使得对财富的渴望和攫取永无止境，即，用法律使得大家都不能富裕，以永远达不到满足和释放攫取财富的欲望来维持节俭勤劳的努力工作。孟德斯鸠认为这样就能既解决不平等的问题，又能将欲望持续释放。

共和政体需要禁欲，需要禁止各种各样自然赋予我们的快乐，从而达到公民努力为祖国奉献的要求。但典范政体恰恰相反，它需要全面释放个人的各种欲望，"在这个国家里，所有的情欲都不受约束；憎恨、羡慕、嫉妒、对发财致富出人头地的热望，都最广泛地（to their full extent）表现了出来。要不是这样的话，这个国家就要像一个被疾病折磨的人，因为没有力气，终于没有任何情欲"②。"在贸易的精神旺盛的国家，一切人道的行为、一切道德的行为全都成为买卖的东西，做人要求的最微小的事情也都是为着金钱。贸易的精神……同某些道德的观念极不相容，这些道德认为，一个人不必总是斤斤计较自己的利益，尽可以为着别人的利益而忽略自己的利益。"③ 更有甚者，孟德斯鸠据此认为，在一个陌生民族中，发现钱币就意味着来到"开化"的国家，"建立了货币制度的地方，人们就可能遇到出资狡诈的不公道事情。人们可以用千百种方法去做不公道的事情……民法的产生就是因为人们用新的方法、用不同的方式去做坏事"④。鼓励和激发人类的各种贪欲和对各种"人生乐趣"的享受，激励人们去做各种坏事，同时才会产生各种法律加以限制和调节。只有全面释放各种欲望和贪欲，调节它们的法律才会更健全；错误和罪恶越多，法律才会制定得越全面。这种制定法律的方式与共和政体完全相反。

---

① 〔法〕孟德斯鸠：《论法的精神》（上册），张雁深译，商务印书馆1959年版，第387页。
② 〔法〕孟德斯鸠：《论法的精神》（上册），张雁深译，商务印书馆1959年版，第383页。
③ 〔法〕孟德斯鸠：《论法的精神》（下册），张雁深译，商务印书馆1963年版，第3页。
④ 〔法〕孟德斯鸠：《论法的精神》（上册），张雁深译，商务印书馆1959年版，第343页。

只有全面释放各种欲望和贪欲，英国政体才会有往前发展的无穷动力："百业必须前进；如果什么都静止不动的话，国家就完了。"① 只有全面释放各种欲望和贪欲，"虚荣对于一个政府是一种好的动力"②，欧洲或英国的力量才能最终"无与伦比"③。总之，政治上的一切邪恶并不都是道德上的邪恶，道德上的邪恶并不都是政治上邪恶。④

贸易给英格兰政体主要带来三种好处。第一，英格兰政体不再是弱小的共和政体，而是异常强大的。只有发展商业，英国才能成就为头号海上霸主，他们相信"自己权力就跟海洋一样地广大无边"⑤，这是英国最实际的安全。英国"居住在一个大岛上，拥有大量的贸易，所以有一切便利去取得海上的势力……需要有一只海军……这只海军比一切国家的海军都要优越……不把它的权力使用在征服上……"⑥ 这个全球性海洋霸权，仅仅要求各个大陆对它开放（与它贸易），它并不要求征服任何一个国家，但它必须保证自己的海洋权力是绝对超越任何国家的，它的全部利益和安全所系都在海洋上，因此这样一支绝对优势的海军即可"保证自己免受侵略"⑦。第二，"贸易的自然结果就是和平。两国之间有了贸易，就彼此互相依存……贸易的精神把不同国家连接起来"⑧，贸易最终导向的是国与国之间的和平，这是贸易某种程度上消解战争状态，促成国际安全的重要体现。第三，贸易的精神虽然使得纯净的风俗腐败，但它带来了新的东西：使得风俗更为温和。这是孟德斯鸠对贸易的论述中最具特色、着墨最多的部分。"贸易的精神自然地带着俭朴、节约、节

---

① 〔法〕孟德斯鸠：《论法的精神》（下册），张雁深译，商务印书馆1963年版，第111页。
② 〔法〕孟德斯鸠：《论法的精神》（上册），张雁深译，商务印书馆1959年版，第367页。
③ 〔法〕孟德斯鸠：《论法的精神》（下册），张雁深译，商务印书馆1963年版，第69页。
④ 〔法〕孟德斯鸠：《论法的精神》（上册），张雁深译，商务印书馆1959年版，第369页。
⑤ 〔法〕孟德斯鸠：《论法的精神》（上册），张雁深译，商务印书馆1959年版，第388页。
⑥ 〔法〕孟德斯鸠：《论法的精神》（上册），张雁深译，商务印书馆1959年版，第388页。
⑦ 〔法〕孟德斯鸠：《论法的精神》（上册），张雁深译，商务印书馆1959年版，第388页。
⑧ 〔法〕孟德斯鸠：《论法的精神》（下册），张雁深译，商务印书馆1963年版，第3页。

制、勤劳、谨慎、安分、秩序和纪律的精神"①，这种贸易的精神在最大的程度上推动和鼓励着自由的事业，"哪里有温良的风俗，哪里就有商业。哪里有商业，哪里就有温良的风俗。这几乎是一条普遍的规律"②。温良的风俗由商业推进，又是商业所需要的。③ 第四，贸易本质上与民主政体有天然的联系："同多人统治的政体有着本质上的联系"④，"贸易有时被征服者们破坏，有时受到君王们的困扰。但是它跋涉寰球，避开压迫它的地方，到可以自由呼吸的地方去休息"⑤。综上所述，贸易本质上与自由相连，与自由的风俗相联系。

新的典范政体中，宗教还会存在，但宗教以一种功利主义的方式存在：有用与否成为评判宗教最重要的标准，"最真实、最圣洁的教义，如果不同社会的原则连接在一起的话，可能产生极恶劣的后果；反之，最虚伪的教义，如果同社会的原则发生关系的话，却可能产生美妙的后果"⑥。同时，孟德斯鸠审慎地认为宗教不可轻易攻击，但他仍然试图让人民脱离宗教，最好的办法是利用商业的诱惑使得人民"忘却"宗教，"攻击宗教的一个更有成功把握的方法，是通过恩惠，通过生活上的便利，通过获得好运的希望；不要提醒人想起宗教，而要使人们忘却（forget）它；当他种激情（passions）冲击着人们的心思而宗教所激励的激情反而趋于沉寂的时候，不是要去激发人们，而是要使人们对此漠不关心"⑦。在英格兰政体中，"每一个公民都有他的自由意志，指导他的就是

---

① 〔法〕孟德斯鸠：《论法的精神》（上册），张雁深译，商务印书馆1959年版，第56页。
② 〔法〕孟德斯鸠：《论法的精神》（下册），张雁深译，商务印书馆1963年版，第2页。
③ 这一点上，托克维尔几乎是孟德斯鸠亦步亦趋的追随者，参看〔法〕托克维尔：《论美国的民主》（下卷），董果良译，商务印书馆1989年版，第801页。
④ 〔法〕孟德斯鸠：《论法的精神》（下册），张雁深译，商务印书馆1963年版，第5页。
⑤ 〔法〕孟德斯鸠：《论法的精神》（下册），张雁深译，商务印书馆1963年版，第23页。
⑥ 〔法〕孟德斯鸠：《论法的精神》（下册），张雁深译，商务印书馆1963年版，第165—166页。
⑦ 〔法〕孟德斯鸠：《论法的精神》（下册），张雁深译，商务印书馆1963年版，第185—186页。

他自己的理智或幻想。因此必然的结果是，每个人或者是对一切种类的宗教都不关心，只信奉最有势力的宗教，或者是热心于一般的宗教，因而增加了教派的数目"①。一方面，人们信仰某种宗教，仅仅是因为对所有宗教都不关心，选个最有势力的；另一方面，热心一般的宗教，仅仅是因为对于最终的诸神之争毫无兴趣。

这个典范政体几乎无法用任何一种曾经出现过的政体来称呼②，它有君主政体的影子（但又不是真正的君主制），也有共和政体的影子（但掌握最高权力的民众受到立法机关的制约，立法机关本身又受其他机关的制约），它又有崭新的商业社会的特质，它不再贫穷、强大无比，又异常温顺，它的风俗不再纯净，但却越来越琐碎和温厚。

《论法的精神》第十九章是孟德斯鸠最具革命性和颠覆性的一章，解决的是孟德斯鸠全书最为核心的问题：如何成功实现孟德斯鸠的全球自由事业？即，如何在全球推广贸易精神并进而推进自由？他认为，"要接受最好的法律，人民的精神做好准备是多么必要"，因为"对于那些从未习惯于享受自由的人，甚至连自由也好像是不可容忍的。同样，新鲜的空气有时候对那些居住在沼泽地带的人们，是不愉快的东西"③。因此，做出大的改变的最要紧的前提是改变人民的精神——即，改变"法的精神"。在诸多场合，我们看到的都是孟德斯鸠强调"法的精神"不可违逆，强调"法的精神"的特殊性。特殊性意味着对任何不一致加以承认，同时也就意味着"法的精神"无需强求统一，无需有根本上的变动。"法的精神"本身是孟德斯鸠害怕发生的"剧烈变化"的天敌。只有在这一部分，他才扭扭捏捏、在强调各种保留之下提出了应该要去变革"法的精神"，即便这种变革是极度审慎的。

---

① 〔法〕孟德斯鸠：《论法的精神》（上册），张雁深译，商务印书馆1959年版，第389页。
② 参看丁凡：《古今视野与问题意识：孟德斯鸠案例剖析》，载《学海》2014年第3期，第102页。但丁凡并未细致展示孟德斯鸠，且一些观点有待商榷。
③ 〔法〕孟德斯鸠：《论法的精神》（上册），张雁深译，商务印书馆1959年版，第363页。

最重要的论述出现于他论及风俗和习惯（一般精神）跟法律之间的关系之时，孟德斯鸠故意模棱两可：先说风俗和礼仪不能用法律来改变，只能用风俗和礼仪来改变，且它们不是立法者能够建立的东西，"因为他们不能建立"①；但同时又提到，改变习惯的手段是"创立典范"，这是一种温柔但可以达到目的的手段。② 风俗的变更对一个国家政制的变化发生巨大的影响③，法律也会随从风俗，比如，当罗马的"风俗改变了的时候，它的立法者们的想法也改变了"④。可以通过温和的方法达到"用风俗来缓慢地改变法律"的目的，即，孟德斯鸠突然暗示：**"法的精神"是温柔地可变的（！！！）——而改变的最佳方式恰恰正是推广英国式的"典范"（推广的是风俗而非法律或政体）**。而英国典范政体的诸多风俗和精神都与商业密切相关。⑤ 为自由政体而做准备的"法的精神"，正是笔者在本小节谈到的英国政体与共和政体相异之处——攫取、奢华、自私、邪恶，这些特质跟商业的联系异常紧密。

毫无疑问，孟德斯鸠对这种可变抱持非常审慎的态度，他甚至说出了"我们是怎样，就让我们怎样吧！"这样的话。⑥ 温柔地尝试变化，会有三种结果：最终变化成功；变化但未成功；未能变化。孟德斯鸠并不自信满满，但仍然试图推进。在推进中，他又不停地保持审慎的态度并极度坚持"法的精神"之不可违逆。

他试图以推广商业在全球实现自由，但商业的推广会遇到各种现实

---

① 〔法〕孟德斯鸠：《论法的精神》（上册），张雁深译，商务印书馆1959年版，第373页。
② 〔法〕孟德斯鸠：《论法的精神》（上册），张雁深译，商务印书馆1959年版，第371页。
③ 〔法〕孟德斯鸠：《论法的精神》（上册），张雁深译，商务印书馆1959年版，第372页。
④ 〔法〕孟德斯鸠：《论法的精神》（上册），张雁深译，商务印书馆1959年版，第380—381页。
⑤ 商业在孟德斯鸠思想体系中的关键性地位，似乎在绝大部分通行的读物中付诸阙如或近乎一笔带过：〔法〕皮埃尔·莫内：《自由主义思想文化史》，吉林人民出版社2004年版；徐大同主编：《西方政治思想史》，天津教育出版社2000年版；〔美〕列奥·施特劳斯、约瑟夫·克罗波西：《政治哲学史》，法律出版社2010年版；〔美〕乔治·萨拜因：《政治学说史》（下卷），上海人民出版社2010年版。
⑥ 〔法〕孟德斯鸠：《论法的精神》（上册），张雁深译，商务印书馆1959年版，第365页。

阻碍，甚至无法用法律来硬推，那么，暂时唯一可做的事情就是：在可能的地域，温柔地改变风俗，使得风俗变得更为适应和呼唤商业。而这种可期盼的改变的第一步，则是激发起商业发展所需要的各种贪欲，或者说，要求摒弃民众心头的道德羁绊。于是，孟德斯鸠开始变得"邪恶"起来："人民越好交际，便越容易改变他们的风俗……时髦是一个很重要的主题，人们的精神变得轻浮时，他们会不断地增加他们商业的部门，"①"虚荣对一个政府是一种好的动力……虚荣所产生的无数的好处，如豪华、勤劳、艺术、时尚、礼貌和风趣……一个法国人的虚荣使他劳动得比别人更努力……一切怠惰的民族都是庄严肃穆的……"② 因此，民族要变得勤劳，就应该变得轻浮、不严肃。

"我说这些不是要在任何意义上去掉罪恶与德性之间的距离：上帝不允许！我只是想使人们了解，并不是所有的政治罪恶都是道德上的罪恶，并不是所有道德上的罪恶都是政治上的罪恶，那些制定了与一般精神相背离的法律的人不应该无视这一点。"③ 道德上的罪恶可以是政治上的善，这种善体现在：道德上的罪恶给发展商业提供了"良好"的风俗，并最终有助于自由事业的推进。因此，为了有助于自由事业的推进，为了给商业的发展提供"良好"的风俗，首先需要温柔地变革"法的精神"，而这种变革的第一要务是全面教诲人们变得邪恶、贪婪、轻浮、虚荣、无耻、攫取。

无论如何，孟德斯鸠立即又强调，试图立即推翻"法的精神"是十分危险的："推翻'一般的精神'和变更'特殊的制度'是同样危险的，甚至是更为危险的。"④ 我们唯一可以得出的结论就是：孟德斯鸠"想扬帆远航，却必须贴着海岸而行"⑤。言下之意不外乎：试试看吧，但不要

---

① 〔法〕孟德斯鸠：《论法的精神》（上册），张雁深译，商务印书馆1959年版，第366页。
② 〔法〕孟德斯鸠：《论法的精神》（上册），张雁深译，商务印书馆1959年版，第367页。
③ 〔法〕孟德斯鸠：《论法的精神》（上册），张雁深译，商务印书馆1959年版，第369页。
④ 〔法〕孟德斯鸠：《论法的精神》（上册），张雁深译，商务印书馆1959年版，第370页。
⑤ Montesquieu, *Pensées*, 1778, 1802, pp. 529, 536.

太着急，有可能需要"七八百年"，但总会成功的，虽然有的地方可能永远不会成功。

六、结语

孟德斯鸠有一个雄心勃勃的全球自由事业，他小心翼翼但又显然按捺不住地不断试图推进革命；同时他又不停地承认现实和向现实作妥协，包括不停地为那些与他内心所求的最终目标相反的东西做辩护（不能认为孟德斯鸠的这种妥协和辩护是毫无诚意的）。正是跟随孟德斯鸠一同处在这样一种不断的纠结中，我们得以更深切地理解他最重要的主题："法的精神。"悖论的是，他野心勃勃的自由事业之所以需要小心翼翼，是因为他对"法的精神"之不可忤逆的绝对遵从，但同时他找到的全球自由事业的开拓口恰恰是：（温柔地）变更某些"法的精神"。孟德斯鸠为了给商业的发展提供"优良"的民风，以推进其全球自由事业，心甘情愿地成了一位如马基雅维里那样教导、宣传、推广"邪恶"的导师。[①] 在他眼里，某些邪恶最终成就了政治德性。

于是，在孟德斯鸠那里，当下的妥协与未来的革命紧密地联系在一起，这种联系依赖的是立法者的精神。立法者最需要的是适度的精神（moderation）[②]，适度是一个中间状态，它反对两个极端，既反对立即革命，又反对不革命。"政治是一把磨钝了的锉刀；它锉着锉着，慢慢地达到它的目的。"[③] 立法者要尊重"法的精神"，认识到变更"法的精神"

[①] 〔美〕利奥·施特劳斯：《关于马基雅维里的思考》，申彤译，译林出版社2003年版，第1—8页。
[②] 〔法〕孟德斯鸠：《论法的精神》（下册），张雁深译，商务印书馆1963年版，第326页。
[③] 〔法〕孟德斯鸠：《论法的精神》（上册），张雁深译，商务印书馆1959年版，第284页。此处孟德斯鸠论及英国典范政体中的人民对任何东西都不耐烦，因而专制无法慢慢成功压迫他们，但同时这些人民也不能承受谈判的缓慢，所以他们经常谈判失败，"在条约上失掉他们从战争所获得的东西"。

有危险，同时，又不是顽固地保守旧有的事物。因此立法者心中需要有内在的革命内核和英国式典范政体的未来前景，缓缓地变更此时此刻的"法的精神"，为商业社会的到来积聚伟大的能量。中国古语中的"卧薪尝胆""韬光养晦"的说法，最能概括孟德斯鸠称赏的立法者精神：当下的隐忍和受苦，绝不是没有目的，全然是为了日后的爆发和成功，即为了英国式的典范政体和自由在全球的实现。

参考文献

一、格劳秀斯已刊主要文献（拉英对照及英译、中译）

1. Hugo Grotius, *De Jure Belli ac Pacis Libri Tres Vol. II*: *The Translation*: *On the Law of War and Peace*, F. W. Kelsey etc. (trans.), Oxford: Clarendon Press, 1925.

2. Hugo Grotius, *The Rights of War and Peace*, Richard Tuck (ed.), Indianapolis: Liberty Fund, 2005.

3. Hugo Grotius, *The Rights of War and Peace*, Cambpell (trans.), New York & London: M. Walter Dunne, Publisher, 1901.

4. Hugo Grotius, *The Rights of War and Peace in Three Books Wherein are Explained, the Law of Nature and Nations, and the Principal Points relating to Government, to Which are Added, All the Large Notes of Mr. J. Barbeyrac*, Thomas Manley (trans.), London: Inys & Manley, 1738.

5. Hugo Grotius, *Commentary on the Law of Prize and Booty*, Edited and with an Introduction by Martine Julia van Ittersum, Indianapolis: Liberty Fund, 2006.

6. Hugo Grotius, *The Magistrates Authority in Matters of Religion Asserted*, *The Right of the State in the Church*, *a Discourse* (*De Imperio Summarum Potestatum Circa Sacra*), Clement Barksdale (trans.), London: Barksdale, 1655.

7. Hugo Grotius, *Annales et Historiae de Rebus Belgicis* (*The Annals and History of the Low-Countrey-Warrs*, Thomas Manley (trans.), London: Middle-Temple, 1665.

8. Hugo Grotius, *The Truth of the Christian Religion in Six Books* (*with an additional*

seventh book）（*De Veritate Religionis Chistianae*），6th ed.，London：Meredith，1707.

9. Hugo Grotius，*A Defence of the Catholic Faith Concerning the Satisfaction of Christ Against Faustus Socinus*，Frank Hugh Foster（trans.），Andover：Warren F. Draper，1889.

10. Hugo Grotius，*Mare Liberum*（*Freedom of the Seas*），Ralph van Deman Magoffin（trans.），New York：Oxford University Press，1916.（文中引用 Liberty Fund 出版的新修订版）

11. Hugo Grotius，*The Jurisprudence of Holland*（*Inleiding tot de Hollandsche Rechtsgeleertheyd*），R. W. Lee（trans.），Oxford：Clarendon Press，1936.

12. Hugo Grotius，*De Jure Praedae Commentarius*：*Commentary on the Law of Prize and Booty*，Gwladys L. Williams（trans.），Oxford：Clarendon Press，1950.

13. Hugo Grotius，*De Republica Emendanda*：*A Juvenile Tract by Hugo Grotius on the Emendation of the Dutch Polity*，Arthur Eyffinger，in collaboration with P. A. H. de Boer，J. Th. De Smidt and L. E. van Holk（eds.），*Grotiana*，Vol. V，1984.

14. Hugo Grotius，*Meletius sive de iis quae inter Christianos Conveniunt Epistola*，Guillaume Posthumus Meyjes（ed. and trans.），Leiden：E. J. Brill，1988.

15. Hugo Grotius，*Commentarius in Theses XI*：*An Early Treatise on Sovereignty*，*Just War and the Legitimacy of the Dutch Revolt*，Peter Borschberg（ed. and trans.），Berne：Peter Lang，1994.

16. Hugo Grotius，*Ordinum Hollandiae ac Westfrisiae Pietas*（*The Religiousness of the States of Holland and Westfriesland*），Edwin Rabbie（trans.），Leiden：E. J. Brill，1995.

17. Hugo Grotius，*The Antiquity of the Batavian Republic*（*De Antiquitate Reipublicae Batavicae*），Jan Waszink（ed. and trans.），Assen：van Gorcum，2000.

18. Hugo Grotius，*Mare Liberum*（*The Free Sea*），Richard Hakluyt（trans.），David Armitage（ed.），Indianapolis：Liberty Fund，2004.

19. Hugo Grotius，*De Imperio Summarum Potestatum Circa Sacra*，2 Vol. s，Critical Edition with Introduction，English Translation and Commentary by Harm-Jan Van Dam，Leiden：Brill，2001.

20. 〔荷〕格劳秀斯：《战争与和平法》，何勤华等译，上海人民出版社 2005 年版。

21. 〔荷〕格劳秀斯：《战争与和平法（第一卷）》，马呈元译，中国政法大学出

版社 2015 年版。（目前仅出版第一卷）

22．〔荷〕格劳秀斯：《捕获法》，张乃根等译，上海人民出版社 2006 年版。

23．〔荷〕格劳秀斯：《论海洋自由——或荷兰参与东印度贸易的权利》，马忠法译、张乃根校，上海人民出版社 2005 年版。

24．〔荷〕格劳修斯：《海洋自由论》，宇川译，上海三联书店·华东师范大学出版社 2005 年版。

25．〔荷〕胡果·格劳秀斯：《格劳秀斯私法导论》，张淞纶译，法律出版社 2015 年版。

26．〔荷〕格老秀斯：《国际法典》，岑德彰译，台湾：商务印书馆 1977 年版。

27．〔荷〕格劳秀斯：《格劳秀斯论外交官的教养》，见林国华、王恒主编：《古希腊的傲慢与偏见》，上海人民出版社 2011 年版。

二、英文相关文献及二手研究文献

1. Aquinas, *Political Writings*, R. W. Dyson (ed. and trans.), Cambridge: Cambridge University Press, 2002.

2. Aristotle, *Aristotle's Nicomachean Ethics*, translated with an interpretive essay, notes, and glossary by Robert C. Bartlett and Susan D. Collins, Chicago: The University of Chicago Press, 2011.

3. Aristotle, *The Politics*, translated and with an Introduction, Notes, and Glossary by Carnes Lord, Chicago and London: The University of Chicago Press, 1984.

4. St. Augustine, *The City of God against the Pagans*, R. W. Dyson (trans.), Cambridge: Cambridge University of Press, 1998.

5. J. Barbeyrac, "The Life of Hugo Grotius", in Hugo Grotius, *The Rights of War and Peace*, Richard Tuck (ed.), Indianapolis: Liberty Fund, 2005.

6. Jahn Beate (ed.), *Classical Theory in International Relations*, Cambridge: Cambridge University Press, 2006.

7. Alex J. Bellamy, *Just Wars: From Cicero to Iraq*, Cambridge: Polity Press, 2006.

8. Leonard Besselink, "The Impious Hypothesis Revisited", *Grotiana*, Vol. 9, 1988.

9. Hans W. Blom (ed.), *Property, Piracy and Punishment*: *Hugo Grotius on War and Booty in* De iure Praedae-*Concepts and Contexts*, Leiden: Brill, 2009.

10. Chris Brown, Terry Nardin and Nicholas Rengger (eds.), *International Relations in Political Thought*: *Texts from the Ancient Greeks to the First World War*, Cambridge: Cambridge University Press, 2002.

11. Hedley Bull, Benedict Kingsbury and Adam Roberts (eds.), *Hugo Grotius and International Relations*, Oxford: Clarendon Press, 1990.

12. Hedley Bull, *The Anarchical Society*: *A Study of Order in World Politics*, 3rd Edition, Houndmills, Basingstoke, Hampshire: Palgrave, 2002.

13. Hedley Bull, "The Grotian Conception of International Society", in Herbert Butterfield and Martin Wight (eds.), *Diplomatic Investigations*: *Essays on the Theory of International Politics*, London: George Allen & Unwin, 1966.

14. Hedley Bull, "Natural Law and International Relations", *British Journal of International Studies*, Vol. 5, No. 2 (Jul., 1979).

15. Hedley Bull, "Society and Anarchy in International Relations", in Herbert Butterfield and Martin Wight (eds.), *Diplomatic Investigations*: *Essays on the Theory of International Politics*, London: George Allen & Unwin, 1966.

16. Hedley Bull, "The Importance of Grotius in the study of International Relations", in Hedley Bull, Benedict Kingsbury and Adam Roberts (eds.), *Hugo Grotius and International Relations*, Oxford: Clarendon Press, 1990.

17. Hedley Bull, "Martin Wight and the Study of International Relations", in Martin Wight, *Systems of States*, Hedley Bull (ed.), London: Leicester University Press, 1977.

18. M. De Burigny, *The Life of the Truly Eminent and Learned Hugo Grotius*, London: Printed for A. Millar, 1754.

19. Charles Butler, *The Life of Hugo Grotius*: *with Brief Minutes of the Civil*, *Ecclesiastical, and Literary History of the Netherlands*, London: J. Murray, 1826.

20. Barry Buzan, *From International to World Society*: *English School Theory and the Social Structure of Globalization*, Cambridge: Cambridge University Press, 2004.

21. Ian Clark and Iver B. Neumann (eds.), *Classical Theories of International Relations*, Houndmills, Basingstoke, Hampshire: Macmillan Press; New York: St. Martin's

Press, 1996.

22. Richard Cox, "Hugo Grotius", in Leo Strauss and Joseph Cropsey (eds.), *History of Political Philosophy*, 3rd edition, Chicago and London: University of Chicago Press, 1987.

23. Richard Cox, *Locke on War and Peace*, Oxford: The Clarendon Press, 1960.

24. Ludwig Dehio, *The Precarious Balance: Four Centuries of the European Power Struggle*, London: Chatto and Windus, 1963.

25. John Dunn and Ian Harris (eds.), *Grotius*, Cheltenham: Edward Elgar Publishing, 1997.

26. Shadia B. Drury, *Terror and Civilization: Christianity, Politics, and the Western Psyche*, New York: Palgrave Macmillan, 2004.

27. William Dunning, *A History of Political Theories: From Luther to Montesquieu*, New York: The Macmillan Company, 1921.

28. Sir Robert Filmer, "Observations Concerning the Originall of Government, upon Mr Hobs 'Leviathan', Mr Milton against Salmasius, H. Grotius 'De Jure Belli'", in Sir Robert Filmer, *Patriarcha and Other Writings*, Johann P. Sommerville (ed.), Cambridge: Cambridge University Press, 1991.

29. Steven Forde, "Hugo Grotius on Ethics and War", *The American Political Science Review*, Vol. 92, No. 3 (Sep., 1998).

30. Steven Forde, "Natural Law, Theology, and Morality in Locke", *American Journal of Political Science*, Vol. 45, No. 2 (Apr., 2001).

31. Steven Forde, "What Does Locke Expect Us to Know?", *The Review of Politics*, Vol. 68, No. 2 (Spring, 2006).

32. Martin van Gelderen (ed.), *The Dutch Revolt*, Cambridge: Cambridge University Press, 1993.

33. Pieter Geyl, "Grotius", *Transactions of the Grotius Society*, Vol. 12, 1927.

34. Otto Gierke, *Natural Law and the Theory of Society 1500 – 1800*, Ernest Barker (trans.), Boston: Beacon Press, 1960.

35. Martin Harvey, "Grotius and Hobbes", *British Journal for the History of Philosophy*, Vol. 14, No. 1, 2006.

36. J. P. Heering, *Hugo Grotius as Apologist for the Christian Religion: A Study of His Work, De Veritate Religionis Christianae* (1640), J. C. Grayson (trans.), Leiden: Brill, 2004.

37. David J. Hill, "Introduction: The Work and Influence of Hugo Grotius", in Hugo Grotius, *The Rights of War and Peace: Including the Law of Nature and of Nations*, A. C. Campbell (trans.), A. M., New York: Walter Dunne Publisher, 1901.

38. Thomas Hobbes, *Leviathan* (Revised Student Edition), Richard Tuck (ed.), Cambridge: Cambridge University Press, 1996.

39. Thomas Hobbes, *On the Citizen*, Richard Tuck and Michael Silverthorne (eds.), Cambridge: Cambridge University Press, 1998.

40. Jonathan Israel, *The Dutch Republic: Its Rise, Greatness, and Fall* 1477 – 1806, New York: Oxford University Press, 1998.

41. Martine Julia Van Ittersum, *Profit and Principle: Hugo Grotius, Natural Rights Theories and The Rise of Dutch Power in the East Indies* (1595 – 1615), Leiden: Brill, 2006.

42. Harry V. Jaffa, *Thomism and Aristotelianism: A Study of the Commentary by Thomas Aquinas on the Nicomachean Ethics*, Westport, Connecticut: Greenwood Press, Publishers, 1979.

43. Renée Jeffery, *Hugo Grotius in International Thought*, New York: Palgrave Macmillan, 2006.

44. Edward Keene, *Beyond the Anarchical Society: Grotius, Colonialism and Order in World Politics*, Cambridge: Cambridge University Press, 2002.

45. Benedict Kingsbury, "Grotius, Law, and Moral Scepticism: Theory and Practice in the Thought of Hedley Bull", in Ian Clark and Iver B. Neumann (eds.), *Classical Theories of International Relations*, Houndmills, Basingstoke, Hampshire : Macmillan Press ; New York : St. Martin's Press, 1996.

46. Vendulka Kubálková, "Towards an International Political Theology", *Millennium: Journal of International Studies*, 2000, Vol. 29, No. 3, pp. 675 – 704.

47. Hersch Lauterpacht, "The Grotian Tradition in International Law", *British Yearbook of International Law*, Vol. 23, No. 1 (1946).

48. R. W. Lee, "The Family Life of Grotius", *Transactions of the Grotius Society*, Vol. 20, 1935.

49. R. W. Lee, "The Introduction to the Jurisprudence of Holland of Hugo Grotius", *Transactions of the Grotius Society*, Vol. 16, 1931.

50. R. W. Lee, "Hugo Grotius", *Proceedings of the British Academy*, Vol. 16, 1930.

51. R. W. Lee, "Grotius-The Last Phase, 1635 – 1645", *Transactions of the Grotius Society*, Vol. 31.

52. John Locke, *Two Treatises of Government*, Peter Laslett (ed.), Cambridge: Cambridge University Press, 1988.

53. John Locke, *Questions concerning the Law of Nature*, with an Introduction, Text, and Translation by Robert Horwitz, Jenny Strauss Clay, and Diskin Clay, Ithaca: Cornell University Press, 1990.

54. Larry May, *War Crimes and Just War*, Cambridge: Cambridge University Press, 2006.

55. Charles de Montesquieu, *The Spirit of the Laws*, Anne M. Cohler, Basia Carolyn Miller, Harold Samuel Stone (trans.), Cambridge: Cambridge University Press, 1989.

56. Hans J. Morgenthau, *Political Theory and International Affairs*: Hans J. Morgenthau on Aristotle's The Politics, Anthony F. Lang Jr. (ed.), Westport: Praeger Publishers, 2004.

57. Yasuaki Onuma (ed.), *A Normative Approach to War: Peace, War and Justice in Hugo Grotius*, Oxford: Clarendon Press, 1993.

58. Thomas L. Pangle and Peter J. Ahrensdorf, *Justice among Nations: On the Moral Basis of Power and Peace*, Kansas: University Press of Kansas, 1999.

59. Thomas L. Pangle, *Montesquieu's Philosophy of Liberalism: A Commentary on The Spirit of the Laws*, Chicago: The University Of Chicago Press, 1989.

60. Geoffrey Parker (ed.), *The Thirty Years' War*, 2nd Edition, London and New York: Routledge, 1997.

61. Plato, *The Republic of Plato*, translated, with notes, an interpretive essay, and a new introduction by Allan Bloom, Basic Books, 1991.

62. Samuel Pufendorf, *On the Duty of Man and Citizen According to Natural Law*,

James Tully (ed.), Michael Silverthorne (trans.), Cambridge: Cambridge University Press, 1991.

63. C. G. Roelofsen, "Grotius and the International Politics of the Seventeenth Century", in Hedley Bull, Benedict Kingsbury and Adam Roberts (eds.), *Hugo Grotius and International Relations*, Oxford: Clarendon Press, 1990.

64. Heinrich A. Rommen, *The Natural Law: A Study in Legal and Social History and Philosophy*, Thomas R. Hanley (trans.), Russell Hittinger (ed.), Indianapolis: Liberty Fund, 1998.

65. Jean-Jacques Rousseau, *The Social Contract and Other Later Political Writings*, Victor Gourevitch (ed. and trans.), Cambridge: Cambridge University Press, 1997.

66. Jean-Jacques Rousseau, *The Discourses and Other Early Political Writings*, Victor Gourevitch (ed. and trans.), Cambridge: Cambridge University Press, 1997.

67. Frederick H. Russell, *The Just War in the Middle Ages*, Cambridge: Cambridge University Press, 1975.

68. James Brown Scott, "Introduction", in Hugo Grotius, *De Jure Belli ac Pacis Libri Tres Vol. II, The Translation: On the Law of War and Peace*, F. W. Kelsey etc. (trans.), Oxford: Clarendon Press, 1925.

69. Quentin Skinner, "Meaning and Understanding in the History of Ideas", *History and Theory*, Vol. 8, No. 1, 1969.

70. Quentin Skinner, *The Foundations of Modern Political Thought*, Cambridge: Cambridge University Press, 1978.

71. Richard Sorabji and David Rodin (eds.), *The Ethics of War: Shared Problems in Different Traditions*, Ashgate Publishing Limited, 2006.

72. Leo Strauss and Joseph Cropsey (eds.), *History of Political Philosophy* (3rd edition), Chicago and London: The University of Chicago Press, 1987.

73. Leo Strauss, "Locke's Doctrine of Natural Law", in Leo Strauss, *What is Political Philosophy? And Other Studies*, Chicago: The University of Chicago Press, 1988.

74. Leo Strauss, *Persecution and the Art of Writing*, Chicago: The University of Chicago Press, 1988.

75. Leo Strauss, *Natural Right and History*, Chicago: The University of Chicago Press,

1965.

76. Leo Strauss, *What is Political Philosophy? And Other Studies*, Chicago: The University of Chicago Press, 1988.

77. Leo Strauss, "Seminar on Grotius' The Law of War and Peace", unpublished manuscript, see https://leostrausscenter.uchicago.edu/courses. (访问时间: 2016 年 3 月 28 日)

78. Leo Strauss, *Studies in Platonic Political Philosophy*, Chicago: The University of Chicago Press, 1983.

79. Hidemi Suganami, *The Domestic Analogy and World Order Proposals*, Cambridge: Cambridge University Press, 1989.

80. Richard Tuck, *Hobbes*, Oxford: Oxford University Press, 1989.

81. Richard Tuck, *Hobbes: A Very Short Introduction*, Oxford: Oxford University Press, 2003.

82. Richard Tuck, *Natural Rights Theories: Their Origin and Development*, Cambridge: Cambridge University Press, 1979.

83. Richard Tuck, *Philosophy and Government 1572 – 1651*, Cambridge: Cambridge University Press, 1993.

84. Richard Tuck, *The Rights of War and Peace: Political Thought and the International Order From Grotius to Kant*, Oxford: Oxford University Press, 1999.

85. Richard Tuck, "Grotius, Carneades and Hobbes", *Grotiana*, Vol. 4, 1983.

86. Richard Tuck, "The 'Modern' Theory of Natural Law", in Anthony Pagden (ed.), *The Languages of Political Theory in Early-Modern Europe*, Cambridge: Cambridge University Press, 1987.

87. Richard Tuck, "Introduction", in Hugo Grotius, *The Rights of War and Peace*, Richard Tuck (ed.), Indianapolis: Liberty Fund, 2005.

88. Richard Tuck, "Grotius and Selden", in J. H. Burns (ed.), *The Cambridge History of Political Thought 1450 – 1700*, Cambridge: Cambridge University Press, 1991, pp. 499 – 529.

89. Richard Tuck, "Introduction", in Thomas Hobbes, *Leviathan (Revised Student Edition)*, Richard Tuck (ed.), Cambridge: Cambridge University Press, 1996.

90. James Tully, *A Discourse on Property: John Locke and His Adversaries*, Cambridge: Cambridge University Press, 1980.

91. Maurizio Viroli, *From Politics to Reason of State: The Acquisition and Transformation of the Language of Politics 1250 – 1600*, Cambridge: Cambridge University Press, 1992.

92. Hamilton Vreeland, *Hugo Grotius: The Father of the Modern Science of International Law*, New York: Oxford University Press, 1917.

93. C. Van Vollenhoven, "Grotius and the Study of Law", *The American Journal of International Law*, Vol. 19, No. 1 (Jan., 1925).

94. C. Van Vollenhoven, "Grotius and Geneva", *Bibliotheca Visseriana*, Vol. 13, 1926.

95. C. Van Vollenhoven, "The Growth of Grotius' De Jure Belli Ac Pacis as it Appears from Contemporary Correspondence", *Bibliotheca Visseriana*, Vol. 16, 1926.

96. Voltaire, *Voltaire's Political Writings*, David Williams (trans.), Cambridge: Cambridge University Press, 1994.

97. Kenneth N. Waltz, *Man, the State and War: A Theoretical Analysis*, New York: Columbia University Press, 2001.

98. Michael Walzer, *Just and Unjust Wars: A Moral Argument with Historical Illustrations*, Fourth Edition, New York: Basic Books, 2006.

99. Nicholas Wheeler, *Saving Strangers: Humanitarian Intervention in International Society*, Oxford: Oxford University Press, 2000.

100. Martin Wight, *Four Seminal Thinkers in International Theory: Machiavelli, Grotius, Kant and Mazzini*, Gabrele Wight and Brian Porter (eds.), Oxford: Oxford University Press, 2005.

101. Martin Wight, *International Theory: The Three Traditions*, Gabriele Wight and Brian Porter (eds.), Leicester & London: Leicester University Press, 1991.

102. Martin Wight, *Systems of States*, Hedley Bull (ed.), London: Leicester University Press, 1977.

103. Martin Wight, "Western Values in International Relations", in Herbert Butterfield and Martin Wight (eds.), *Diplomatic Investigations: Essays on the Theory of International Politics*, London: George Allen & Unwin, 1966.

104. John W. Yolton, "Locke on the Law of Nature", in *The Philosophical Review*, Vol. 67, No. 4 (Oct., 1958).

105. Eric Michael Wilson, *The Savage Republic: De Indis of Hugo Grotius, Republicanism, and Dutch Hegemony within the Early Modern World-System* (c. 1600 – 1619), Leiden: Martinus Nijhoff Publishers, 2008.

106. Perez Zagorin, "Hobbes Without Grotius", *History of Political Thought*, Vol. 21, No. 1, (Spring 2000).

107. Perez Zagorin, *Hobbes and the Law of Nature*, Princeton: Princeton University Press, 2009.

108. Karl Zemanek, "Was Hugo Grotius Really in Favour of the Freedom of the Seas?", *Journal of the History of International Law*, Vol. 1, No. 1, 1999.

109. Michael P. Zuckert, *Natural Rights and the New Republicanism*, Princeton: Princeton University Press, 1994.

三、外文文献中相关的硕士论文和博士论文

1. Winslow Franklin Beckwith, *The Theology of Hugo Grotius, Jurist-Theologian*, PhD Dissertation, Boston University, 1959.

2. Charles Schaar Edwards, *The Law of Nature, The Law of Nations and The Law on War in the Thought of Hugo Grotius*, PhD Dissertation, Princeton University, 1969.

3. LeRoy Brandt Walters, Jr., *Five Classic Just-War Theories: A Study in the Thought of Thomas Aquinas, Vitoria, Suarez, Gentili, and Grotius*, PhD Dissertation, Yale University, 1971.

4. Mary Clare Segers, *Hugo Grotius and Secular Natural Law*, PhD Dissertation, Columbia University, 1972.

5. Jordy Bell, *Hugo Grotius: Historian*, PhD Dissertation, Columbia University, 1973.

6. Micheline R. Ishay, *Internationalism and Its Betrayal: From Grotius to Hegel*, PhD Dissertation, Rutgers The State University of New Jersey, 1992.

7. Christopher Robert Brooke, *Stoicism and Anti-Stoicism in European Philosophy and

Political Thought, 1640 – 1795, PhD Dissertation, Harvard University, 2003.

8. Elizabeth Oldman, *Milton, Grotius, and the Law of War*, PhD Dissertation, New York University, 2003.

9. Mark Totten, *Preemption and the War on Terror: Morality, Law and the Use of Force*, PhD Dissertation, Yale University, 2006.

10. Mark Somos, *The History and Implications of Secularisation: The Leiden Circle*, 1575 – 1618, PhD Dissertation, Harvard University, 2007.

11. Andrew Blom, *Justice with Humanity: Hugo Grotius and the Ethics of International Conflict*, PhD Dissertation, University of Illinois at Chicago, 2009.

12. Nicholas Troester, *Rethinking International Law: Hugo Grotius, Human Rights and Humanitarian Intervention*, PhD Dissertation, Duke University, 2010.

13. Adam L. Fuller, *Leo Strauss and "The Law of War and Peace": Esoteric Teachings of Hugo Grotius*, San Diego State University, 1999.（本文为硕士论文）

14. Rosalind Luanne Leamon, *The Concept of Sovereignty and Its Relation to Natural Law in Hugo Grotius'* De Jure Belli Ac Pacis, Memorial University of Newfoundland, 1982.（本文为硕士论文）

四、中文相关文献及二手研究文献

1. 时殷弘、霍亚青：《国家主权、普遍道德和国际法——格劳秀斯的国际关系思想》，载《欧洲》2000 年第 6 期。

2. 时殷弘、叶凤丽：《现实主义·理性主义·革命主义——国际关系思想传统及其当代典型表现》，载《欧洲》1995 年第 3 期。

3. 高全喜：《格老秀斯与他的时代：自然法、海洋法权与国际法秩序》，载《比较法研究》2008 年第 4 期；

4. 林国华：《雨果·格劳秀斯的若干问题——〈战争法权与和平法权〉"导言"研究》，载《北大法律评论》(2010) 第 11 卷第 2 辑。

5. 吴征宇：《"正义战争理论"的当代意义论析》，载《现代国际关系》2004 年第 8 期。

6. 林国华：《塞尔登的"神法"与推罗古城的"神罚"——对〈海洋封闭论〉的一个简释》，见萌萌学术工作室主编：《"中国人问题"与"犹太人问题"》（《启示与理性》第 5 辑），生活·读书·新知三联书店 2011 年版。

7. 林国华：《漫谈"君主教育"》，见贾冬阳编：《思想的临界——张志扬教授荣开七秩志》，华东师范大学出版社 2009 年版。

8. 李猛：《自然社会：自然法与现代道德世界的形成》，生活·读书·新知三联书店 2015 年版。

9. 弗齐：《维柯与格劳修斯：人类的法学家》，见刘小枫、陈少明主编：《维柯与古今之争》（《经典与解释》第 25 辑），华夏出版社 2008 年版。

10. 刘小枫、陈少明主编：《格劳秀斯与国际正义》（《经典与解释》第 34 辑），华夏出版社 2011 年版。

11. 张云雷：《对不同人的言说与三种正义/法——〈战争与和平法·导言〉注疏》，见高全喜主编：《大观》第 8 期，法律出版社 2012 年版。

12. 张云雷：《法的精神、商业与全球自由》，见洪涛主编《复旦政治哲学评论》第 6 辑，上海人民出版社 2015 年版，第 168—193 页。

13. 李家善编著：《近代国际法的奠基人格劳秀斯》，商务印书馆 1989 年版。

14.〔意〕托马斯·阿奎那：《论律法》，杨天江译，见赵明主编：《法意》第 4 辑，商务印书馆 2012 年版。

15. 周桂银：《欧洲国家体系中的霸权与均势（1494—1815 年）》，陕西师范大学出版社 2004 年版。

16.〔意〕托马斯·阿奎那：《阿奎那政治著作选》，马清槐译，商务印书馆 1963 年版。

17.〔意〕圣多玛斯·阿奎那：《神学大全》（共十七册），周克勤等译，（台南、高雄）中华道明会、碧岳学社联合出版 2008 年版。

18.〔德〕弗里德里希·迈内克：《马基雅维里主义："国家理由"观念及其在现代史上的地位》，时殷弘译，商务印书馆 2008 年版。

19.〔德〕塞缪尔·普芬道夫：《人和公民的自然法义务》，鞠成伟译，商务印书馆 2010 年版。

20.〔法〕卢梭：《爱弥儿，或论教育》，李平沤译，商务印书馆 1978 年版。

21.〔法〕卢梭：《社会契约论》，何兆武译，商务印书馆 2003 年版。

22. 〔英〕霍布斯:《利维坦》,黎思复、黎廷弼译,杨昌裕校,商务印书馆1985年版。

23. 〔英〕霍布斯:《法律要义:自然法与民约法》,张书友译,中国法制出版社2010年版。

24. 〔法〕雅克·马里旦:《自然法:理论与实践的反思》,鞠成伟译,中国法制出版社,2009年版。

25. 〔英〕约翰·菲尼斯:《自然法与自然权利》,董娇娇等译,中国政法大学出版社2005年版。

26. 〔美〕肯尼思·W. 汤普森:《国际思想之父——政治理论的遗产》,谢峰译,北京大学出版社2003年版。

27. 〔美〕乔治·萨拜因:《政治学说史(第四版·下卷)》,邓正来译,上海人民出版社2010年版。

28. 〔挪威〕托布约尔·克努成:《国际关系理论史导论》,余万里、何宗强译,天津人民出版社2004年版。

29. 〔英〕昆廷·斯金纳:《现代政治思想的基础(上、下两卷)》,奚瑞森、亚方译,译林出版社2011年版。

后　记

由于种种原因，不论是结构方面还是语言方面，本书并没有达到让我自己内心十分满意的程度，但无论如何，它包含了我对格劳秀斯进行相当长一段时间研习后形成的比较完整的看法，其中有我非常珍视和自认为成熟的想法和观点。我希望本书能对相关读者有所启发。

我在博士论文后记中说："不知不觉在人民大学已经待了接近十年，我自己也是最近才刚刚开始并且越来越强烈地意识到，这些年的生活在我的生命中划下的痕迹有多深。无论有多少怨言，有多少不满意，甚至是口诛笔伐，临到最后才发现，实际上我是多么习惯人大的生活，包括人大的花花草草、一景一物，包括新图、旧图、新新图，包括人大给我的快乐，也包括各种不爽。我甚至一时难以想象离开人大后会是怎样的一种生活方式。"但一转眼，我在中央财经大学政府管理学院已经工作了三年，开始逐渐习惯另一种读书、学习、写作的模式。

一篇"后记"照例会充斥着感谢和各种人名，我也不能免俗。但我想：每一篇"后记"都是一种真诚的书写，这串人名代表着过去岁月中最值得珍视的点滴。

首先我要感谢吴征宇、张广生两位老师，没有本科时期与这两位老师的相遇，就不会有今天这样一个我。说中国人民大学彻底改变了我的视野和追求，正是因为中国人民大学给那时刚进校并处于最初的迷茫期的我送来了这两位老师。广生老师几乎俘获了我身边所有向学的小青年，他给我们展开了一个全新的世界，对我日后的兴趣有决定性的影响。

吴老师一直是我的导师，也是这么多年来对我影响最大的一位老师，从本科直到今天，我的学业和生活一直得到他的精心指点和无私帮助。虽然我的兴趣点后来没有严格地完全按照吴老师曾经的轨迹走，但吴老师的影响几乎已经完全内化到我的一言一行之中。

我要感谢时殷弘和陈新明两位老师。陈新明老师的帮助，使得我的博士生涯成为可能，他对我的诸多帮助和指点，我一直都铭记在心。感谢时殷弘教授在当年录取我的过程中在名额不够的情况下所作的诸多努力，以及对我论文写作和其他方面的细致指点，他的言传身教深刻影响了我，使我在各方面都取得了长足的进步。时老师作为国际关系学界的翘楚，一直都是我崇拜的偶像，能投在他的门下，是我一生的荣幸。

感谢朱凤余老师多年来对我的帮助和关心，朱老师的帮助使得我的诸多巨大困境迎刃而解，这么多年来我一直都非常感谢和感动。感谢我的室友申玉辉同学博士三年对我的很多帮助以及对我诸多坏习惯的宽容。同时非常感谢人大诸多老师和同学的指点和帮助，在这里难免挂一漏万，因此只能不再一一列举。

在博士论文匿名审稿和答辩通过并已经入职中央财经大学政府管理学院之后，一次偶然的会议上，我得知自己博士论文的一个副本被匿名送到了著名学者、复旦大学国际关系与公共事务学院洪涛教授手里，洪老师在会上当面鼓励了我，并给我诸多指点，让我分外感动。

感谢我现在供职的中央财经大学政府管理学院的院系领导的支持和帮助，本书的顺利出版得益于中央财经大学出版基金的资助和中央编译

后　记

出版社诸位老师的辛勤工作，在此一并表示感谢。

最后，感谢我的父母和靳晓春这么多年来一直支持我、容忍我，他们是我继续前行的不竭动力。

张云雷
2016 年 3 月 8 日
于中央财经大学

图书在版编目（CIP）数据

为战争立法：格劳秀斯国际关系哲理研究／张云雷著．—北京：中央编译出版社，2017.1
ISBN 978-7-5117-3245-3

Ⅰ．①为…
Ⅱ．①张…
Ⅲ．①格劳秀斯（Grotius，Hugo1583～1645）-国际法-思想评论
Ⅳ．①D990

中国版本图书馆 CIP 数据核字（2016）第 323459 号

为战争立法：格劳秀斯国际关系哲理研究

出 版 人：葛海彦
出版统筹：贾宇琰
责任编辑：杜永明
责任印制：尹　珺
出版发行：中央编译出版社
地　　址：北京西城区车公庄大街乙 5 号鸿儒大厦 B 座（100044）
电　　话：（010）52612345（总编室）　　（010）52612342（编辑室）
　　　　　（010）52612316（发行部）　　（010）52612317（网络销售）
　　　　　（010）52612346（馆配部）　　（010）55626985（读者服务部）
传　　真：（010）66515838
经　　销：全国新华书店
印　　刷：北京时捷印刷有限公司
开　　本：787 毫米×1092 毫米　1/16
字　　数：194 千字
印　　张：14.5
版　　次：2017 年 1 月第 1 版第 1 次印刷
定　　价：49.00 元

网　　址：www.cctphome.com　　　　邮　　箱：cctp@cctphome.com
新浪微博：@中央编译出版社　　　　　微　　信：中央编译出版社(ID: cctphome)
淘宝店铺：中央编译出版社直销店(http://shop108367160.taobao.com)　（010）55626985

凡有印装质量问题，本社负责调换，电话：（010）55626985